EL MAL MENOR

VÍNCULOS POLÍTICOS EN EL PERÚ POSTERIOR AL COLAPSO DEL SISTEMA DE PARTIDOS

CARLOS MELÉNDEZ

EL MAL MENOR

VÍNCULOS POLÍTICOS EN EL PERÚ POSTERIOR AL COLAPSO DEL SISTEMA DE PARTIDOS

IEP
INSTITUTO DE ESTUDIOS PERUANOS

Serie: Perú Problema, 60

Horacio Urteaga 694, Jesús María. Lima 15072
Telf.: (51-1) 332-6194 / Fax: (51-1) 332-6173
Correo-e: libreria@iep.org.pe
www.iep.org.pe

ISBN: 978-9972-51-753-2
ISSN: 0079-1075

Impreso en Perú

Primera edición: Lima, junio de 2019
Tiraje: 800 ejemplares

Hecho el depósito legal en la Biblioteca Nacional del Perú: 2019-06748
Registro del proyecto editorial en la Biblioteca Nacional: 31501131900573

Asistente editorial: Yisleny López
Corrección: Daniel Soria
Diagramación: Silvana Lizarbe
Carátula: Gino Becerra
Cuidado de edición: Odín del Pozo

BIBLIOTECA NACIONAL DEL PERÚ
Dirección de Gestión de las Colecciones

324.2
8

Meléndez Guerrero, Carlos, 1977-
El mal menor: vínculos políticos en el Perú posterior al colapso del sistema de partidos / Carlos Meléndez.-- 1a ed.-- Lima: Instituto de Estudios Peruanos, 2019 (Lima: Litho & Arte).
293 p.; 21 cm.-- (Perú problema; 60)

Bibliografía: p. [277]-293.
D.L. 2019-06748
ISBN 978-9972-51-753-2

1. Partidos políticos - Perú 2. Sistema de partidos - Perú - Opinión pública 3. Participación política - Perú 4. Afiliación política - Perú 5. Democracia - Perú I. Instituto de Estudios Peruanos (Lima) II. Título III. Serie

BNP: 2019-075

Índice

A Asunción y Eleodoro, mis padres.

"I don't want to come off as arrogant here,
but I'm the greatest botanist on this planet".
Mark Watney, *The Martian*

El "mal menor" es aquel criterio de descarte de candidatos que sucede cuando las identidades políticas negativas son mayores y más fuertes que las positivas. Cuando los ciudadanos se oponen fuertemente a un partido político o una candidatura sin mostrar apoyo coherente por otro. Cuando no sabemos lo que queremos, pero sabemos lo que no queremos. No es una lógica única de los sistemas políticos dominados por la desafección; se presenta también en democracias desarrolladas como pueden ser la francesa o la estadounidense. Pero en sistemas partidarios colapsados, como el peruano, el "mal menor" toma connotaciones más profundas por la escasez de identidades partidarias positivas. No se trata solamente de un voto estratégico, sino de la expresión de identidades negativas enraizadas en temores, odios y resentimientos que sobresalen ante la ausencia de adhesiones partidarias. Mal acostumbrados a que los partidos conquisten las "mentes y los corazones" de los electores, nos olvidamos de que en momentos de profunda crisi es, quizás, más fácil agitar los sentimientos más viscerales. Los vínculos políticos no siempre nacen de la razón o las simpatías, sino también de nuestras más oscuras entrañas.

Acudir al análisis de las identidades partidarias negativas nos permite avanzar en la comprensión del funcionamiento de la política peruana, caracterizada generalmente como pobre en su desarrollo orgánico partidario. Tienen razón quienes sustentan el argumento de la democracia sin partidos, pero también es una democracia con vínculos políticos. Muy pocos peruanos están conectados con la política de forma positiva; en cambio muchos —la mayoría quizás— lo están negativamente, pero enlazados al fin y al cabo. Así, las identidades negativas —las más, en una sociedad desafecta— terminan siendo una suerte de sustituto partidario ideacional, un atajo cognitivo que otorga a los ciudadanos una brújula en el mar de las ideas políticas donde ya naufragaron los partidos.

Los vínculos políticos que he estudiado son, quizás, poco convencionales para la teoría comparatista, pero usuales en la cotidianeidad política. Regularmente empleamos la categoría de vínculos personalistas de manera residual, como un cajón de sastre. Hurgando en esa caja negra, he encontrado como mínimo un tipo de imbricación: características personales que se solapan con posiciones programáticas. Los individuos no ponen su fe en el carisma de caudillos —hoy venidos a menos en gran parte del continente—, sino en su capacidad de desafiar al establishment o de defenderlo. Es la división pro/antiestablishment que al intersectar la convencional escala ideológica de izquierda/derecha cruza dos ejes ortogonales que definen el sustrato de los términos de competencia electoral y la estabilidad política.

Estos vínculos programático-personalistas —nada inéditos, sí poco explorados— son los que sustentan las identidades partidarias que estudio en este libro. Identidades en desarrollo o parciales: algunas emergentes, otras sobrevivientes, otras negativas y sin correlatos positivos. Perú carece de militantes partidarios en el sentido convencional del término, porque los vínculos programáticos que los agrupaban colapsaron. Por tal motivo, estas identidades parciales (emergentes, sobrevivientes y negativas) recurren tanto a atractivos personalistas como a referencias programáticas —ningunas completamente desarrolladas, pero son lo suficientemente sólidas— para organizar la arena política y generar cierta estabilidad al sistema de partidos poscolapso.

Esta primera pista arroja luces sobre cómo funciona la democracia electoral peruana a pesar de la debilidad endémica de las organizaciones partidarias. *Eppur si muove.*

* * *

Antes de comenzar la investigación me proyectaba como un explorador de vida en Marte, buscando microscópicas muestras de seres orgánicos. En dicha empresa encontré algunos "botánicos" que, con más intuición que ciencia, persistían en el cultivo de identidades partidarias: a algunas las creyeron marchitas (el aprismo), a otras, incapaces de germinar (el fujimorismo). Estos jardineros de tierras áridas nunca imaginaron que la mala yerba, los "antis", también daría sus propios frutos.

El oxígeno de nuestra atmósfera está contaminado por las batallas que una y otra vez se suceden entre "pros" y "antis". El siglo XX fue una lucha incansable entre el aprismo y el antiaprismo; tal vez, si el APRA hubiese llegado al poder a mediados del siglo pasado, hubiésemos tenido una socialdemocracia y no la crisis generalizada de los años ochenta. El siglo XXI es, hasta el momento, una pugna entre fujimoristas y antifujimoristas en la que los primeros no logran —por las urnas— vencer los temores históricos que despierta su legado más nocivo.

Los académicos no somos inmunes a esta polución. Algunas veces hemos tomado partido —recuerdo la carta de "Politólogos contra Keiko Fujimori" que muchos firmamos en 2011—. Otras, sencillamente, hemos sido etiquetados en uno u otro bando, aunque nuestra profesión intenta conscientemente limitar los sesgos propios. Quienes hacemos opinión pública hemos sido blanco de tales "interpretaciones". La polarización, se sabe, no admite medias tintas ni se pretende objetiva; encasilla a los actores en nosotros versus ellos. Esta simplificación del mundo es, quizás, lo que más ha dañado a las ciencias sociales, en general, y a la ciencia política, en particular.

La polarización estigmatiza, y por ello coloca muchos más obstáculos para el desarrollo de la academia politológica, la cual se encuentra aún en pañales en Perú. Frecuentemente, incluso colegas o intelectuales sostienen que el análisis riguroso del aprismo o el fujimorismo ha sido dominado por la condescendencia. "Las mafias no se estudian", indican estos activistas camuflados de intelectualidad. Este reduccionismo también inhabilita el verdadero debate académico cuando se ultraja el prestigio profesional y se empaña la docencia. Por ejemplo, en el verano de 2018, una estudiante de ciencia política de una universidad privada peruana comentó a una de mis alumnas chilenas en Santiago —en el marco de una escuela de métodos— que mi "protagonismo" en el debate público peruano sucedía por declarar ideas "polémicas y radicales sin sustento". Le confesó que eso le habían enseñado sus maestros en Lima. Este libro, constatarán, recopila el mayor sustento empírico y sistematizado de gran parte de mi opinión sobre la política peruana.

* * *

Este libro es la traducción del inglés de mi tesis doctoral, que defendí en 2015 en la Universidad de Notre Dame (Indiana, Estados Unidos), y que gracias al Instituto de Estudios Peruanos (IEP) llega a sus manos. Los años del doctorado fueron, para mí, una experiencia enriquecedora que guardo en mis recuerdos y en mi inspiración con mucho celo. Mi asesor, Scott Mainwaring, sigue siendo un gran guía intelectual y personal, un ejemplo de académico comprometido con la curiosidad científica. Su pausa y su detenimiento para el análisis contrastan con el calor y euforia que despiertan sus pasiones intelectuales. Me enseñó a encontrar en esa pausa la pasión intelectual. Michael Coppedge y David Nickerson, también integrantes de mi comité doctoral, fueron invaluables fuentes de aliento más allá de las aulas. Las clases de Frances Hagopian y Guillermo O'Donnell (†) son, a estas alturas, míticas por su legado en la formación de tantos comparatistas.

Los Fighting Irish latinoamericanos y latinoamericanistas sabemos que tenemos un hogar en el Kellogg Institute. Desde los debates académicos en el Hesburgh Center hasta las clásicas recepciones en las conferencias de LASA, nos brindaron un ambiente familiar que atenuó significativamente la distancia de nuestros hogares. Sharon Schierling, su *Managing Director*, y el *staff* nos apoyaron en recursos y afectos que coadyuvaron al final exitoso de tantas carreras.

Inadvertidamente he pasado de la primera persona del singular a la primera persona del plural. Pues así, impensadamente, el doctorado se convierte en un proyecto colectivo en el que los compañeros de la "cohorte" nos sostenemos intelectual y afectivamente para evitar el desfallecimiento. En Sorin Street coincidimos Javier Osorio, Chad Kiwiet de Jonge, Ezequiel González-Ocantos, Craig García y tantos otros que vendrían después, testigos y consortes del esfuerzo cotidiano del doctorado. Fuera de las aulas, Pedro Traña y Susy Sánchez, con sus hijos Pedro Alonso y Joaquín, fueron mi familia peruana en South Bend. Ellos y el padre Gustavo Gutiérrez me permitieron conservar ese lado más emotivo de la peruanidad a tantos grados bajo cero.

* * *

Para mí, es un honor que este libro salga publicado con el sello del IEP, mi identidad académica positiva. Fue en ese Instituto donde aprendí el oficio y la pasión por la investigación social desde que entré por primera vez por el portón de Horacio Urteaga, allá por el año 2000, cuando era un chiquillo que —según Vicky García— temía pedir libros en la biblioteca. Obviamente intimidaba encontrarse con los clásicos de la bibliografía de ciencias sociales peruana en los pasillos. Por ejemplo, cruzarse con Julio Cotler (†) dialogando con Carlos Iván Degregori (†) y con Romeo Grompone interrumpiéndolos a tropiezos. Por cierto, Romeo es, quizás, de quien más aprendí en el IEP, para "desgracia" suya.

Mi lejanía del Instituto por algunos años, más de lo que hubiese querido, no ha mermado mi sentido de pertenencia al IEP, al que siento como mi barrio intelectual, donde basta cualquier esquina para ponerse al día en la agenda de investigación de los colegas. En sus "mesas verdes", esa franela de concentración para el billar de los argumentos, me fogueé para los trotes del debate de ideas. ¿Quién no recuerda su primera mesa verde? Aún está fresco el espaldarazo de Martín Tanaka luego de la mía, allá por 2002, una sobre el sigiloso crecimiento de la conflictividad social mientras vivíamos entusiasmados por las mesas de diálogo regionales. Ahí supe que podía dedicarme a este negocio. Mis discrepancias intelectuales nunca me han impedido admirar el trabajo y la contribución del IEP, una institución de pensamiento retador.

Agradezco a Ricardo Cuenca su confianza, tolerancia y espera por esta publicación, demorada por diversos motivos de mi exclusiva responsabilidad. Gracias a Ludwig Huber por —como en sus buenos tiempos de recuperador de media cancha— hacer la contención para que finalmente este libro pudiera convertirse en una anotación. También a los dos lectores del manuscrito, cuyas recomendaciones y comentarios han traído equilibrio a un texto inicial demasiado impetuoso. A José Ragas, gracias por sus comentarios al capítulo 2 y a mi "socia" Jennifer Cyr, por tantas conversaciones e intercambios. Extiendo mi gratitud a los jóvenes colegas que me asistieron en tareas puntuales y a quienes menciono en orden cronológico: Daniella López, Paolo Sosa, Cristina Pachón y María Gracia Becerra.

En los últimos años, el Instituto de Ciencias Sociales de la Universidad Diego Portales de Chile (ICSO-UDP) ha sido mi domicilio académico. El sostén posdoctoral que me ofreció el Núcleo Milenio NS130008 Desafíos a la Representación y el proyecto Fondecyt-Regular 1161262, de la Comisión Nacional de Investigación Científica y Tecnológica (Conicyt) del Gobierno chileno, me permitieron organizar tiempos y recursos, actualizar argumentos y evidencia empírica, e incluir —hasta donde me fue posible— referencias a las elecciones generales de 2016. Mis gratificaciones a Rossana Castiglioni y Cristóbal Rovira por su confianza, su apoyo y su amistad.

* * *

En términos personales, muchas cosas pasaron durante mi doctorado. La más triste, la partida de mi tía Miguelina; mi matrimonio con Ivette, el de mayor ilusión. Mi madre sobrellevó una dura enfermedad de la cual se recuperó, y yo continué migrando de South Bend a Quito, más tarde a Santiago de Chile. La compañía, comprensión y solidaridad de Ivette en mis últimos años del doctorado fueron decisivos para llegar a la meta. No me imagino el final feliz de esta etapa de mi vida sin ella. Mi familia, padres y hermanos, tíos y primos, todos han sido y serán fuente de inspiración y fortaleza anímica. Desde chico, mis padres me inculcaron la idea del doctorado como algo muy natural, lo cual lo encuentro sumamente extraño en una pareja de migrantes provincianos que terminaron la educación secundaria ya adultos —mi padre no pudo culminar sus estudios universitarios—. Ahora que miro en retrospectiva, fue esa precoz naturalización la que me hizo sobreponerme a circunstancias —a ratos— inclementes. Por su fuerza y su cariño, sus sonrisas y sus lágrimas, mi trabajo va dedicado a ellos.

I

Vida después del colapso

"Las derechas y las izquierdas unidas jamás serán vencidas".

Nicanor Parra

¿Puede funcionar una democracia sin partidos?

Érase una vez una época en la que era inimaginable una democracia sin partidos (Schattschneider 1942). Las teorías políticas clásicas no se imaginaron un sistema democrático funcionando sin, al menos, dos partidos políticos (Key 1964). El prejuicio dominante es que un sistema de partidos es una condición necesaria para regímenes democráticos (Aldrich 1995) porque la estructuración partidaria de la política garantiza representación y rendición de cuentas, dos principios estrechamente ligados al entendimiento convencional de la democracia.[1] La buena salud de las democracias, indican los preceptos, requiere mantener sistemas de partidos plurales y legítimos.

---

1. Cómo una democracia, en términos ideales, canaliza la participación ciudadana y garantiza la competencia pluralista (Dahl 1971).

Aunque aún existen partidos políticos fuertes en cada uno de los continentes —entendiendo por "fuerte" una membresía socialmente arraigada y una activa participación en la base—, es evidente la erosión gradual de este tipo de organización en un alto número de sistemas políticos (Dalton y Wattenberg 2001). El debilitamiento partidario alarma, especialmente donde las instituciones y los actores políticos no han alcanzado niveles de institucionalización suficientes para sortear la crisis generalizada del sistema político. Esta situación se exacerba en contextos donde la crisis de los partidos es sistémica y afecta al conjunto de estas organizaciones, no solo a unas cuantas. Incluso un fenómeno extremadamente excepcional, como el colapso del sistema partidario, ha emergido en sistemas antaño institucionalizados (por ejemplo, Venezuela en 1998) o, con menos sorpresa, en sistemas embrionarios (por ejemplo, Perú en 1990, Bolivia en 2005 y Ecuador en 2006). Esta recurrencia ha dado paso a la cristalización de un tipo de arena política sin precedentes: el escenario poscolapso del sistema de partidos.

Los sistemas de partidos colapsan cuando los electores abandonan simultáneamente todos o la mayoría de partidos políticos que forman parte de un sistema; cuando los ciudadanos dejan de votar por representantes partidarios frecuentados y endosan sus votos a nuevas organizaciones o candidatos desconocidos, sin reputación pública comprobada.[2] Estamos frente a una crisis de representación democrática en la cual los partidos dejan de ser capaces de comprometerse en interacciones estratégicas de una elección a otra y fallan en conectar a los representantes públicos con sus sociedades. Se trata de un caso extremo de desafección política generalizada, definida como competencia electoral desorganizada

2. Se puede encontrar definiciones similares en Mainwaring, Bejarano y Pizarro 2006, Morgan 2011 y Seawright 2012.

y sin patrones predecibles, y una volatilidad electoral sumamente alta. En cuanto a la definición operacionalizable, es útil la medición propuesta por Zoco (2008): un colapso de sistema de partidos representa una situación en la cual nuevos partidos ganan más del 45% de los votos en el curso de dos elecciones parlamentarias consecutivas.

Son escasas las investigaciones sistemáticas sobre el funcionamiento de políticas nacionales luego de un colapso del sistema partidario. El vacío en la literatura especializada permanece a pesar del creciente interés por este fenómeno en América Latina (Perú, Venezuela, Ecuador, Bolivia, Colombia) y Europa (Italia). Este libro procura contribuir a una mejor comprensión de estos escenarios. La presente investigación se basa en un estudio de caso de política poscolapso partidario en Perú. Como verán en las siguientes páginas, demuestro que a pesar de las debilidades orgánicas de las estructuras partidarias, pueden cultivarse vínculos políticos con relativo éxito en arenas donde las expectativas de retorno de los partidos políticos son pobres. Tales lazos pueden forjarse combinando atractivos programáticos y personalistas de modo que den sustento a identidades políticas.

Los hallazgos que presentaré son relevantes, fundamentalmente por dos razones. Por un lado, indican que el juego democrático y electoral son posibles pese a la ausencia de representación partidaria convencional. Conocer cómo los políticos conectan con el electorado en sistemas partidarios de baja institucionalización nos permite entender la magnitud real de la desafección política entre los ciudadanos y hacer un balance atemperado a la crítica situación partidaria. Por otro lado, los resultados que presento —válidos para el caso de colapso sistémico partidario más antiguo, el peruano— evocan interrogantes para casos similares y casos de crisis de representación democrática más ampliamente.

Las conclusiones dialogan con contribuciones previas sobre sistemas pospartidos (Seawright 2012) o sistemas *party-less* (Levitsky 2018). La literatura existente los define por su bajo nivel de institucionalización (Mainwaring y Scully 1995), competencia partidaria irregular, carencia de vínculos estables con la sociedad, desafección partidaria, organizaciones políticas débiles (Mainwaring et ál. 2018) y dominio de políticos *amateurs* (Levitsky y Zavaleta 2016). Se entiende que su elevada volatilidad electoral (Morgan 2011) favorece la incertidumbre para las élites y los electores, y condiciona con ello la constante mutación de identificaciones partidarias y posiciones ideológicas. Incluso, análisis previos sostienen que, cuando los partidos políticos pierden sus raíces en la sociedad, los vínculos programáticos entre partidos y electores tienden a ser reemplazados por conexiones personalistas (Seawright 2012); lo cual agudiza la desafección política. Así, menos ciudadanos se identificarán con los partidos luego de la crisis sistémica de estos.

La investigación que presento en este libro muestra, en cambio, evidencia sistemática que va más allá del diagnóstico organizativo de las ofertas partidarias, y se enfoca en los tipos de vínculos que, en medio de este debilitamiento extremo, las élites partidarias pueden forjar con el electorado, con una permanencia inesperada, aunque definitiva. Aun cuando los partidos políticos están débilmente organizados en sus bases, la competencia electoral puede forjar patrones regulares —basados en conexiones políticas de carácter programático-personalistas— que salvaguardan el funcionamiento de la política a escala nacional. En Perú, han emergido nuevas identidades partidarias (como el fujimorismo), y otras tradicionales, anteriores al colapso, sobreviven (como el aprismo). El caso peruano muestra que si bien la mayoría de individuos no está afiliada a partido político alguno y no participa de las actividades partidarias entendidas convencionalmente como tales, es posible forjar identidades políticas que incluso pueden preceder procesos de institucionalización partidaria. Es decir, existen identidades partidarias que anteceden la estructuración de partidos políticos o son independientes a ella. Asimismo, las personas que sistemáticamente rechazan partidos políticos específicos pueden endosarse a identidades partidarias negativas (como el antiaprismo y el antifujimorismo). Este tipo de "antis" puede ser, además, un eficiente predictor del comportamiento político.

Finalmente, la literatura predominante ha señalado la proclividad a la proliferación del personalismo en escenarios posteriores a los colapsos partidarios. En estos contextos, los individuos suelen creer que los liderazgos políticos individuales son más eficientes que los partidos organizados. Los sistemas partidarios son, por ende, reemplazados por proyectos políticos (fujimorismo en Perú, chavismo en Venezuela, correísmo en Ecuador) que se nutren de adhesiones personalistas con el solo propósito de perpetuarse en el poder. Estos fenómenos políticos incrementan la proliferación de la política contenciosa, el deterioro de los canales establecidos para la demanda social, la desafección ciudadana generalizada y la ausencia de partidos que respondan a los intereses de sus seguidores.

Aunque existe oportunidad para la innovación partidaria (Morgan 2011), los académicos tienden a considerar que los escenarios poscolapso partidario son tremendamente adversos a la formación de partidos (Levitsky y Cameron 2003, Tanaka 2005, Levitsky 2018, Levitsky y Roberts 2011). Mis hallazgos muestran que a pesar de esa debilidad orgánica, en tales ambientes adversos y sin partidos, algunas élites políticas —en el ámbito nacional— han encontrado cómo movilizar ciudadanos a su favor con efectividad.

El funcionamiento de los partidos y sistemas de partidos

Estudio los partidos, el sistema de partidos y el colapso del sistema de partidos desde la formación y mantenimiento de los vínculos políticos entre políticos y electores (Kitschelt 2000). Esta aproximación teórica nos permite examinar logros y fallas de los partidos y los sistemas de partidos en sus esfuerzos por resolver los desafíos a la agencia, concernientes a la representación política o la construcción de circuitos verticales de rendición de cuentas. Esta perspectiva contradice la norma extendida de que los partidos programáticos y estructurados constituyen el único mecanismo de representación democrática (Schumpeter 1942). Bajo tal lógica, la definición mínima de partido político —"cualquier grupo que se presenta a elecciones y es capaz de auspiciar candidatos a cargos públicos a través de elecciones" (Sartori 2005: 57)— no permite aprehender los puentes entre los ejecutivos y legislativos, la rendición de cuentas a la que se someten los líderes elegidos, el reclutamiento y la socialización democrática de las élites partidarias, entre otros aspectos "sustantivos" de la política partidaria. Es tan mínima la definición, que no describe lo que un partido político debe ser como condición necesaria para la democracia (Levitsky y Cameron 2003).

Sin embargo, la definición sartoriana permite examinar los vínculos políticos. La adopto con la enmienda propuesta por Mainwaring y Scully,[3] que concuerda con la noción aldrichiana de los partidos como instituciones diseñadas para promover el logro de preferencias políticas colectivas (Aldrich 1995). Concebidos como estructuras para la movilización de seguidores, los partidos resuelven problemas funcionales por su capacidad de conectar a las élites con los electores y viceversa, problemas de elección social (etiquetas partidarias que transmiten significado a los electores) y problemas de acción colectiva (organizaciones partidarias

3. Es decir, se reconoce la posibilidad de que un partido es incapaz de participar en elecciones debido a proscripciones o a que las elecciones no son llevadas a cabo.

que atraen y disciplinan a políticos ambiciosos) (Aldrich 1995). Esto significa que tales organizaciones deben desarrollar afinidades —que conecten al elector y las élites— con capacidad de inferir supuestos que proyecten identidades partidarias y sostengan la reputación de políticos referidos por sus respectivas "marcas partidarias". La manera en la que los partidos políticos resuelven estos problemas impacta significativamente en el tipo de vínculo que desarrollan con los ciudadanos.

Un marco teórico, ya clásico, pauta la dependencia entre la capacidad partidaria de resolver retos provenientes de la acción colectiva y la elección social, y la prevalencia de los partidos en determinadas arenas políticas (Kitschelt 2000). Según Kitschelt, los partidos están más inclinados a construir conexiones programáticas o ideológicas con los electores cuando dependen de infraestructuras organizacionales que les permitan resolver conflictos en función de propuestas de políticas. Los vínculos programáticos presuponen dos dimensiones: una en función de la selección social y otra en función de la acción colectiva (Kitschelt et ál. 2010). En la primera, los ciudadanos eligen de entre sus opciones electorales considerando los récords y propuestas programáticas de los partidos (función de selección social). En la segunda, las organizaciones partidarias aseguran la elección social del partido al mediar organización y disciplina en sus miembros y al hacer creíble su compromiso con un conjunto de políticas relevantes (función de acción colectiva).

Un segundo tipo de vínculo político ocurre cuando los partidos invierten sus recursos exclusivamente en la solución de problemas de acción colectiva. En tales casos, los partidos tienden a apelar a incentivos clientelares ofrecidos a los electores (Kitschelt 2000). Las conexiones clientelares otorgan estímulos selectivos —consistentes en bienes materiales— a determinados segmentos del electorado empleando las estructuras organizacionales partidarias (Kitschelt y Wilkinson 2007). Posiciones ideológicas o atractivos carismáticos no son requeridos para la distribución directa y personalizada de bienes materiales a cambio de lealtad política. Estos políticos garantizan protección, prebendas y puestos de trabajo, por ejemplo, a cambio de apoyo en las urnas. Al igual que los vínculos programáticos, los atractivos clientelares son más racionales y deliberativos que las conexiones emocionales: implican, directa e indirectamente, un proceso de rendición de cuentas entre el agente y el representante (Kitschelt et ál. 2010).

Un tercer tipo de vínculo político emerge cuando los líderes intentan resolver los problemas colectivos apelando exclusivamente a una conexión carismática —no clientelar ni programática— con sus electores. Kitshchelt argumenta que este tipo de vínculo personalista no necesita resolver problemas de elección social porque las consideraciones programáticas quedan oscurecidas por los atractivos personalistas. De este modo, los vínculos personalistas no requieren organizaciones partidarias autónomas, dado que el liderazgo carismático goza de completa discrecionalidad (Kitschelt 2000). Los vínculos personalistas tienden a ser entendidos bajo parámetros de costo-beneficio y no rinden cuentas sobre bienes materiales directos o políticas públicas; en el mejor caso, se fundan en recursos simbólicos.

En realidad, la literatura especializada ha mostrado significativa dificultad para aprehender este ultimo tipo de vínculo a pesar de su creciente recurrencia. Según muchos inventarios, los partidos políticos pueden clasificarse como programáticos o clientelares, mientras los partidos personalistas son en realidad leídos como "vehículos electorales" o "coaliciones de independientes" (Levitsky y Zavaleta 2016) a pesar de satisfacer la definición mínima sartoriana de partido político. Sostengo, empero, que las élites de los partidos políticos —no obstante su fragilidad orgánica— pueden desarrollar vínculos políticos en dependencia de los recursos políticos con los que cuenten. Si los partidos han preparado, por ejemplo, un paquete de políticas públicas distintivas en función de aspectos ideológicos y a la vez una estructura organizacional autónoma, pueden ensayar atractivos programáticos. Si, en cambio, descuidan posicionarse sobre temas de agenda pública y privilegian la construcción de maquinarias políticas en desmedro de la definición ideológica, están en mejor posición de desarrollar conexiones clientelares. Finalmente, si están dirigidos por un líder carismático y carecen de otros recursos políticos, resulta factible el establecimiento de conexiones personalistas. Así, hasta un *outsider* o un político *amateur* puede constituirse en un activo electoral (Roberts 2015). La disposición de los recursos políticos a mano de los promotores de los partidos es fundamental para el tipo de organización partidaria y de tipo de vínculo político que podría crearse como iniciativa de sus líderes.

Aunque Kitschelt sugiere que los partidos solo pueden perseguir un tipo de vínculo político a la vez, evidencia reciente apunta a que las estrategias segmentadas (y mixtas) también son factibles (Luna 2014a). En esta misma línea, mi argumento enfatiza en que es posible observar combinaciones inesperadas de tipos ideales de conexiones (por ejemplo, vínculos programático-personalistas) que difieren de complejas estrategias "portafolio". En arenas donde los partidos políticos luchan por sobrevivir y los recursos políticos escasean (como escenarios poscolapso partidario o sistemas poscomunistas), las élites partidarias emplean aquellos capitales políticos a disposición, que no cumplen necesariamente con las expectativas de las teorías convencionales sobre vínculos políticos.

No obstante, las teorías sobre vínculos entre partidos y electores representan un marco conceptual útil para identificar cómo las organizaciones partidarias emplean o sustituyen sus nimios recursos políticos —una característica de los escenarios poscolapso partidario— en resolver problemas de elección social y acción colectiva.

Cómo los partidos políticos resuelven problemas funcionales en contextos de poscolapso partidario: vínculos y clivajes políticos

Los vínculos políticos entre partidos y electores son aún un gran misterio. Los sistemas de partidos funcionan mientras los partidos sean capaces de conectar eficientemente a los ciudadanos con el Estado (Morgan 2011). Los primeros estudios sobre vínculos políticos concebían inicialmente un solo tipo de vínculo programático (por ejemplo, Downs 1957). Más tarde, las investigaciones en democracias emergentes incluyeron los de tipo clientelar y personalista a los marcos conceptuales existentes (Kitschelt 2000). Recientemente se ha subrayado que los vínculos políticos no conforman un juego de suma cero, y que, por lo tanto, los partidos pueden segmentarlos para satisfacer a electorados distintos (Luna 2014a) o combinarlos en portafolios mixtos (Magaloni 2008). Sin embargo, la preeminencia de vínculos políticos no es una cuestión de preferencias de los políticos, sino del tipo de recurso político disponible en la arena política.

En sistemas de partidos, sus integrantes buscan controlar diferentes tipos de recursos políticos (no monetarios) (Cyr 2012) o capitales políticos, definidos como activos comprometidos en la generación de éxitos políticos (Hale 2006). Estos recursos pueden ser categorizados como administrativos (activos relacionados a la infraestructura de organizaciones políticas) o como ideacionales (principios rectores o ideas-fuerza que cultivan reputaciones) (Hale 2006). Dependiendo del tipo de recurso disponible, los partidos políticos se tornan clientelares (acumulación de capitales administrativos), programáticos (acumulación de capitales ideacionales) o personalistas (con niveles bajos de capitales administrativos e ideacionales) (Hale 2006).

Algunos recursos forjan particulares tipos de vínculos políticos (Luna 2014a). Por ejemplo, bienes privados o semipúblicos —*club goods*, donde los capitales administrativos son abundantes— son ideales para la formación de vínculos clientelistas. Propuestas de políticas públicas —elaboradas por partidos programáticos, basadas en las necesidades colectivas de sus electorados— son ideales para la formación de vínculos ideológicos. Organizaciones personalistas que carecen de capitales administrativos e ideacionales pueden emplear el carisma o la biografía del líder para forjar vínculos personalistas.

Así, los tres tipos de vínculos políticos son generados por las élites partidistas considerando los recursos disponibles. Su utilidad estriba en la resolución de retos específicos que enfrentan los partidos. Según Kitschelt (2000), los vínculos clientelares son ideales para resolver problemas de acción colectiva, mientras que los ideológicos son útiles para afrontar problemas de acción colectiva y elección social. Entre tanto, los vínculos personalistas no son aptos para resolver ninguno de los problemas fundamentales de la política partidaria.

Considero que los vínculos políticos pueden imbricarse, aunque constituyéndose simultáneamente como conexión distintiva, única, entre los políticos y los votantes. En contextos como los escenarios poscolapso partidario, donde los recursos políticos no están disponibles para la mayoría de partidos (particularmente los recursos organizacionales), diferentes vínculos políticos se combinan entre sí para conseguir cumplir con sus funciones convencionales. Por ejemplo, los vínculos programáticos y personalistas pueden asociarse cuando los recursos administrativos son escasos. En tales casos, las conexiones programáticas están presentes de forma parcial. Idealmente, los vínculos programáticos requieren recursos para forjar cohesión ideológica (elección social) y asegurar el compromiso y la capacidad de respuesta a las adhesiones ideológicas (acción colectiva). Empero, cuando las carencias de recursos administrativos comprometen la rendición de cuenta organizada de un compromiso ideológico o cuando las lealtades al líder son más importantes que la disciplina partidaria, los vínculos programáticos solo pueden cumplir con los retos de elección social impuestos (como lo ilustra el cuadro 1.1).

Cuadro 1.1
Problemas que resuelven los vínculos programático y programático-personalista

Recursos políticos	Vínculo programático	Vínculo programático-personalista
Cohesión ideológica	Elección social	Elección social
Imposición de disciplina	Acción colectiva	-----

Fuente: Elaboración propia.

La imbricación de vínculos programáticos y personalistas explica la formación de conexiones complejas entre políticos y electores. En este caso, los políticos pueden consignar problemas de elección social empleando solo recursos ideacionales. La teoría predominante indica que cuando los políticos invierten en resolver exclusivamente problemas de selección social (y no de acción colectiva) tienden a construir "caucus" legislativos o facciones parlamentarias, ya que solo ocurren en "oligarquías competitivas con sufragio restringido" (Kitschelt 2000: 849). Como vemos en el cuadro 1.2, los partidos ideacionales, sostenidos en vínculos programático-personalistas, pueden resolver problemas de elección social al dirigirse al electorado en función de temas de agenda pública (aunque solo pueden satisfacer tareas de representación de manera parcial).

Sin embargo, las carencias de recursos organizacionales imposibilitan estructurar canales de rendición de cuentas entre élites y ciudadanos, aunque no impide que puedan conectar con éxito (por ejemplo, a través de los medios de comunicación). De hecho, este texto demostrará que la debilidad orgánica de los partidos no determina la posibilidad de construir vínculos políticos a escala masiva, pues esta tarea se puede realizar sin el desarrollo de recursos organizacionales.

Cuadro 1.2
Recursos políticos, vínculos políticos y funciones partidarias

Recursos políticos (Hale 2006)	Tipos de partido (Hale 2006)	Tipos de vínculos (Kitschelt 2000)	Funciones partidarias (Aldrich 1995)
Administrativos (A)	Clientelista (A)	Clientelista	Acción colectiva
Ideacionales (I)	Ideacional (I)	Programático-personalista*	Elección social
	Programático (A y I)	Programático	Elección social Acción colectiva
	Personalista (Ninguna)	Personalista	(Ninguna)

Fuente: Elaboración propia.
* Contribución del autor.

Aunque los vínculos políticos proveen bases para forjar identidades partidarias, estas requieren clivajes como ejes de competencia que dividen al electorado y estructuran las rivalidades partidarias (Roberts 2015). Mientras los vínculos políticos fuertes crean seguidores leales, los clivajes agudos generan fronteras y divisiones que los electores raramente cruzan. Lamentablemente no tenemos suficiente conocimiento sobre las características de los clivajes sociales y políticos en América Latina en general y en los escenarios poscolapso partidario en particular.

Como se sabe, los sistemas partidarios democráticos en Europa se han desarrollado a partir de clivajes estructurales enraizados en función de clase, etnicidad, región y religión, y representan divisiones políticas y sociales "congeladas" (Lipset y Rokkan 1967). En democracias emergentes como las latinoamericanas, las repetidas interrupciones de regímenes democráticos y la tardía instauración del sufragio universal han impactado en el surgimiento de clivajes estructurales convencionales (Dix 1989). Las divisiones políticas también pueden constituir clivajes sólidos (Bartolini y Mair 1990), especialmente cuando los determinantes estructurales están ausentes y las organizaciones intermedias y los partidos políticos sufren debilidad (como en los casos de poscolapsos partidarios). Entonces, la agencia política tiene mayor margen de maniobra para dar forma a la arena política: mediante políticas públicas, personalidades carismáticas o asentando preferencias de régimen político.

Los vínculos programáticos se alinean a clivajes sociales y divisiones estratificadas (Roberts 2015). Politizan desigualdades alrededor de alternativas de políticas y organizan preferencias políticas en el continuo tradicional de izquierda-derecha —un extremo representando preferencias por la distribución estatal y el otro por el libre mercado o la asignación "natural" de recursos—. Por otro lado, los vínculos personalistas apelan a electorados multiclasistas; convencionalmente, a través del apoyo a *outsiders* que atacan el establishment político (en vez de desarrollar compromisos programáticos) (Roberts 2015). En este sentido, una división pro/antiestablishment puede emerger como un efectivo clivaje político, especialmente en sistemas de partidos débiles, sensibles a la emergencia de *outsiders* (Barr 2009) (véase cuadro 1.3).

Cuadro 1.3
DOBLE EJE DE COMPETENCIA POLÍTICA

Vínculo programático	Eje de competencia
Programático	Continuo izquierda-derecha
Personalista	División pro/antiestablishment
Programático-personalista	Doble eje de competencia

Fuente: Elaboración propia.

Gráfico 1
DOBLE EJE DE COMPETENCIA POLÍTICA:
IDEOLÓGICO Y PRO/ANTIESTABLISHMENT

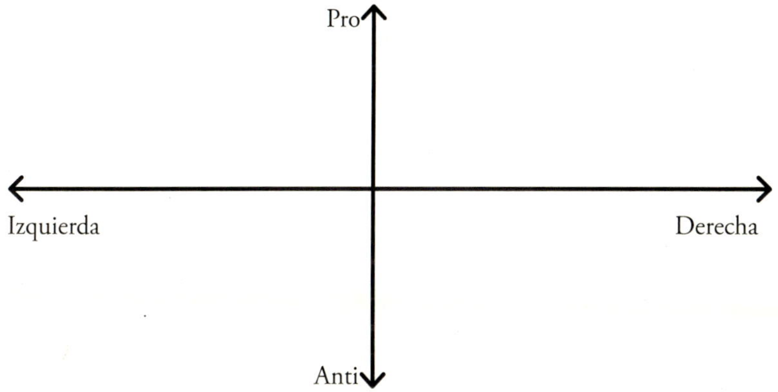

Fuente: Elaboración propia.

Consistentemente, la intersección de vínculos programáticos y personalistas, como conexión distintiva, da forma a la arena política. Dicha conexión promueve el trabajo conjunto entre el continuo ideológico convencional y un eje pro/antiestablishment, configurando una arena política de cuatro cuadrantes (izquierda proestablishment, derecha proestablishment, izquierda

Cuadro 1.4
RECURSOS POLÍTICOS, VÍNCULOS POLÍTICOS Y CLIVAJES

Recursos políticos (Hale 2006)	Tipos de partido (Hale 2006)	Tipos de vínculos (Kitschelt 2000)	Clivajes (Roberts 2015)
Administrativos (A)	Clientelista (A)	Clientelista	Divisiones organizacionales y divisiones políticamente segmentadas
Ideacionales (I)	Ideacional (I)	Programático-personalista*	Doble eje de competencia (ideológica y pro/anti-establishment)*
	Programático (A y I)	Programático	Clivajes sociales estratificados
	Personalista (ninguna)	Personalista	Clivajes políticos basados en liderazgos

Fuente: Elaboración propia.
* Contribución del autor.

antiestablishment y derecha antiestablishment (véase gráfico 1). A través de este tipo de marco (Ostiguy 2009) es posible explicar la combinación de clivajes sociales y divisiones políticas, aunque cualquier eje por sí mismo permite organizar la política exclusivamente en función de conexiones programáticas y carismáticas, como el caso del peronismo en Argentina (Gibson 1977).

El tipo de vínculo político que predomina en un sistema de partidos en particular es el que da forma al clivaje social o político preeminente. Según Roberts (2015), los vínculos programáticos forjan potencialmente clivajes sociales estratificados, los vínculos personalistas contribuyen a la formación de clivajes políticos basados en liderazgos y los vínculos clientelares tienden a configurar divisiones organizacionales políticamente segmentadas. En esta investigación propongo que los vínculos programáticos-personalistas —que capitalizan recursos ideacionales disponibles en los escenarios poscolapsos partidarios— tienden a fundar una competencia política de doble eje, basada tanto en divisiones ideológicas como en divisiones pro/antiestablishment. Así, los vínculos programático-personalistas tienden a organizar la política en este doble eje.

Un marco teórico para la formación de identidades partidarias transicionales

Identificarse como seguidores de partidos políticos es central para la comprensión de la complejidad relacional entre políticos y electores. De hecho, los sistemas de partidos institucionalizados son aquellos donde la mayoría de individuos portan este tipo de identificaciones (Mainwaring et ál. 2018). La identidad partidaria puede definirse como una función en la que los vínculos políticos enlazan a los partidos con determinados clivajes, lo que permite diferenciar campos partidarios rivales (Roberts 2015). Versiones "completas" —el énfasis es intencional— de la noción de identidad partidaria incluyen elementos como la cohesión ideológica, lealtad a las organizaciones y la relativa independencia de liderazgos personalistas para erigirse como imagen social (por ejemplo, Green, Palmquist y Schicklet 2004). Sin embargo, la dinámica de ciertas políticas incumple esas premisas debido a la escasa disposición de recursos políticos para la construcción de vínculos políticos. Ciertas arenas políticas —como los escenarios poscolapso partidario— son adversas a la formación de identidades partidarias convencionales que reúnan las características señaladas.

En sistemas de partidos institucionalizados, las personas tienden a identificarse con partidos políticos (Mainwaring y Torcal

2006). Incluso algunas investigaciones recientes sobre institucionalización del sistema de partidos consideran a la lealtad partidaria como su principal indicador (Mainwaring et ál. 2018). Identidades partidarias bien establecidas —especialmente aquellas articuladas en torno a coherencia ideológica— pueden contribuir a resolver problemas convencionales de elección social y acción colectiva. En cambio, en sistemas de partidos no institucionalizados, una identidad partidaria "completa" o integral, con cohesión interna ideológica y lealtad a toda costa, son casi excepcionales.

Los escenarios poscolapso partidario (quizás también los poscomunistas) expresan una suerte de *tabula rasa* en cualquier tipo de recurso político, un inicio completamente desconocido para la política partidaria. La mayoría de partidos son nuevos, en construcción de una reputación propia, mientras que los partidos sobrevivientes de los sistemas previos cargan con una notoriedad negativa. El proceso de socialización forjador de identidades partidarias requiere cuantioso tiempo para que las nuevas organizaciones, en formación, logren conquistar "mentes y corazones". Puede tomar décadas construir conexiones programáticas capaces de sobreponerse a las deficiencias organizacionales e intelectuales. En dichos escenarios y sistemas políticos, en el mejor de los casos, no encontraremos identidades partidarias sólidas, sino transicionales o incompletas. La teoría que propongo se volcará a precisarlas.

Las identidades partidarias pueden no desarrollar fuertes consideraciones programáticas y sin embargo sustentarse en "recursos sociales" propios del partido —concebidos como identidad social que la sociedad en su conjunto reconoce (Cyr 2012)—, favorecedores del reconocimiento público (marca reputada) y la movilización política. No obstante, en sistemas partidarios con bajos niveles de institucionalización —como los poscomunistas y los escenarios poscolapso partidario—, las identidades partidarias no representan conexiones completamente desarrolladas.

Surgen, en su defecto, identidades partidarias transicionales (Hale 2006) o, como propongo en este texto, identidades intermedias o incompletas.[4] Tales identidades políticas son una imbricación única, específica, de vínculos programáticos y personalistas que activan el capital ideacional para resolver problemas de elección social. Consiguientemente, las identificaciones partidarias transicionales se expanden a lo largo de las divisiones políticas formadas por el doble eje de competencia política (ideológico y pro/antiestablishment).

Los escenarios poscolapso partidario implican un cambio traumático en el funcionamiento de la política. Si los partidos colapsan es por la desaparición de las identidades partidarias respectivas. Los partidos sobrevivientes —originados en el contexto precolapso partidario, como el caso del APRA en Perú— intentan relanzar sus identidades partidarias valiéndose de recursos ideacionales y disponiendo de recursos administrativos (Cyr 2017). Por su lado, los nuevos partidos emergen con el enorme desafío de cultivar identificaciones propias; pero el ambiente político es de desconfianza generalizada hacia la clase política en su conjunto (vieja y nueva). Sin recursos políticos suficientes —del tipo administrativo—, los partidos políticos intentan conectar con el electorado apelando a ideas-fuerza como recurso principal. El objetivo, a largo plazo, es la formación de identidades partidarias sólidamente establecidas; a corto plazo, cierta coherencia ideológica e identificación autónoma, derivadas de los atractivos temporales de sus líderes. Así, niveles intermedios de identidades partidarias aparecen útiles como sustitutos funcionales.

---

4. En adelante, emplearé la expresión de "identidad partidaria incompleta" para referirme a las identidades transicionales o intermedias y para señalar precisamente una aparente paradoja: que a pesar de que no existen partidos institucionalizados, sí es posible referirnos a identidades partidarias. Es la expresión más adecuada propuesta por la terminología de ciencia política.

Las identidades partidarias transicionales o incompletas están basadas en recursos políticos ideacionales que combinan elementos de atractivos programáticos y personalistas en un solo tipo de vínculo político, distintivo. Los partidos políticos no apelan a sus electores basados, exclusivamente, en el continuo ideológico (escala izquierda-derecha). Opera, además, la lógica del pro y el antiestablishment que organiza la oferta electoral en los términos de pertenencia o rechazo a la clase política dominante. Dicha lógica complementa al criterio programático, especialmente en contextos de fluidez ideológica (como lo demuestra Ostiguy 2009 sobre el peronismo en Argentina).

Empero, en contextos de baja institucionalización, como es el caso del poscolapso sistémico, la dimensión ideológica se combina con los atractivos personalistas de los líderes en competencia. La conexión programático-personalista resuelve efectivamente los retos de selección social, al recaer en el prestigio y atractivos personalistas de los líderes la comunicación de posiciones en torno a asuntos de interés público. Cuando los recursos político administrativos son magros, la conexión entre electores y élites políticas proviene de la articulación de recursos políticos ideacionales o simbólicos (reputaciones de personalidades políticas, defensa de principios y posiciones asociados a aquellas reputaciones). El cuadro 1.4 ilustra el argumento fundamental para comprender cómo funciona la política en ausencia de partidos políticos enraizados socialmente con identidades propias desarrolladas a plenitud; en otras palabras, cómo funciona una democracia sin partidos, en el argot generalizado.

Extendiendo el argumento a los países andinos

En contextos de poscolapso partidario, la escasez de recursos políticos de tipo administrativo y la necesidad de políticos confiables que activen recursos políticos ideacionales hacen difícil resolver problemas de acción colectiva y elección social. En esos ambientes, la pérdida de legitimidad de los partidos políticos condiciona la defección de sus simpatizantes, lo que afecta severamente el manejo de los recursos políticos partidarios. Un colapso del sistema partidario significa que los vínculos políticos se derrumbaron (Morgan 2011) porque los partidos políticos son incapaces de articular los activos políticos existentes para sobrevivir. Los partidos no responden más a sus electores en términos programáticos (Kitschelt et ál. 2010), así como carecen de recursos para invertir en el desarrollo de propuestas programáticas y políticas públicas (Morgan 2011). (Al mismo tiempo —como sostiene Morgan 2011—, las reformas políticas, como la descentralización y administraciones económicas responsables, han reducido notoriamente el atractivo del clientelismo.)

En contraste, los proyectos personalistas han aprovechado los colapsos partidarios para promover proyectos autoritarios (Alberto Fujimori en Perú, Hugo Chávez en Venezuela, Rafael Correa en Ecuador), lo que obstaculizó más los planes de reconstrucción partidaria democrática. Por ello, la percepción sobre el futuro de los partidos políticos nacionales en contextos de colapsos sistémicos no es optimista (Levitsky y Cameron 2003), aunque a escala subnacional los sustitutos partidarios —por ejemplo, maquinarias políticas y organizaciones empresariales— pueden resultar funcionales (Hale 2006), como lo han demostrado para el caso peruano varios autores (Barrenechea 2014, Levitsky y Zavaleta 2016).

Esta situación crítica obliga a los partidos políticos a intentar reconectarse con la sociedad inédita e innovadoramente. Como Schmitter (2001) ha señalado, en las democracias emergentes los partidos políticos tienden a reducir sus estructuraciones electorales, identificaciones simbólicas y agregación de intereses en comparación con sus antecesores. En los escenarios poscolapso partidario, las identidades partidarias incompletas fungen como conexiones útiles con el electorado y surgen inicialmente como preferencias electorales a favor de líderes personalistas. El fujimorismo en Perú, el chavismo en Venezuela, el uribismo en Colombia y el correísmo en Ecuador provienen de campos antiestablishment capitalizados por *outsiders* exitosos (Fujimori en 1990, Chávez en 1998, Uribe en 2002 y Correa en 2006, respectivamente). Las victorias electorales de estos movimientos desestabilizaron sus sistemas de partidos; unos altamente institucionalizados como los de Colombia y Venezuela, otros embrionarios como los de Perú y Ecuador.

Una vez en el poder, las políticas implementadas por estos líderes coadyuvaron al desarrollo de características programáticas —extensibles a sus movimientos— de otro modo inexistentes. En la mayoría de los casos, invertir en la construcción de un partido con independencia de los recursos estatales no fue una prioridad, sino la generación de posiciones ideológicas en temas importantes de agenda pública. De derecha (Fujimori y Uribe) a izquierda (Chávez y Correa) en el eje ideológico, los gobernantes emergidos de estos escenarios poscolapso partidario desarrollaron discursos antiestablishment atenidos a sus preferencias ideológicas.

Esta combinación de factores —narrativas antiestablishment, proyectos altamente personalistas, liderazgos autoritarios y posiciones programáticas extremas (neoliberales/mano dura en los casos de Fujimori y Uribe, socialismo del siglo XXI/ciudadanía participativa en los casos de Chávez y Correa), así como la aversión a construir partidos políticos autónomos— aglutinó los recursos ideacionales necesarios para forjar vínculos programático-personalistas, lo que moldeó así identidades partidarias nacientes (un tipo de identidad partidaria incompleta). Lejos del poder, sus incipientes simpatizantes despliegan características propias de identidades partidarias parciales. Las identidades nacientes funcionan como recursos ideacionales para la construcción de partidos políticos, lo cual facilita trascender los liderazgos fundantes —como acontece con el fujimorismo en Perú, el chavismo en Venezuela y el uribismo en Colombia—. Como resultado, las élites políticas podrían ingresar en un proceso de institucionalización partidaria —atendiendo a otros factores y voluntades—.

Cada vez que los partidos emergentes (Fuerza Popular en Perú, PSUV en Venezuela, Centro Democrático en Colombia) compiten con alternancia en sus liderazgos fundacionales, entran en un proceso transicional, no necesariamente directo y ajeno a obstáculos, de vehículos personalistas a partidos políticos. En consecuencia, las identidades partidarias parciales pueden evolucionar hacia identificaciones completas. En los casos previamente mencionados de escenarios poscolapso partidario donde los recursos políticos menguan, las identidades partidarias nacientes son el capital político inicial para la formación partidaria —aunque no existe garantía de éxito—.

La experiencia gubernamental no es una condición necesaria para forjar identidades partidarias. Sin embargo, el desprestigio y la mala reputación debilitan la identificación a favor de los partidos sobrevivientes. Por ello destinan sus recursos políticos al camino pautado por los nuevos partidos: la agregación de vínculos programáticos y personalistas para conectar con el electorado. Liderazgos influyentes y dominantes —como lo fue Alan García en el APRA— justifican así sus maniobras políticas de alto riesgo como giros programáticos —en el caso del APRA en Perú— y radicalizaciones ideológicas. Las otrora identidades partidarias convencionales se vuelven ideológicamente más fluidas, dados estos giros, y personalistas con el fin de conservar cierta conexión con sus electorados. Así, tendremos un segundo tipo de identidades partidarias incompletas, las sobrevivientes, claramente más personalistas que sus versiones completas.

Finalmente, también las identidades negativas —tercer tipo de identidad partidaria incompleta— pueden emerger como recursos simbólicos relevantes en escenarios poscolapso partidario. Las identidades partidarias negativas son reacciones espontáneas a la emergencia de identificaciones políticas nuevas o a la sobrevivencia de identificaciones tradicionales. La presencia de identidades positivas altera la distribución de recursos políticos y crea la oportunidad para la articulación en torno a sus opuestos. Las identidades partidarias negativas se articulan de manera similar a las identificaciones nacientes: son ideológicamente fluidas y expresan un rechazo sólido a ciertos liderazgos; además, no siempre cuentan con agentes políticos que canalicen estos recursos simbólicos a través de su capitalización como partido político específico. Un ejemplo potencial de este fenómeno es el nacionalismo en Perú (dirigido por Ollanta Humala), un partido que intentó capitalizar el antiaprismo y el antifujimorismo como apoyo político sin frutos evidentes hasta ahora —aunque eventualmente podría resultar una estrategia efectiva en el largo plazo—.

Los escenarios poscolapso partidario constituyen obstáculos extremos para la política partidaria, aunque las identidades partidarias incompletas pueden emerger y sobrevivir en ellos. Tales florecimientos resultan de la articulación de recursos políticos ideacionales sustentados a partir de proyectos personalistas o en partidos supervivientes de la crisis sistémica partidaria. Dichos capitales ideacionales afloran como una combinación de vínculos programáticos y personalistas que resuelven problemas de elección social y proyectan la reestructuración de la competencia electoral. Cabe aclarar que el vínculo programático-personalista genera conexiones ideológicas, aunque difusas y personalistas, no exclusivas al seguimiento carismático. En estas características radica su particularidad y diferencia de los tipos de vínculos matrices.

Diseño de investigación

Esta investigación busca refinar nuestro conocimiento sobre cómo funciona un tipo específico de sistema de partidos de baja institucionalización: las políticas que han experimentado un colapso del sistema de partidos, centrado el análisis en el caso peruano. El objetivo del estudio —su pregunta central, si se quiere— es identificar cómo los partidos políticos, en tales escenarios, resuelven sus problemas de acción colectiva y selección social —los que según esta perspectiva deben ser satisfechos mediante la conexión eficiente con el electorado—.

En este sentido, mi investigación construye un marco teórico que desenreda conceptos convencionales en política comparada como "vínculos políticos", "clivajes" e "identidades partidarias", y propone un entendimiento original de los vínculos identitarios en la arena política: la imbricación de vínculos programáticos y personalistas beneficia la emergencia y sobrevivencia de identidades partidarias incompletas (parciales o transicionales), las cuales pueden ser de tres tipos: emergentes (fujimorismo), sobrevivientes (aprismo) o negativas (antis). Las identidades partidarias incompletas tienen un efecto positivo en la regularización de los patrones de comportamiento electoral y, finalmente, en la estabilidad de la competencia política.

La investigación presenta una exploración en profundidad de una democracia sin partidos —el caso contemporáneo peruano—. De esta forma, precisa los mecanismos que explican la emergencia de inesperadas identidades partidarias en la ausencia de una política partidaria institucionalizada y examina sus consecuencias para la institucionalización del sistema partidario. El análisis en profundidad del sistema de partidos peruano aprovecha una estrategia metodológica mixta. Por un lado considera la evolución histórica de identidades partidarias precolapso (el APRA) e identidades partidarias nacientes poscolapso (el caso del fujimorismo). Por otro lado, el análisis cualitativo realizado a las élites políticas respectivas focaliza en su capacidad de conformar dichas identidades. Los grupos focales a militantes duros (de ambos partidos), entrevistas personales a líderes nacionales y encuestas de opinión representativas a escala nacional nutrieron la formulación de preguntas y argumentos acerca de la expansión, determinantes y consecuencias de identidades partidarias parciales o incompletas.

El marco teórico asume que la formación partidaria es trabajo de las élites políticas, las cuales pueden transformar recursos simbólicos incipientes en capitales ideacionales, y fomentan así la construcción de una conexión política con el electorado. Dos implicaciones históricas observables apoyan mi argumento: el aprismo y el fujimorismo. En el caso del aprismo, la formación de una identidad partidaria en un escenario precolapso partidario y su sobrevivencia como identidad partidaria transicional en un escenario poscolapso partidario, y el caso del fujimorismo, la formación de una identidad partidaria incompleta en un ambiente de poscolapso partidario. En ambos casos la evidencia apunta al empleo del discurso antiestablishment y al carisma personalista como recursos movilizacionales preliminares.

Las identidades partidarias incompletas —no tan cohesionadas ideológicamente y con ciertos atractivos personalistas— constituyen el núcleo de mi análisis, y como tal son tratadas como variable dependiente con el fin de identificar sus componentes constituyentes. Por otra parte, como variable independiente identifica los efectos de las identidades transicionales en la institucionalización del sistema de partidos. Las regresiones estadísticas se basaron en muestras de encuestas representativas a escala nacional, aplicadas para detectar los componentes de las identidades transicionales o parciales —rastreando, particularmente, la influencia de las consideraciones antiestablishment, ideológicas y personalistas en su formación—. Los modelos estadísticos incluyen asimismo variables sociodemográficas para comprobar el impacto de componentes estructurales en potenciales clivajes políticos.

Una vez que las identidades partidarias incompletas han sido conceptualizadas, medidas y caracterizadas, se identifica sus consecuencias —en el corto y el largo plazo— con respecto al tipo de conexiones que desarrollan las élites partidistas con sus respectivos electorados. El impacto en el corto plazo se entiende como su capacidad de predecir el comportamiento electoral y la aprobación presidencial (en relación con los comicios generales peruanos de 2011 y con el desempeño en el poder de Ollanta Humala, respectivamente). Las bases de datos de encuestas beneficiaron el estudio del efecto de estas identidades partidarias (aprismo, fujimorismo, antiaprismo y antifujimorismo) como predictores de preferencias electorales en contextos previos a comicios y como predictores de apoyo presidencial en periodos no electorales. En el largo plazo, las identidades partidarias incompletas tienen un efecto en la regularización de patrones de comportamiento electoral y, consecuentemente, pueden favorecer la institucionalización de sistemas de partidos embrionarios. Amplia información electoral es empleada para demostrar este vínculo causal.

* * *

Los colapsos de sistemas de partidos son fenómenos raros en el mundo, aunque en la región andina cada país lo ha experimentado.[5] Si bien no todas las definiciones concuerdan en la clasificación

---

5. Según definiciones diferentes, los casos varían. Por ejemplo, según Morgan (2011), Colombia (2002) clasifica como caso de colapso partidario, pero Perú (1992) no porque, entonces, era un sistema de partidos embrionario y débilmente establecido.

de casos de colapso de sistemas partidarios en América Latina (Morgan 2011, Seawright 2012, Zoco 2008), es incuestionable que los sistemas de partidos en dicha región han experimentado severas crisis de representación democrática (término propuesto por Mainwaring, Bejarano y Pizarro 2006). La crisis del sistema de partidos colombiano puede no haber evolucionado en un caso completo de colapso (como lo afirma Morgan 2011). De hecho, considerando la operacionalización del colapso de sistema de partidos de Zoco —partidos nuevos ganan más del 45% de los votos en el curso de dos elecciones consecutivas a la Cámara Baja—, Colombia no integraría este grupo. Tomando una licencia metodológica, prefiero conservar el caso con propósitos comparativos y así ganar variación (véase cuadro 1.5). Como tal, mi entendimiento de colapso de sistema de partidos se nutre de una definición mucho más amplia: el rechazo profundo y generalizado a la mayoría de partidos políticos existentes.

Después de los colapsos de sistemas partidarios, *outsiders* antiestablishment ganaron elecciones presidenciales y se mantuvieron en el poder al menos por dos periodos presidenciales. Ellos o sus seguidores cambiaron las reglas de juego convenientemente —en la mayoría de los casos a través de nuevas constituciones, excepto Colombia con Uribe—, lo que impactó de forma considerable en la competitividad electoral. La mayoría de los regímenes políticos se transformaron en semidemocracias o regímenes autoritario-competitivos. Estas modificaciones institucionales se justifican discursivamente en la necesidad de transformar el sistema de representación "tradicional" y "excluyente". Un alegato antiestablishment se conjuga así exitosamente con el carisma personal, sobreponiéndose a la ideología. En cuanto a la ideología, los líderes varían de derecha (Fujimori, Uribe) a izquierda (Chávez-Maduro, Morales, Correa, Humala).

Cuadro 1.5
Casos de colapso del sistema de partidos en América Latina

País	Perú (1992)	Venezuela (1998)	Colombia (2002)	Bolivia (2005)	Ecuador (2006)
Poscolapso del sistema	Fujimorismo*, nacionalismo	Chavismo	Uribismo	MAS	Correísmo
Sobrevivientes del colapso del sistema	APRA*, PPC		P. Liberal, P. Conservador		

Fuente: Elaboración propia.
* Selección en el interior del caso.

El declive de los sistemas partidarios fue seguido de la incidencia de proyectos inicialmente personalistas que con el transcurrir del tiempo adquirieron características programáticas en la mayoría de los casos. El fujimorismo en el Perú, el chavismo en Venezuela, el uribismo en Colombia y el correísmo en Ecuador buscaron "resolver" temporalmente sus respectivas crisis de representación democrática al capitalizar la desafección sistémica respecto de los partidos políticos tradicionales. Aunque el MAS en Bolivia tiene un significativo componente personalista (centrado en Morales), desde el inicio fue un proyecto político colectivo, indigenista y sustentado en bases sociales (Anría 2013).

Escasos partidos políticos precolapso sobrevivieron, y perseveraron como actores legales formalmente registrados (Acción Popular [AP] y Partido Popular Cristiano [PPC] en Perú, Copei y Acción Democrática [AD] en Venezuela, Movimiento Nacionalista Revolucionario [MNR] en Bolivia y Partido Social Cristiano [PSC] en Ecuador). De ellos, algunos resisten como partidos menores a través de su inclusión en alianzas electorales pluralistas (AP en Perú, Copei y AD en Venezuela), mientras otros son competitivos en jurisdicciones locales específicas (PSC en las regiones costeras de Ecuador).[6] Supervivientes del colapso y competitivos electoralmente a escala nacional encontramos solo en tres países andinos: el APRA y el PPC (en alianza política) en Perú, los partidos Liberal y Conservador en Colombia y el Partido Social Cristiano en Ecuador. De hecho, en Perú, los principales líderes del APRA y el PPC —Alan García y Lourdes Flores, respectivamente— fueron candidatos presidenciales competitivos tras la caída del fujimorismo. García ganó la presidencia en 2006 y lideró el resurgimiento del partido político más viejo en un contexto poscolapso partidario, aunque no pudo repetir el éxito en 2016. En Colombia, el Partido Liberal y el Partido Conservador son jugadores políticos activos, especialmente en la arena legislativa. Aunque Álvaro Uribe y Juan Manuel Santos triunfaron políticamente a través de organizaciones políticas surgidas a la zaga del colapso sistémico, acordaron plataformas con los partidos tradicionales mencionados a través de alianzas electorales o coaliciones gubernamentales.

Colombia y Perú son dos casos válidos para analizar cómo los partidos políticos —de antes y después del colapso— resuelven problemas de acción colectiva y selección social en escenarios de crisis profunda de representación partidista. Hay que señalar que el sistema político colombiano presenta niveles altos de institucionalización en comparación con otros casos; en cambio el caso peruano es, sin lugar a dudas, adverso para la política partidaria. En tal sentido, Perú es ese "caso crucial" (Eckstein 1975) que muestra cómo los partidos políticos cumplen sus funciones regulares en, probablemente, las condiciones más adversas dentro de un régimen democrático. Asimismo, la variación a lo interno del caso permite comparar entre dos partidos políticos que han

---

6. Sobre las razones que explican esta sobrevivencia véase Cyr 2018.

disfrutado relativos éxitos electorales: uno que ha sobrevivido al colapso (APRA) y otro que ha emergido luego de él (fujimorismo). Se excluyen el PPC —aunque importante, ha jugado un rol secundario en la política peruana de los últimos veinte años— y el nacionalismo —partido con menos de quince años de existencia— del análisis.

Al profundizar en el caso peruano, un ejemplo extremo de baja institucionalización, esto es un escenario poscolapso partidario, la investigación provee alcances para la formulación teórica. La selección en el interior del caso permite analizar la variación partidaria de dos partidos relativamente exitosos: uno originado en un contexto precolapso y el otro emergido en un contexto poscolapso, comparándolos oportunamente con casos "negativos" (el nacionalismo). El análisis de encuestas de opinión a individuos se concentra en la evaluación de las identidades partidarias (incompletas) existentes. Al final, el estudio es desarrollado en tres ámbitos: nivel-país (sistema de partidos en Perú), nivel partidario (APRA y fujimorismo) y nivel individual (dos encuestas con muestras representativas a escala nacional encargadas especialmente al Instituto de Opinión Pública de la Pontificia Universidad Católica del Perú en mayo de 2011 y junio de 2011 y otra encuesta nacional realizada por la empresa privada GfK en junio de 2014).

El plan a continuación

En el siguiente capítulo presentaré una explicación teórica sobre la formación de identidades partidarias incompletas (o transicionales) como una función de los tipos de vínculos políticos y clivajes en escenarios de poscolapso del sistema de partidos. Información cualitativa de las élites —líderes nacionales y militantes "duros"— son fuentes de información directa sobre el proceso de agencia política en la formación de identidades partidarias en los casos del APRA y del fujimorismo.

Los capítulos 3 y 4 presentan los hallazgos empíricos de evidencia sistematizada de encuestas de opinión originales. El capítulo 3 describe los elementos que dan forma a una identidad partidaria incompleta positiva: la identidad partidaria sobreviviente (aprismo), y a una identidad naciente (fujimorismo), enfatizando sus diferencias de las formas convencionales (desarrolladas) de identidades partidarias. Este capítulo abarca la capacidad predictiva de estas identidades en la arena electoral y en los niveles de aprobación presidencial. El capítulo 4 se enfoca en las identidades incompletas negativas (antiaprismo y antifujimorismo) siguiendo el diseño metodológico original: atractivos programáticos, personalistas y antiestablishment pueden dar forma a tales identidades. El capítulo también se adentra en la señalada capacidad predictiva.

Las consecuencias de las identidades incompletas en la institucionalización del sistema de partidos peruano se analizan en el capítulo 5. Sobre la base de la información electoral agregada, se exhibe regularidades inesperadas en los patrones electorales con un impacto inicial en la estabilidad de la competencia política. Finalmente, el capítulo 6 reflexiona sobre cómo la política electoral funciona en sistemas de baja institucionalización, como los sistemas poscolapso del sistema de partidos en los países andinos.

II

Impacto de las consideraciones antiestablishment en la formación de la identidad partidaria en sistemas de partidos de baja institucionalización

> "Rustin Cohle: Look, I'd consider myself a realist, all right? But in philosophical terms I'm what's called a pessimist.
> Martin Hart: Uh, okay, what's at mean?
> Rustin Cohle: Means I'm bad at parties.
> Martin Hart: Let me tell ya, you ain't great outside-a parties, either".
>
> *True Detective*, temporada 1

El objetivo de este capítulo es explicar cómo ha sobrevivido una identidad partidaria histórica, el aprismo, y cómo emerge una identidad partidaria nueva, el fujimorismo, de un contexto de sistema de partidos embrionario, un régimen político cambiante (interrupciones democráticas) y partidos políticos con estructuras organizacionales débiles; en suma, de un colapso del sistema de partidos. Con este propósito, el capítulo se divide en dos secciones. La primera presenta la dicotomía política proestablishment/antiestablishment como el elemento que ha dividido la política peruana moderna desde 1930.

En Perú, la discontinuidad del régimen político ha inhibido la formación de partidos políticos y de un sistema partidario.

Como resultado, el ámbito político peruano presenta una combinación de jugadores formales (ejecutivos, legislaturas) y *de facto* con capacidad de veto (las Fuerzas Armadas, la Iglesia católica, la oligarquía), y expone partidos políticos efímeros, con serios obstáculos para su institucionalización. En estas condiciones, los clivajes sociales no se desarrollan a lo largo de líneas partidarias, como sugieren teorías basadas en experiencias europeas, sino más bien es otra la división fundamental: defensores y retadores del *statu quo*. La evidencia histórica permite clasificar los orígenes del APRA y el fujimorismo en el campo del antiestablishment.

La segunda sección explora cómo identidades partidarias originadas en reminiscencias antiestablishment (aprismo y fujimorismo) han desarrollado seguidores duros y líderes de organizaciones de base. Grupos focales con jóvenes apristas y fujimoristas duros (mayoritariamente activistas de sus respectivas organizaciones) y entrevistas con líderes nacionales de ambos partidos permiten argumentar los componentes principales de las identidades partidarias que se transmiten desde las élites partidarias a sus adeptos. Además de estar originados en simpatías antiestablishment, el aprismo y el fujimorismo se caracterizan por una imbricación de consideraciones programáticas y recursos personalistas (carisma), como les sucede a quienes rechazan estas fuerzas políticas. Se ha encontrado que los mecanismos tradicionales de socialización parental transmiten las identidades partidarias de manera efectiva. Los siguientes capítulos mostrarán la prevalencia y magnitud de estos partidismos positivos y negativos desde una perspectiva estadística.

Identificación partidaria en sistemas de partidos de baja institucionalización

Típicamente las identidades partidarias se desarrollan a través de un proceso de socialización en edades tempranas de los individuos.

La literatura en política norteamericana ha demostrado de forma extensa que los hijos tienden a aprender su identificación partidaria desde sus padres y la cultivan como parte de su identidad política a lo largo de sus vidas (Campbell et ál. 1960). Una vez desarrollada, esta identificación partidaria se mantiene altamente estable, sin afectarse por eventos políticos ordinarios (Green, Palmquist y Schickler 2004). Ello es así en un sistema de partidos estable que estructura las preferencias políticas a lo largo de un periodo de tiempo extendido, lo que permite a los partidos políticos desarrollar una "marca" política y asociarla a estereotipos sociales (positivos y negativos), definitorios de identidades individuales (Lupu 2012). Pero ¿qué sucede cuando, por ejemplo, los partidos aparecen y desaparecen cada cierto tiempo, por ejemplo, cada veinte años? Resulta imposible transmitir lealtades políticas por partidos que periódicamente pasan al olvido.

Por otro lado, dicha teoría supone que las sociedades están relativamente politizadas y que los ciudadanos consideran las identidades partidarias como una forma común y regular de identificación. Pero ¿qué ocurre en contextos donde la política está altamente desprestigiada y no ocupa un rol importante en la vida de las personas? En este escenario es probable que la afiliación o simpatía por un partido político particular no represente un componente significativo para la identidad de las personas. Cuando los partidos son volátiles y los individuos son desafectos políticos —supuestos imprevistos por la teoría—, ¿es posible que padres alienados políticamente transmitan a sus hijos simpatías políticas por partidos que han dejado de ser actores activos en política?

En Perú, la ausencia de un sistema estable de partidos desafía la formación de identidades partidarias. Sistemas de partidos (democráticos) en Europa se desarrollaron alrededor de clivajes sociológicos asentados en distinciones sociales de clase, etnicidad, región y religión, "congelados" como divisiones estructurales

(Lipset y Rokkan 1967). Países latinoamericanos divergieron de este modelo en, al menos, dos respectos (Dix 1989): el desarrollo de los sistemas de partidos políticos latinoamericanos (con excepciones como Chile) fue discontinuo, constantemente interrumpido por gobernantes autoritarios; un pasado que precede al sufragio universal, el desarrollo económico y la urbanización del continente (Dix 1989); y la política de masas tendió a conformar sistemas multipartidarios eclécticos y pragmáticos en términos ideológicos (Dix 1989), por lo cual la identificación política, su diferenciación y su competencia no se organizaron alrededor de clivajes sociológicos tradicionales (Roberts y Wibbels 1999).

No obstante, las divisiones políticas formadas por medio de la agencia política (Pzreworski y Sprague 1988) pueden ser duraderas (Bartolini y Mair 1990). Si estas divisiones marcan diferencias entre grupos sociales, los ordenan en organizaciones políticas representativas y generan identidades colectivas, pueden convertirse en referencias que estructuren y movilicen la opción del votante. Preferencias de régimen (por ejemplo, la defensa de la democracia versus el legado de gobiernos autoritarios), políticas públicas (por ejemplo, reformas de Estado), plataformas electorales y personalidades carismáticas pueden devenir en bases para la formación de identidades políticas fuertes, que organicen la política y mantengan adeptos leales. Discursos políticos poderosos —como por ejemplo la arenga antipolítica o antiestablishment— pueden crear o destruir identidades sociales y dar forma a conflictos políticos en torno a nuevas dimensiones (Torcal y Mainwaring 2003). En otras palabras, es posible que las élites políticas (tradicionales o emergentes) construyan divisiones perdurables a pesar de la fugacidad partidaria.

En un contexto de volatilidad partidaria y estructuración social difusa, como los escenarios poscolapso, donde los individuos están desafectados de la representación política —segundo obstáculo en la formación de identidades partidarias en sistemas no institucionalizados—, los discursos políticos podrían funcionar como parteaguas políticos y constituir bases para la formación de identidades partidarias. En este sentido, subrayo a Dalton y Weldon (2007) en su señalamiento de que en democracias jóvenes es posible el desarrollo de identidades partidarias. Esto ocurre, sostengo, cuando las élites de los nuevos partidos políticos enmarcan el surgimiento de sus organizaciones políticas en torno a un discurso antiestablishment.

El eje pro/antiestablishment como división política

Partidos orientados a discursos antiestablishment conciben dos oposiciones fundamentales dentro de la sociedad: las élites contra el pueblo y las élites contra ellos, los propios partidos antiestablishment (Schedler 1996). Moldean la arena política alrededor del conflicto entre élites poderosas y el hombre simple; la partidocracia encarada a la sociedad civil. En estos enfrentamientos, la élite antisistema se arroga la representación de los intereses de los marginados (Schedler 1996). El discurso antiestablishment es capaz de generar división política, particularmente en contextos donde prevalece el personalismo y los sistemas de partidos son débiles o decayeron (Barr 2009). Por ejemplo, los proyectos populistas contienen, en esencia, un discurso antiestablishment —aunque abarcan aspectos más amplios como el rechazo al pluralismo y al elitismo— y el endose al pragmatismo, entre otros aspectos (Hawkins 2010). En este capítulo me concentro en definir, en términos más generales, el campo antiestablishment.

Por una parte, históricamente los partidos *catch-all* en Latinoamérica han sido extremadamente personalistas. Su habilidad para incluir a las masas en política fue posible por su confrontación trascendental con el establishment político vigente. Este esfuerzo llevó a la construcción de un electorado multiclasista leal y coaliciones sociales que apoyaron la emergencia de actores dispuestos a retar al establishment político (Weyland 2001). Por otra parte, la decadencia o ausencia de los sistemas de partidos han dificultado la representación de grupos sociales. Varias sociedades latinoamericanas han experimentado cambios traumáticos —por ejemplo, el surgimiento de sectores informales, la expansión de la clase media— que no fueron acompañados por la representación política de estos reconfigurados intereses sociales.

En estos sistemas de alta fluidez electoral se abre la posibilidad de que los actores políticos representen a grupos sociales emergentes a través de un discurso que trasciende el continuo ideológico tradicional —organizador convencional del posicionamiento de los partidos políticos— y se renueven en cada ciclo electoral. Peculiarmente en contextos de desinstitucionalización, el eje pro/antiestablishment político representa una dimensión independiente que organiza la política al votante promedio; y toma sentido de la discontinuidad del régimen político, la volatilidad de los partidos y la influencia de actores con poder de veto extraconstitucional (Fuerzas Armadas, poderes económicos).

Con respecto a este punto, es necesario distinguir los agentes proestablishment de los antiestablishment. Considero proestablishment a aquellos agentes (políticos, económicos, militares o eclesiales) que participan directa o indirectamente en la formación de un pacto político encargado de establecer de las normas de la competencia política (por ejemplo, Constitución política, coaliciones políticas formales). Ello, independientemente de si es o no democrático y de su preferencia en políticas económicas. Los agentes del establishment construyen un *statu quo* político —normalmente expresado en partidos políticos legales, aunque no siempre— para promover estabilidad política (democrática o autoritaria); por ejemplo, controlar el malestar social o incluir a sectores sociales en sus premisas. Así se conforma una élite que rechaza la entrada de actores que desafíen esta estructura conservadora que defiende el *statu quo* político. Por el contrario, los agentes antiestablishment no participan en el pacto político oficial que gobierna la política día a día. Son excluidos explícita o tácitamente a través de mecanismos formales o informales, y más bien tratan de revertir el *statu quo* —empleando estrategias violentas o no violentas— para dar forma a una arena política alternativa en la que tengan cabida. Los campos pro y antiestablishment no son fijos, y pueden tornarse de puestos según los procesos históricos que atraviesen. Así, actores que forman parte del establishment en determinados periodos pueden ser despojados de sus prerrogativas y expulsados del pacto político que domina el país.

El eje pro/antiestablisment político puede dar primacía a las divisiones intrapolíticas por sobre las divisiones socioeconómicas (potenciales). En algunos casos, simplemente diferencia entre nuevas organizaciones y partidos tradicionales: una división "delgada" (Ostiguy 2009). En otros, toma la forma de una distinción sociocultural: una división más "gruesa" (Ostiguy 2009). No obstante, para considerarse una clara división política, la división pro/antiestablishment político debe producir identidades políticas duraderas a escala individual (por ejemplo, peronismo/antiperonismo en Argentina). Como ilustra el caso de Perú, donde la política peruana se ha organizado en torno a dos referencias políticas duraderas —aprismo y fujimorismo— que han generado fuertes anticuerpos —antiaprismo y antifujimorismo— a lo largo del tiempo. Estas identidades "anti" han emergido como reacción a la construcción de discursos antiestablishment político.

Los orígenes antiestablishment del APRA y el fujimorismo

El APRA (entre 1930 y 1978) y el fujimorismo (en su surgimiento en 1990 y entre 2001 y 2006) fueron partidos forjados desde el campo antiestablishment. El APRA fue el primer partido peruano de masas antioligárquico,[1] cuyo objetivo inicial fue representar políticamente a los sectores sociales emergentes de la sociedad peruana en los años treinta (Cotler 1995). La clase conservadora, la Iglesia católica y las Fuerzas Armadas formaron una coalición *de facto* (un establishment) que impidió la participación formal del APRA en la política nacional hasta, aproximadamente, la década de 1960 (Neira 1997). En 1978 fue que el APRA se convirtió en un actor político regular, libre de restricciones formales para su participación en la política peruana. Esta pugna histórica forjó fuertes identidades a favor y en contra de este partido.

Solo una década después de la incorporación regular del APRA al sistema político, el incipiente sistema colapsó (Tanaka 1998, Lynch 1998). Los partidos políticos —incluido aquel— fueron rápidamente desacreditados por acusaciones de corrupción generalizada e incapacidad de gobernar (Reyna 2000). Nuevos sectores sociales —informales, migrantes internos desplazados por la violencia política— surgieron en la escena política, reconfigurando el sistema de partidos naciente (Cameron 1994). Alberto Fujimori (1938-), un *outsider* electoral con un nuevo discurso antiestablishment, fue capaz de llenar el vacío político dejado por el colapso del sistema de partidos. Portó así un alegato agresivo contra lo que denominó "partidocracia" y llevó al Parlamento, por primera vez, a sectores sociales anteriormente excluidos, como evangélicos, microempresarios y catedráticos de ciudades intermedias (Degregori y Meléndez 2007). Ganó las elecciones presidenciales de 1990 y permaneció en el poder por una década. Partidos

---

1. El movimiento que llevó a Guillermo Billinghurst a la presidencia en 1912 también podría caracterizarse como antioligárquico en tanto rompió el bloque del Partido Civil, pero fue una impronta espontánea antes que una organización partidista.

políticos "tradicionales" —entre ellos exactores antiestablishment como el APRA— intensificaron su oposición contra el régimen autoritario emergente del "autogolpe" de 1992. No obstante, la derrota de Sendero Luminoso y la recuperación económica del Perú ayudaron a Fujimori a mantener la aprobación del electorado durante el transcurso de su presidencia.

Desde los años noventa, el electorado peruano ha desarrollado fuertes afinidades con la primigenia identidad antiestablishment fujimorista, que combina su recurrente ataque antipolítico al sistema colapsado y la identificación con una democracia ineficaz en la lucha contra la subversión y la hiperinflación (Degregori 2001). Aunque ha sido un actor relativamente permanente en la política peruana —el fujimorismo ha presentado candidatos en cada elección desde su aparición en 1990, con excepción de las elecciones nacionales de 2001, en las cuales no participó después de la destitución de Fujimori—, ha mantenido una identidad antiestablishment a partir de la insistencia en un discurso polarizante. Tal como sucede con otros proyectos populistas, el éxito de la creación de una identidad antiestablishment no se basa exclusivamente en fundamentos objetivos, sino en la creación subjetiva de una oposición al *statu quo* (Hawkings 2010). El fujimorismo, hasta la actualidad, ha sabido encontrar focos del establishment a quienes enfrentar activamente (por ejemplo, los emporios comunicacionales).

Como he establecido previamente, los partidos antiestablishment se caracterizan por un doble conflicto: las élites políticas contra los ciudadanos y las élites políticas contra sí mismas (Schedler 1996). Su surgimiento y éxito se basan en una constante confrontación política: los sectores sociales y políticos proestablishment, guardianes del orden, defienden apasionadamente el pacto político gobernante de la incursión de retadores radicales. Paralelamente, los nuevos actores políticos despliegan un discurso agresivo en contra de las élites políticas establecidas, presentándose como víctimas sujetas a agresiones. La polarización y conflicto en el interior del sistema pueden favorecer la construcción de estas agrupaciones (Levitsky 2014). El adversario compartido ("el poderoso establishment") crea una identidad común opositora. En las secciones siguientes, ahondaré en el análisis para cada uno de los casos abordados, el APRA y el fujimorismo (véase cuadro 2.1).

Cuadro 2.1

APRA Y FUJIMORISMO: PARTIDOS ANTISISTEMA

Periodos	Élites proestablishment	Partidos forjados desde el campo del antiestablishment
1930*-1979	Oligarquía, clase conservadora, Iglesia católica, Fuerzas Armadas	APRA
1990-2006	Partidos tradicionales: APRA, Acción Popular, Partido Popular Cristiano, Izquierda Unida; consorcios empresariales mercantilistas; Iglesia católica	Fujimorismo

Fuente: Elaboración propia.

* Después de la Gran Depresión emergen también otros partidos antiestablishment menores (como el Partido Socialista) que participan en la Constituyente de 1931. Del mismo modo, el permanente surgimiento de partidos de izquierda a lo largo del siglo XX podría caracterizarse también como perteneciente al campo antiestablishment. Para fines de la investigación, me concentro en el APRA y el fujimorismo por su permanencia en el tiempo.

El APRA

La política peruana no desarrolló un protosistema de partidos moderno hasta la década de 1980, ni un régimen democrático estable hasta el siglo XXI (Mainwaring y Pérez-Liñán 2014). Fue en 1985 que, por primera vez en el siglo XX, un presidente electo transfirió voluntariamente su poder a otro presidente ungido por las urnas.

Esta inestabilidad política obstaculizó tremendamente la creación de un sistema de partidos y afectó negativamente el desarrollo de partidos, en particular al más longevo, el APRA.

El Partido Aprista Peruano fue uno de los primeros partidos de masas modernos en la historia peruana.[2] Con su discurso antiimperialista y antioligárquico, pretendió sobreponerse a las limitaciones del marxismo ortodoxo aplicado a la estrategia política (Haya de la Torre 1936). Movilizó así exitosamente al proletariado y la clase media intelectual mediante una alianza de "trabajadores manuales e intelectuales", y aventajó a tentativas similares de movimientos políticos comunistas y anarquistas. En gran medida, este acierto se logra por el liderazgo de Víctor Raúl Haya de la Torre (1895-1979) y la flexibilidad ideológica del APRA —considerada por algunos como una adaptación del marxismo a la realidad peruana—. Sin embargo, el establishment dominante impidió, por casi cincuenta años (1931-1979), el desarrollo sostenido de esta organización. Sectores conservadores —liderados por fuerzas militares y caudillos oportunistas— impidieron el acceso del Partido Aprista al poder mediante fraudes, golpes militares y vetos legales (Neira 1997), y fue negado a compartir el monopolio político con una "alternativa antiimperialista" que prometía "nacionalizar la tierra y las industrias", empoderar a los "oprimidos", "reestructurar los caminos económicos de la sociedad" y "poner fin a las relaciones de explotación" en la sociedad peruana (Manrique 2009). En consecuencia, el APRA se desarrolló como una fuerza política antiestablishment (oligárquico) que propugnaba la inclusión social. Así describen sus líderes su identidad política: "[El APRA] se caracteriza como un proyecto revolucionario, externo

2. La Unión Revolucionaria (1931-1945), fundado por Luis Miguel Sánchez Cerro, también es otro partido de masas contemporáneo al APRA.

Cuadro 2.2
ESTATUS POLÍTICO DEL APRA DESDE 1931 A 2000

Años	Presidente	Estatus formal	Alineación
1931-1933	Luis Miguel Sánchez Cerro	Ilegal (1931-1932) Persecución (1932-1933)	Oposición
1933-1939	Óscar R. Benavides	Amnistía (1933-1934) Persecución (1934-1936) Prohibido (1936-1939)	Oposición
1939-1945	Manuel Prado y Ugarteche	Prohibido	Neutral
1945-1948	José Luis Bustamante y Rivero	Participación legal (1945-1947)	Oposición
1948-1956	Manuel A. Odría	Persecución (1948)	Oposición
1956-1962	Manuel Prado y Ugarteche	Participación legal	Coalición de gobierno ("Convivencia")
1962-1963	Ricardo Pérez Godoy	Participación legal	Oposición
1963	Nicolás Lindley López	Participación legal	Oposición
1963-1968	Fernando Belaunde Terry	Participación legal	Oposición
1968-1975	Juan Velasco Alvarado	Hostigamiento político	Oposición
1975-1980	Francisco Morales Bermúdez	Hostigamiento político	Neutral
1980-1985	Fernando Belaunde Terry	Participación legal	Coalición de oposición (APRA-UNO)
1985-1990	Alan García Pérez	Participación legal	Gobierno
1990-1992	Alberto Fujimori Fujimori	Participación legal	Oposición
1992-1995	Alberto Fujimori Fujimori	Abstención voluntaria	Oposición
1995-2000	Alberto Fujimori Fujimori	Participación legal	Oposición

Fuente: Elaboración propia.

al establishment y liberador de la creatividad colectiva" (García 1985: 9).

La marginalización sistemática del APRA, en el afán de prevenir su inclusión en el sistema político, impactó severamente en las dinámicas electorales en Perú: fue declarado ilegal (en 1931 por Sánchez Cerro), perseguido por tres gobiernos (Sánchez Cerro, 1932-1933; Benavides, 1935-1939; Odría, 1948-1956), vetado en tres oportunidades (Benavides en 1938, Prado en 1939 y Bustamante en 1948) y políticamente hostigado por dos dictadores (Velasco Alvarado, 1968-1975, y Morales Bermúdez Cerruti, 1975-1978). La participación legal del APRA en la política peruana no fue aceptada del todo sino hasta 1978 (Cotler 1995). El cuadro 2.2 reconstruye la cronología del estatus formal del APRA desde su primera participación electoral en 1930 hasta la normalización de la política democrática en Perú en 2001.

Empero, la mayor pugna se dio entre el APRA y su contraparte, el antiaprismo. Para muchos, el APRA fue un movimiento político "antisistema" hasta, por lo menos, 1956 (Cotler 1995, Tanaka 1998), cuando el partido participó por primera vez en una coalición política extensa, "la convivencia". El pacto con el caudillo conservador Manuel Prado Ugarteche cerró la persecución del APRA y terminó con el exilio de su líder, Haya de la Torre. Al mismo tiempo, conllevó a una crisis dentro del partido: un grupo autodenominado APRA Rebelde (1959) señaló graves inconsistencias entre dicha alianza y la ideología antiimperialista del APRA (Manrique 2009). Desde entonces, el APRA no ha enfrentado más ninguna prohibición formal en sus actividades políticas, pese a la hostilidad de gobiernos militares que evitaron su participación en múltiples pactos políticos y de regímenes autoritarios (Pérez-Lindley, 1962; Velasco, 1968-1975; Morales Bermúdez, 1975-1979; Fujimori 1992-1995).

Cuadro 2.3
PERIODOS PRO Y ANTIESTABLISHMENT EN LA HISTORIA DEL APRA

Periodo	Rol del APRA	Principales actores del establishment político
1931-1956	Antiestablishment (prohibido y perseguido)	Oligarquía conservadora
1956-1962	Proestablishment (aliado estratégico)	Episodio democrático
1962-1963	Antiestablishment	Régimen militar conservador
1963-1968	Proestablishment (oposición)	Sistema de partidos incipiente (AP-DC-APRA)
1968-1979	Antiestablishment	Régimen militar
1979-1992	Proestablishment	Pacto constitucional de 1979. Sistema de partidos incipiente (AP-PPC-APRA-IU)
1992-1995	Antiestablishment (no participó en Asamblea Constitucional de 1993-1995)	Régimen autocrático (fujimorismo)
1995-2000	Oposición y parte del establishment	Pacto Constitucional de 1993 (FF. AA. y jugadores con veto tecnocráticos)
2000-	Oposición y parte del establishment (aliado estratégico)	Pacto Constitucional de 1993 (sin las FF. AA. como jugador con veto)

Fuente: Elaboración propia.

Durante el periodo más autocrático del gobierno de Fujimori (1992-1995), el APRA rehusó participar en la elección de la Asamblea Constituyente (CCD) en 1993. No obstante, en 1995 nominó a un candidato presidencial y aceptó las nuevas reglas semiautoritarias. Durante la transición del año 2000, se presentó la oportunidad para regresar a la Constitución de 1979, suscrita por su fundador Haya de la Torre, aunque para entonces se asumía que parte de la recuperación económica del Perú dependía de la Constitución de 1993. Se acordó entonces reformar esta última, particularmente en temas de tutelaje militar, centralización y enclaves autoritarios (por ejemplo, la reelección presidencial). En suma, se renovó el marco político constitucional al preservar sus componentes económicos y excluir al fujimorismo como representante político. El cuadro 2.3 clasifica los periodos políticos según el rol del APRA a favor del establishment o contra el establishment político, desde 1931 hasta el presente.

Si bien el sistema de partidos peruano no se institucionalizó en el siglo XX —pese a los intentos acaecidos entre 1963-1968 y 1980-1992—, la división política entre el APRA y el antiaprismo se fortaleció. Una división de esta naturaleza, alrededor de un partido político excluido reiteradamente por actores en el poder, solo es posible mediante un discurso antiestablishment, vocal de la pugna entre sociedad emergente y sistema militarizado conservador. Una vez que integró el establishment, el APRA se alineó bajo una división ideológica en el interior del sistema de partidos: durante los años ochenta basado en una plataforma socialista y durante la última década en defensa de las reformas de ajuste de los años noventa. La violencia y la exclusión política hicieron del APRA una alternativa verosímil al *statu quo*, y concitó la adherencia de electorado.

El APRA encarnó la falta de voluntad de los actores del establishment para democratizar, al menos socialmente, el ámbito político, lo cual le granjeó el apoyo de sectores emergentes y marginalizados en busca de participación y representación política. En vez de surgir de clivajes sociales —el total de la población adulta peruana no tuvo derecho al voto sino hasta 1980—, el APRA emergió de la naturaleza no institucionalizada del sistema de partidos peruano, la gran proporción de votantes desfavorecidos y la visceral inestabilidad del régimen político. Su discurso original antioligárquico contribuyó a la formación de una división política (aprismo versus antiaprismo) que caló a escala individual. Aunque ha sido considerado como un actor del establishment desde 1979 —exceptuando el lapso 1992-1995—, su identificación procede de sus atractivos antiestablishment del pasado, especialmente durante los periodos de veto y exclusión (1931-1956).

El fujimorismo

La historia del fujimorismo, aunque menos extensa, también devela sus orígenes en el campo del antiestablishment (Kenney 1998). Inicialmente, en 1990, Alberto Fujimori aspiraba a ser elegido senador, pero terminó convirtiéndose en el primer *outsider* de América Latina electo presidente. Ya en el poder, desafió el pacto político establecido por la Constitución peruana de 1979 (Kenney 2004) y arengó contra los "partidos políticos tradicionales" y las instituciones democráticas definidas por dicha Carta Magna (Cotler y Grompone 2000). Su término predilecto, la "partidocracia", es el mejor exponente del discurso dual antiestablishment: ataque al régimen político, a sus defensores y a los valores democráticos que encarnaban (Degregori 2001). El autogolpe que dirigió en abril de 1992 fue la consagración de su identidad como líder antiestablishment (Kenney 1998). No solo se opuso así a los poderes políticos y *de facto* dominantes, sino también al propio régimen democrático que los había erigido.

El colapso del sistema de partidos —en los albores de los años noventa— causó que los límites entre el establishment político y el antiestablishment se volvieran difusos. Alberto Fujimori forjó una alianza con sectores de las Fuerzas Armadas y ciertos grupos económicos —nacionales e internacionales— para conservar el poder después del autogolpe (Murakami 2007). Su discurso político continuó luego confrontando al decadente establishment político tradicional, procurando perpetuar así su imagen de aguerrido en cruzada contra la "partidocracia" (Degregori 2001). Por primera vez la política partidaria no gozaba de legitimidad social en un periodo democrático. Esta vez, el rechazo a los partidos no se originaba en la persecución o prohibición autoritaria, sino en la poca confianza del electorado en estos, fueren de izquierda o derecha (Tanaka 1998).

Varias son las explicaciones acerca del apoyo electoral y social que recibió Alberto Fujimori durante su presidencia. Para algunos, el triunfo electoral y los altos niveles de aprobación apuntan a su exitosa representación política de los sectores informales (Cameron 1994); otros destacan el individualismo generalizado, rasgo típico de las reformas neoliberales que implementó en su mandato (Panfichi y Sanborn 1996); incluso se cree que su éxito radicó en la alianza social que forjó entre las clases altas y los pobres (López 1997).

Por más que cierta evidencia sugiere que los votantes que favorecieron a Fujimori en la elección de 1990 fueron estratégicos —en oposición al candidato de derecha, Vargas Llosa, grupos de izquierda y apristas apoyaron a Fujimori (Schmidt 1996)—, su electorado también correspondía a criterios de postergación económica y social. Departamentos muy pobres del país (Murakami 2007), grupos étnicos marginales (Madrid 2012), la clase baja de Lima, trabajadora e iletrada, y residentes de barrios en extrema pobreza (Dietz y Dugan 1996) apoyaron a Fujimori a lo largo de su presidencia. La clase obrera, los individuos marginados y los votantes de zonas rurales, sectores que habían favorecido a la izquierda en las elecciones de 1980 y 1985, inclinaron sus preferencias por Fujimori en 1990 y en 1995 (Dietz y Dugan 1996).

La configuración del nivel de aprobación de Fujimori atravesó, igualmente, divisiones sociales tradicionales. Según la literatura, la administración económica y la percepción de la seguridad pública (especialmente las políticas contra el terrorismo) fueron los mejores predictores de su aprobación presidencial (Carrión 2006). Su aprobación promedio —de julio de 1990 a octubre de 2000— se mantuvo homogénea, comparando por niveles de ingreso (véase cuadro 2.4). Programas sociales que emplearon mecanismos clientelistas (como Foncodes y Pronaa) ganaron estratégicamente el apoyo de las clases bajas (Cotler y Grompone 2000).

Cuadro 2.4
PROMEDIO DE APROBACIÓN PRESIDENCIAL DE FUJIMORI POR NIVEL DE INGRESO (1990-2000)

Nivel de ingreso	A: Alto	B: Medio alto	C: Medio	D: Medio bajo	E: Bajo	G: General
Promedio	55,13	50,04	53,57	57,56	56,07	54,07

Fuente: Apoyo.
Nota: Desde septiembre de 1999, Apoyo desagrega el Nivel D en dos grupos (D y E) para dilucidar los niveles de pobreza extrema (E).

El apoyo general a la gestión de Fujimori fue multiclasista. Es razonable pensar que tanto el surgimiento de su liderazgo como el sólido apoyo popular que recibió se originaron en atractivos políticos antiestablishment. La estrategia que Fujimori empleó fue una adaptación del siempre fértil populismo latinoamericano —la división política entre el establishment y el antiestablishment no es nueva en la política continental— que divide dicotómicamente a la sociedad en campos éticamente antagónicos: el pueblo y la oligarquía (De la Torre 2010). Según Weyland (1996), su estrategia se centraba en el Estado para promulgar políticas económicas neoliberales y ganar el respaldo de los sectores informales desorganizados, mientras que simultáneamente atacaba a la clase política (colocó al viejo establishment en el campo opositor) y se resistía a la organización autónoma de los más adinerados. No es objetivo de esta investigación discutir la funcionalidad del populismo como concepto, sino más bien señalarlo como una estrategia empleada por agentes políticos (en este caso Fujimori) para moldear una división política a favor y en contra de su administración.

Una vez fuera del poder, fue más fácil para el fujimorismo darle credibilidad a su discurso antiestablishment al ser excluido de los principales acuerdos en la transición (2000-2001), tomados entre partidos tradicionales (APRA, PPC, AP) y las nuevas organizaciones emergentes (Perú Posible, Somos Perú) que se afiliaron al establishment después de la caída de Alberto Fujimori (Marcus-Delgado y Tanaka 2001). Muchas de sus iniciativas transicionales (transferencia de poder, reforma constitucional, pactos políticos, mecanismos de justicia transicional) prohibieron tajantemente la participación de representantes del fujimorismo.

Algunos académicos pensaron que la reintegración de los partidos tradicionales había sido exitosa (Kenney 2003) y que no resurgiría el fujimorismo después de la marginalización (Carrión 2006). Sin embargo, luego de la exclusión (2001-2006) retornó el partido a sus orígenes antiestablishment y le permitió construir una prédica martirológica que ellos llaman "la resistencia". Ya para las elecciones generales de 2006 el fujimorismo presentó a Martha Chávez —su primer candidato presidencial distinto al fundador y líder del partido, Alberto Fujimori—, quien obtuvo el 7,4% del voto. Sus candidatos a escaños congresales recibieron el 13%, lo cual se tradujo en 13 de los 120 curules. Inesperadamente, el fujimorismo se constituía en la cuarta fuerza política más influyente del Legislativo.

Keiko Fujimori (1975), hija del fundador y lideresa de la bancada fujimorista para el periodo 2006-2011, dirigió este bloque legislativo hacia una posición proestablishment. De hecho, el entonces presidente Alan García recibió el apoyo sistemático de los legisladores fujimoristas durante su segundo mandato (2006-2011). Periodistas y observadores sugirieron la existencia de una alianza entre el APRA y el fujimorismo: respaldo a condición de amnistiar a Alberto Fujimori, encarcelado durante el segundo gobierno de García. Sin embargo, al líder del fujimorismo no se le otorgó tal clemencia presidencial. La ausencia de esta alianza estratégica sugiere que la posición proestablishment de Keiko Fujimori se sustentó en la convergencia de sus posiciones ideológicas con las políticas del gobierno de García, y dio forma así al inicio de una nueva versión del fujimorismo.

A través del liderazgo de Keiko Fujimori el fujimorismo ha ido difuminando paulatinamente su discurso antiestablishment, sobre todo en lo concerniente a políticas públicas y ataques a la clase política, aunque mantiene su vocación popular. Su enfrentamiento permanente con las principales corporaciones mediáticas y con sectores del Poder Judicial, sin embargo, permiten aún mantener el fujimorismo en el imaginario del enfrentamiento a poderes del establishment. Asimismo, mantiene reminiscencias de su pasado antiestablishment con la permanencia de algunos rasgos autoritarios en su relación con otras instituciones políticas, y con un apoyo de sectores políticos originados en la zona gris entre informalidad e ilegalidad (véase sección siguiente). De hecho, el surgimiento de otro proyecto político antiestablishment en 2006 hizo que Keiko Fujimori resultara más atractiva para los defensores del pacto político proestablishment. El Partido Nacionalista Peruano, liderado por Ollanta Humala, propuso una Gran Transformación de la administración económica y, consecuentemente, una Asamblea Constituyente que significaba, sin dudas, un ataque al *statu quo* a nivel programático (izquierda radical) y a la clase política en sí. La cerrada defensa que hiciera la lideresa fujimorista de los principios programáticos promercado y de la actual Constitución del Perú —originada en la Carta Magna aprobada por el gobierno de su padre en 1993— potenciaron los atractivos políticos proestablishment del fujimorismo en la arena política.

Con posterioridad a las elecciones de 2011, el fujimorismo ha afianzado su apoyo en el interior del establishment. En lo económico no existen disputas trascendentales entre los actores políticos: sorprendentemente, el nacionalismo se alineó al modelo de "piloto automático" legitimado por el gobierno anterior al APRA con el apoyo legislativo del fujimorismo; pero en términos políticos surgió un enfrentamiento. Como en los años noventa, un actor político con discurso antiestablishment en el poder (Humala) se enfrentó radicalmente al establishment político forjado en el periodo gubernamental anterior (fujimorismo y APRA). Esto ejemplifica precisamente que la construcción de esta división pro/antiestablishment es móvil y depende, sobre todo, de la capacidad de credibilidad de los agentes políticos en proyectar la representación de estos campos (véase cuadro 2.5).

Las consecuencias —evidenciadas luego de su salida del poder— fueron nefastas para Humala, otrora retador del establishment: su procesamiento judicial y encarcelamiento preventivo sellaron su derrota, al menos, temporal. La dinámica política instaurada en 2016 —que trajo por primera vez un gobierno dividido— ha puesto al fujimorismo en el control del Legislativo y a un débil Ejecutivo liderado por Pedro Pablo Kuczysnki. El enfrentamiento entre ambos poderes —que terminó con la caída del tecnócrata— azuzó nuevamente las crispaciones entre un

Cuadro 2.5
PERIODOS PRO Y ANTIESTABLISHMENT DEL FUJIMORISMO

Periodo	Rol del fujimorismo	Principales actores políticos del establishment
1990	*Outsider* antiestablishment	Pacto constitucional de 1979 Partidos "tradicionales"
1990-1992	Antiestablishment (en el poder)	Pacto constitucional de 1979, partidos tradicionales dominan el Legislativo
1992-2000	Antiestablishment (en el poder)	Régimen autocrático (fujimorismo), pacto constitucional de 1993 (FF. AA. y tecnocracia con poder de veto)
2000-2006	Involuntariamente antiestablishment	Partidos tradicionales, nuevos partidos antifujimoristas (Perú Posible) Pacto constitucional de 1993 reformado (sin FF. AA. como jugador con veto)
2006-2011	Proestablishment (oposición moderada)	Pacto constitucional de 1993 reformado APRA-fujimorismo-PPC
2011-	Proestablishment (oposición)	Pacto constitucional de 1993 reformado fujimorismo-APRA

Fuente: Elaboración propia.

establishment tecnocrático y una oposición antiestablishment populista, representada esta última por el fujimorismo.

Como balance, aunque el fujimorismo es un actor relativamente nuevo en la política peruana, obtuvo rápidamente reputación como fuerza antiestablishment —caracterización válida al menos hasta 2006—. En el poder, tal vez a causa de este, el fujimorismo rompió el pacto político establecido al reemplazar la Constitución de 1979. El nuevo estatuto legal justificaba el resguardo de una nueva realidad política, dominada por poderosos jugadores con veto —militares y agentes tecnocráticos del poder económico—. A pesar de las reformas de 2001, el pacto constitucional fujimorista se ha mantenido constante en la política peruana y ha garantizado al fujimorismo como uno de los actores principales del nuevo establishment político y económico. Su rol en la transformación del sistema político del Perú en los años noventa, su confrontación radical con los partidos tradicionales y su exclusión política temporal han robustecido fuertes identidades políticas fujimoristas y antifujimoristas en el ámbito individual. La siguiente sección se adentra en los detalles.

La división pro/antiestablishment como mecanismo de formación de identidades sin partidos

En políticas partidarias poco institucionalizadas, como en algunos países latinoamericanos, enfrentar a las élites con "el pueblo" y con fuerzas políticas marginadas (Schedler 1996) es una estrategia exitosa para moldear la arena política a través de los actores formales regulares y los emergentes. Los alineamientos políticos en estos escenarios —como en Perú— no pueden explicarse basándose meramente en un continuo tradicional de izquierda-derecha. Es necesario incluir una consideración adicional: un eje pro/antiestablishment que corte al eje ideológico de manera transversal

(Ostiguy 2009). La combinación de ambos ejes permite así entender con mayor criterio la política en sistemas fluidos.

Las divisiones políticas son funcionales si representan la base para el desarrollo de los partidos políticos en el corto plazo y de identidades partidarias en el largo plazo. En la ausencia de partidos políticos institucionalizados, estas divisiones pueden generar identidades políticas incipientes (incompletas) que funcionan como recursos para evolucionar hacia identidades partidarias plenas. Como ha demostrado la literatura especializada, las identidades partidarias son sólidas cuando los ciudadanos reconocen que cierto grupo, con características sociales determinadas, se encuentra asociado a ellos (Green, Palmquist y Schickler 2004). Además, la exacerbación de divisiones políticas —por ejemplo, a través de conflictos políticos (Levitsky, Loxton y Van Dick 2016)— puede crear identificaciones positivas y negativas de manera simultánea.

En el caso de la división pro/antiestablishment, las confrontaciones políticas permiten una base inicial para la formación de identidades favorables, tanto para los retadores del establishment como para identidades negativas favorables a los defensores del *statu quo* (Baumeister et ál. 2001). Aunque estas últimas no necesariamente se organizan de manera formal, el acceso de las élites a los recursos políticos —medios masivos de comunicación, corporaciones— les permite cultivar identidades opuestas a la identidad política antiestablishment (Zhong et ál. 2008). Si los agentes políticos logran que los conflictos políticos trasciendan las interrupciones en el régimen político —incluso el colapso del sistema de partidos—, las identidades positivas y negativas pueden arraigarse socialmente, evolucionar y formar identidades partidarias consolidadas. El argumento que sustento es que, a escala individual, la división pro/antiestablishment puede producir identidades sociales sólidas que permiten a los agentes políticos —líderes carismáticos— transformar estas "materias primas" en rasgos sociales reconocibles, asociados a partidos políticos. Ahí radica el germen de las identidades partidarias (incompletas o completas) que desarrollarán.

Con pocas excepciones, la literatura especializada en política peruana subestima la importancia de la división entre las identidades proestablishment y antiestablishment. Carrión (1996) plantea la hipótesis de que la confrontación del APRA con las Fuerzas Armadas y la oligarquía en el siglo XX definió el imaginario colectivo arraigado socialmente alrededor de un pueblo que lucha en contra de las élites. Según este argumento, el conflicto se trasformó en un clivaje político capaz de explicar los proyectos populistas "desde etapas tempranas del aprismo, hasta Fujimori" (Carrión 1996: 301). Mi intención es profundizar en este argumento, enfocándome en cómo funciona esta división a escala individual, en cómo el aprismo y el fujimorismo han capitalizado sus orígenes antiestablishment para formar sus propias identidades partidarias.

En esta sección demostraré cómo los atractivos antiestablishment operan como recursos para la construcción de identidades partidarias en contextos donde los sistemas de partidos poseen una institucionalización baja. Cimentado en evidencia cualitativa, propongo una manera de medir cómo esta división política forja identidades partidarias positivas al APRA o al fujimorismo. Mediante grupos focales realizados a apristas y fujimoristas "duros" —la mayoría élite intrapartido— exploro los elementos principales involucrados en estas cohesiones partidarias según las expectativas teóricas.

Primero, las familias de los activistas deberían ser los vehículos principales de socialización política. Como se ha demostrado en la literatura especializada, la identificación partidaria deriva de la temprana socialización política, especialmente a través de espacios familiares, como el hogar. Aunque los partidos políticos en Perú no están institucionalizados, la socialización parental ocurre con identidades partidarias nacientes o sobrevivientes.

Segundo, las organizaciones políticas en sistemas de partidos poco institucionalizados tienden a articularse en torno a liderazgos en vez de hacerlo exclusivamente en derredor de plataformas programáticas. En la ausencia de vínculos programáticos sofisticados, los partidos están sujetos a atractivos personalistas del liderazgo político para conectar con el electorado. De todas maneras, cuando estos partidos políticos son capaces de sobrevivir a un cambio de liderazgo (como el fujimorismo y el APRA) se requiere, adicionalmente, de una conexión más compleja con el electorado. Mi hipótesis es que una imbricación específica de vínculos programáticos y personalistas —conexiones usualmente concebidas como opuestas entre sí— explica el vínculo de estos partidos con sus electorados, aun en contextos adversos como el descrito.[3]

Tercero, los atractivos antiestablishment pueden encontrarse arraigados a escala individual. El APRA y el fujimorismo emergieron —en diferentes periodos históricos— como retadores del *statu quo* por más que con el paso del tiempo se han alejado, en mayor o menor medida, de esos grupos de referencia. Planteo que, durante sus periodos fundacionales, los apristas y fujimoristas desarrollaron identidades sociales como los representantes de sectores marginados políticamente, lo que les permitió legitimar socialmente sus causas políticas (por más que ahora ocupen el campo proestablishment) en las mentes y en los corazones de sus seguidores acérrimos actuales. Al mismo tiempo, adversarios históricos basados en reputaciones desfasadas o inactualizadas han sobrevivido y continúan alimentando identificaciones políticas desafiantes contra estas dos fuerzas políticas.

Cuarto, su identidad original antiestablishment —aunque hoy en día transformada— creó una oposición fuerte tanto en el

3. La combinación de vínculos programáticos y personalistas será examinada de manera estadística en el capítulo 3.

ámbito individual como dirigencial. El antiaprismo y el antifujimorismo históricos son las contrapartes que defendían al *statu quo* que, en su momento, estos retadores antiestablishment cuestionaron. Sus confrontaciones con el fujimorismo y el aprismo forzaron a estos movimientos políticos, originalmente antiestablishment, a elaborar y justificar sus identidades políticas emergentes en una particular apropiación e interpretación de sucesos del pasado. En suma, la articulación de estos elementos —la familia como un canal de socialización política de identificación partidaria, la combinación de vínculos programáticos y personalistas y atractivos antiestablishment para la constitución de identidades partidaria y la identificación positiva y negativa con estos proyectos políticos— constituye las características principales de las identificaciones partidarias incompletas, ya sean sobrevivientes (aprismo) o nacientes (fujimorismo) en los escenarios poscolapso del sistema de partidos.

La evidencia extraída de grupos focales llevados a cabo en Lima y Callao con jóvenes apristas y fujimoristas "duros" —la mayoría pertenecientes a las respectivas élites partidarias— y mediante entrevistas con líderes nacionales de ambos partidos representan el soporte cualitativo principal de esta sección (véase el apéndice para una nota respecto de la implementación metodológica de los grupos focales). Las siguientes secciones están organizadas sobre la base de los puntos detallados anteriormente (la familia como agente de socialización, el tipo de vínculo entre el movimiento político y el electorado, el arraigo de elementos antiestablishment a escala individual y la presencia de personas que se identifican por su rechazo tajante a estos proyectos políticos —los antis). La primera sección analiza estos elementos con respecto al APRA, mientras que la segunda se enfoca en el fujimorismo. Finalmente, el capítulo concluye con una comparación entre los hallazgos correspondientes.

APRA

Los orígenes de la identificación partidaria: la herencia familiar

La identidad partidaria aprista se aprende en casa, quizás como cualquier otra tradición política. Como ha teorizado la literatura estadounidense sobre las identidades partidarias (Campbell et ál. 1960), estas —y el aprismo no es la excepción— se cultivan principalmente en los entornos familiares.[4] Los jóvenes líderes apristas que fueron entrevistados sugieren que sus padres y parientes mayores han sido los principales difusores de su identidad aprista. Para los 16 de los 18 jóvenes apristas que participaron en dos grupos focales, fueron sus familiares quienes les introdujeron al "misticismo" que ellos asocian con el aprismo. Solo dos de los consultados "aprendieron el aprismo" en un contexto universitario. La mayoría desarrolló su identificación aprista antes de terminar la secundaria.

> Mis padres fueron apristas. No fueron dirigentes, simplemente "compañeros"; pero en casa siempre solían hablar mucho de política y de la importancia del partido en la historia del Perú. A mi hermano le pusieron Víctor Raúl por Haya [de la Torre] y a mí Alan Gabriel por nuestro presidente [Alan García]. (Alan, Lima)
>
> Mi padre fue aprista, pero simpatizante nomás, sin carnet. Cuando Alan [García] regresó al país [en 2001], me llevó a la plaza San Martín a verlo [...] para que aprendiera [risas]. Su discurso fue alucinante. Desde ese día decidí ser aprista. (Pedro, Lima)

---

4. Otra comparación interesante entre la expansión del APRA y Sendero Luminoso a través de redes familiares lo encontramos en el texto de Patricia Heilman, "Family Ties: The Political Genealogy of Shining Path's Comrade Norah" (2010).

> Mi tío es apristón [simpatizante del APRA pero no militante]. Él era el único de mi familia que hablaba de política. Siempre me contaba que iba a las reuniones de "Alan Vuelve", y me convenció para acompañarlo. Yo tenía más o menos 15 años; desde entonces, sin darme cuenta, me volví aprista. (Luisa, Lima)

Los familiares que "transmitieron" el aprismo a estos jóvenes adherentes no fueron necesariamente líderes nacionales o locales. En la mayoría de los casos, se trataban de militantes de base que venían de la época en que la membresía se experimentaba de forma vívida y cuando ser miembro de un partido político no era una excentricidad. Adicionalmente, los jóvenes integrantes describen su identidad aprista con orgullo y emoción, y la caracterizan como una herencia valiosa a pesar del historial de corrupción y la ineficiente administración del país durante el primer gobierno aprista, única experiencia del partido en el poder al momento en que los entrevistados iniciaron su activismo político.

> Soy aprista por la historia de mi familia. Fui criado en mi casa como aprista, en los buenos y en los malos tiempos. Y a pesar del mal gobierno de Alan [1985-1990], estoy orgulloso de ser aprista. (Mariano, Lima)
>
> De chico me llevaron a vivir a casa de mi abuelo porque mis padres tuvieron que irse al interior a trabajar. Él me contaba muchas historias sobre el APRA, sobre el tiempo de la persecución, sobre las épocas en que el partido era ilegal y odiado a muerte por sus enemigos de la oligarquía, de *El Comercio*. Así fue que mi abuelo me transmitió la mística aprista, y seré aprista hasta el día de mi muerte, digan lo que digan. (Julián, Callao)

Fluidez programática y atractivos personalistas

En sus inicios, el APRA fue un partido "revolucionario" y antioligárquico. Su discurso oficial mantenía un enfoque de izquierda que se apoyaba en sus objetivos principales: promover los derechos de la clase trabajadora y oponerse a la influencia del imperialismo (Haya de la Torre 1936). En los años cincuenta, Haya de la Torre, el líder histórico del partido, comenzó a formar alianzas con quienes habían sido hasta entonces sus rivales políticos (Manrique 2009). Este cambio pragmático moderó el discurso ideológico original del APRA, pero facilitó su lenta incorporación al establishment político. Haya de la Torre fue capaz de hacer que dos facciones co-existieran dentro del partido: por un lado, justificaba los orígenes izquierdistas del APRA; por otro, legitimó el pragmatismo y atrajo a quienes se sentían más cómodos en la centro-derecha. Pero luego de su fallecimiento, en 1979, estas facciones se radicalizaron y los conflictos entre ambas escalaron. Cuando Alan García tomó el liderazgo del partido al ser elegido secretario general (1983), lo dirigió de vuelta hacia la izquierda del espectro ideológico, aunque ya el APRA estaba posicionado como miembro indiscutido del establishment político. El resultado: la facción derechista abandonó el partido.

"Profesé el socialismo con pasión porque era mi deber como dirigente de un partido histórico. Pero recuerde que eran los ochenta, antes de la Caída del Muro, otros tiempos [...] el socialismo era un camino legítimo para muchos países en plena Guerra Fría", explicaba Alan García respecto del realineamiento del APRA hacia la izquierda durante la década de 1980.[5] Sin embargo, este posicionamiento ideológico también resultó ser pragmático. Después de su paso por el poder (1985-1990) y su consiguiente exilio a Europa, García dio un giro sin reservas hacia la derecha 16 años más tarde (en 2006). Explica así la adhesión del APRA a políticas

5. García, 20 de mayo de 2013.

de mercado en los cambios mundiales que percibe en los años dos mil, y que le permite defender el giro ideológico:

> Durante mi exilio en París tuve muchas conversaciones con [Francois] Mitterrand y otros líderes políticos franceses [...] es así que llego a la cuenta que si pienso regresar al Perú tendría que modernizar las ideas del APRA, aunque ello implicase otro giro [a la derecha]. Si el Partido Comunista Chino lo hizo, ¿por qué no el APRA?[6]

¿Cómo es posible que un partido mantenga un núcleo principal de militantes si sus élites cambian de posiciones programáticas cada cierto tiempo? Según muchos miembros mayores del partido, la cultura política del APRA, basada en el énfasis en un liderazgo fuerte, facilita esta flexibilidad programática. Agustín Mantilla plantea que "los apristas están psicológicamente estructurados para depender del líder. Solía suceder con Víctor Raúl; ahora pasa con Alan".[7] El mismo García avala este razonamiento y lo extiende al ciudadano peruano promedio: "Cada identidad partidaria en el Perú necesita un líder. El jefe [del partido] es una suerte de Dios; la gente lo va a seguir aunque no sepan claramente por qué".[8] A escala individual, esta fluidez programática se traduce en disciplina.

> El APRA está más allá de las ideologías. Yo personalmente soy más de izquierda que el promedio de los "compañeros"; pero algunas veces es necesario acatar medidas duras que pueden ser consideradas de derecha. Pero como nosotros [los apristas] hemos desarrollado esta disciplina, no nos hacemos problemas para seguir los lineamientos de los ideólogos. (Paul, Lima)

---

6. García, 20 de mayo de 2013.
7. Mantilla, 7 enero de 2015.
8. García, 20 de mayo de 2013.

> Al interior del APRA tú puedes encontrar compañeros de izquierda y de derecha, pero todos son conscientes de que a veces tenemos que movernos a la derecha y otras veces a la izquierda. Nosotros lo aceptamos. Esta disciplina es una virtud que otros partidos no tienen. (Ericka, Lima)
>
> Los compañeros más viejos cuentan que lloraron de rabia cuando Víctor Raúl hizo alianza con la derecha la primera vez. Decían que preferían continuar siendo perseguidos antes que aceptar la voluntad del líder. Al final, la mayoría acató. Este es el espíritu del APRA: la disciplina. (Elena, Callao)

La marginación como un componente de la identidad original antiestablishment

La marginación social y política es un elemento integral de los orígenes de la identidad política aprista. Ser aprista se considera un acto de reivindicación que representa el ingreso de los marginales del siglo XX a la "política oficial". Durante su desarrollo inicial, el aprismo representó la institucionalización de la protesta social proletaria (Stein 1989). Los apristas desarrollaron su propia imagen sociológica como los "insurrectos", los "plebeyos", para quienes la violencia no formaba parte de una "práctica política prohibida" (Neira 1997). Todos estos elementos constituyen la etiqueta de "el pueblo aprista".

Este estereotipo social sobre el viejo cuadro aprista se ha mantenido a lo largo del tiempo por más de que su electorado más amplio haya cambiado. Referencias a la leyenda negra del APRA —"la estrategia de recurrir a la violencia política, empoderar los levantamientos populares y tratar de infiltrar al Ejército" (Cotler 1995)— se remontan al discurso político de sus rivales hasta los años ochenta. Los dirigentes del partido reinterpretaron esta estigmatización del aprista de base de forma positiva. A sus ojos, ser marginal se convirtió en un rasgo valioso, incluso durante la década de 1980, cuando el partido notoriamente formaba parte del establishment. Aún hoy en día, muchos jóvenes líderes apristas siguen citando a las raíces antiestablishment de su partido como parte de su relación con el APRA.

> Los apristas pertenecemos a los de abajo; aun cuando estamos en el poder tenemos un gran compromiso con el pueblo aprista [...] que son la clase trabajadora, el vendedor informal. No existe otro partido político que haya defendido al pobre por tantas décadas en la historia del Perú como lo ha hecho el APRA. (Alan, Lima)

> Es raro inclusive para nosotros mismos. Aunque hemos estado en el poder dos veces, no siento que pertenezco a la clase política tradicional. Históricamente hemos sido perseguidos tantas veces [...] que hasta ahora tenemos enemigos históricos que son mucho más poderosos que nosotros. Por eso que nos seguimos identificando con los débiles, con los de abajo, no con los poderosos. (Daniel, Lima)

> El APRA está hecho gracias a mártires, a compañeros anónimos que murieron para vencer a la oligarquía, para hacer la política más democrática [...] por eso seguimos representando al pobre y al excluido [...] defender a los de abajo es la esencia de ser aprista. (Paul, Callao)

El antiaprismo como una influencia positiva en la formación de identidades

Alfonso Bertorini, un excorreligionario de Acción Popular, afirmó que el "antiaprismo es el mal del siglo XX peruano".[9] En realidad, el antiaprismo se puede entender como una reacción ideológica a una combinación de "comunismo y fascismo impulsados por el miedo" (Klaiber 2005) o como una reacción oligárquica de actores

9. Grados, 30 de octubre de 2001.

conservadores como la Iglesia católica, las Fuerzas Armadas y los poderes económicos tradicionales" (Neira 1997) hacia el surgimiento de un poderoso partido de masas (el APRA). En cualquiera de los casos, la presencia de un fuerte discurso antiestablishment en la opinión pública creó una reacción simétrica contra los retadores del sistema. La persecución de los apristas a lo largo de varias décadas de siglo XX representa la expresión concreta del primer antiaprismo. En el APRA, provocó un misticismo, una religión que exacerbaba el dogmatismo y el sectarismo del partido en defensa de su identidad política (Vega-Centeno 1989). De este modo, la persecución del APRA unificó las diversas facciones del partido y funcionó históricamente para salvaguardar su identidad política.

El antiaprismo ha influido de forma positiva en la construcción de una identificación partidaria. En cuanto a las élites, llevó a la elaboración de un discurso que confronta "enemigos históricos", lo que justificó decisiones audaces que implicaban sacrificios por parte del "pueblo aprista". La identificación partidaria del APRA fue cultivada, en parte, como una causa a defender en un ambiente político hostil. Líderes nacionales entrevistados[10] sobre el rol del antiaprismo identificaron dos tipos distintos: el viejo antiaprismo, elitista y tradicional (desde la fundación del partido hasta el primer giro de Haya de la Torre hacia la derecha, aunque se revitalizó nuevamente cuando García decidió nacionalizar el sistema bancario en 1987),[11] y el antiaprismo de carácter relativamente reciente, izquierdista y de clases bajas (como consecuencia de la crisis generalizada del primer mandato de Alan García). Ambos tipos de antiaprismo (el elitista de derecha y sus versiones izquierdistas de

10. Barreda, 8 de abril de 2012; Otero, 23 de abril de 2013.

11. Barreda, 20 de junio de 2013.

base) han sobrevivido hasta el presente y continúan influenciando en la elaboración de una identidad política aprista positiva.

Según activistas apristas jóvenes y limeños, el antiaprismo se percibe como una mitad necesaria de la identidad partidaria aprista que le permite a los simpatizantes el desarrollo de una narrativa que justifica de forma apasionada su participación en el APRA y, sobre todo, su defensa. Si un simpatizante tiene que resguardar su elección frente a un antagonista, es probable que la intensidad de su identificación sea mayor.

> Al final le tengo cariño a los antiapristas. Son la demostración viva de que el aprismo sigue siendo fuerte, de que todavía importa. Nos enriquece y permite que sigamos en la lucha. (Lorena, Lima)
>
> El antiaprismo es histórico. Por eso es que nuestros compañeros más viejos inventaron ese lema tan hermoso: "A más calumnias, más aprismo". Esa es nuestra mejor respuesta a nuestros enemigos. (Paul, Lima)
>
> El antiaprismo nos resulta funcional. Nos permite actualizar la defensa de nuestros principios. Al final, los independientes pueden sacar sus propias conclusiones. (Felipe, Lima)

El dilema actual de la identidad aprista: identidad sin partido

En la política peruana actual, los partidos sufren de debilidad orgánica (véase capítulo 5). No funcionan como canales activos de participación ciudadana y sus membresías han declinado notablemente desde los años noventa (véase capítulos 3 y 4). Sus líderes principales[12] y políticos experimentados[13] describen la situación de

12. Barreda, 20 de junio de 2013; Mantilla, 7 de enero de 2015.

13. Flores, 22 de julio de 2014.

su organización partidaria en crisis. Los partidos políticos en general —y el APRA en particular— no atraen una cantidad significativa de activismo político cotidiano. Sin embargo, persisten grupos fragmentados de activistas —especialmente menores de treinta años— que interpelan a los medios mediante demostraciones callejeras y en redes sociales virtuales como intento de interpretar la opinión pública en la política del día a día. Para las élites apristas, estas demostraciones esporádicas orientadas hacia los medios son la principal expresión del partidismo hoy en día.

Según los líderes apristas, la identificación aprista "no es ideológica, es sobre todo una actitud".[14] Representa un legado "emocional" que ha sido activado y alimentado a través del liderazgo de Alan García. Apoyando este argumento, García describe al APRA de los años ochenta como "una vieja identidad política en decadencia que se venía extinguiendo hasta que apareció un líder [él mismo]" (García, 20 de mayo de 2013).[15] En concordancia con lo expuesto a través de los grupos focales, el personalismo ha jugado un papel central para la tolerancia a los cambios ideológicos que forman la identidad política del APRA.

La actual identidad partidaria aprista es muy limitada, y ha dejado de ser una identificación estrictamente ideológica (véase capítulo 3). Más bien es una combinación de legado histórico, flexibilidad programática y empatía y obediencia hacia el líder del partido. Este tipo de identidad partidaria sobreviviente (véase capítulo 4) —en escenarios de colapso del sistema de partidos— no se encuentra limitada a la organización partidista (no está estructurada por la organización); es capaz de expandir su influencia y

14. García, 20 de mayo de 2013.

15. Ibíd.

de sobrevivir como una simpatía latente a favor del partido, aun cuando esta no se ve traducida en una membresía exclusiva. El ex-secretario de organización del APRA, Agustín Mantilla, fue quien mejor resumió este punto: "Hoy el aprismo no es un partido, es un movimiento. Representa una identificación sin estructura".[16]

Por consiguiente, el APRA ha mantenido una identidad partidaria (una proporción reducida de la población) que no depende de su organización como partido. Dirigentes que han trabajado para organizar el partido ven esto como una situación crítica. Según Mantilla, "el APRA en la actualidad es como una iglesia vacía. Aún tiene feligreses, pero el sacerdote no convoca a misa. El pueblo aprista son como fieles que han sido abandonados por sus curas, pero no por su Dios".[17] Sin embargo, el entonces líder principal del APRA es más pragmático. Según García: "Nadie afilia sus emociones. El mejor partido político no necesita un lugar, no necesita cuarteles. Solo necesitas una identidad [...] y yo estoy relativamente satisfecho si un 5% de peruanos se identifican como apristas".[18] De acuerdo con esta visión, la gente no apoya a un partido durante las elecciones; apoya candidatos —idealmente pertenecientes al mismo partido—. Esto ejemplifica la debilidad de los vínculos políticos en el Perú. La *real-politik* implica que la política funciona a pesar de las organizaciones partidarias. En este sentido, el APRA no ha sobrevivido como identidad política debido a su organización; ha sobrevivido como una identidad política a pesar de su crisis organizacional.

---

16. Mantilla, 7 enero de 2015.

17. Ibíd.

18. García, 20 de mayo de 2013.

El fujimorismo

Los orígenes de la identificación partidaria: la herencia familiar

El fujimorismo no es una identidad política tradicional. Su formación no dependió de una organización partidaria. Aunque esta estrategia política antipartidista era coherente con su discurso antiestablishment, esta misma inhibió la institucionalización de su apoyo popular como una organización partidaria formal. De hecho, cuando consideramos a Alberto Fujimori como un líder antipartidista que descalificaba a los partidos políticos como vehículos poco efectivos de mediación política, se puede decir que el fujimorismo se erigió a pesar de sus fundadores. El fujimorismo emergió durante el colapso del sistema de partidos del Perú. Como ha sido explicado previamente en este capítulo, Fujimori no tenía la intención de desmovilizar a los partidos políticos tradicionales a su favor. Simplemente no fomentó la pertenencia a ningún partido político, incluyendo a su propio vehículo electoral. Creía que la gente no iba a apoyar ninguna membresía luego del declive de la política partidaria (véase capítulo 3). Como se demuestra en el capítulo siguiente, las organizaciones fujimoristas fueron vehículos electorales efímeros y volátiles que no cumplían ninguna función fuera de los periodos electorales.

No obstante, identidades partidarias pueden emerger —aunque suene paradójico— en contextos en los cuales los partidos políticos no son instituciones legítimas para las mayorías. Como identidad partidaria naciente, la formación del fujimorismo fue similar a la de la identidad aprista: dependía inicialmente de un alto grado de personalismo, una fuerte identificación antiestablishment y la confrontación intensa con sus enemigos políticos. Al igual que lo sucedido en el caso del APRA, la formación de la identidad fujimorista se explica por la agencia de socialización primaria por excelencia: la familia.

Los lazos familiares trascienden las redes políticas. Cuando los partidos son inexistentes, redes sociales (como la familia) sirven como conectores funcionales que facilitan la socialización política. Estos son poderosos porque vinculan la historia oficial del partido con experiencias biográficas en eventos específicos como la del periodo de violencia política en el Perú. Keiko Fujimori —la líder principal de Fuerza Popular— considera que esta es una característica fundamental de los fujimoristas activos: "Ellos [los fujimoristas de base] tienen una historia que contar. La mayoría tienen una historia relacionada con la migración y el desplazamiento causado por Sendero Luminoso".[19]

En ese marco, las mujeres jugaron un rol fundamental en la versión del fujimorismo de los años noventa. En cuanto a las élites, los cuadros fieles a Fujimori y los voceros públicos fueron generalmente mujeres. Respecto de las bases, el apoyo a Fujimori se derivaba orgánicamente de organizaciones de mujeres de clase baja (de comedores populares, por ejemplo) (Blondet 2002). Por ende, no es coincidencia que el sexo femenino haya jugado un papel estratégico en la formación de la identidad partidaria naciente del fujimorismo en el ámbito de los activistas. La evidencia cualitativa (grupos focales con líderes locales fujimoristas) sugiere que las madres desempeñaron un rol clave en la transmisión de su apoyo y aprecio personal de Alberto Fujimori hacia sus hijos.

> Me convertí en fujimorista en la mesa de la cocina de mi casa. Mi madre solía contarnos cómo migró desde Huancavelica a Lima escapando de Sendero, y de cómo pasó tiempos difíciles hasta que

---

19. Fujimori, 15 de mayo de 2013.

> finalmente el Chino [Alberto Fujimori] le dio un lugar para vivir, un terreno, un título de propiedad. (Luciano, Callao)
>
> Soy fujimorista por mis padres [...] mi mamá especialmente. Ellos nos solían contar a mis hermanos y a mi cómo era el Perú cuando Sendero, lo que el gobierno de Alan [García] hizo y de cómo el Chino [Alberto Fujimori] cambió todo para bien. (Kevin, Callao)
>
> Ser fujimorista era casi una cuestión natural para mí. ¿Sabes qué hubiera pasado con el Perú sin [Alberto] Fujimori? Mis padres tuvieron la oportunidad de darme educación gracias a él. Mi madre siempre está y estará agradecida eternamente al Chino. (Martha, Callao)
>
> Mi mamá era dirigente de comedores populares. Su trabajo ahí le dio fuerzas como mujer líder gracias a las oportunidades que le dio Fujimori. Ella también ayudó al éxito del Chino. Ahora yo tengo la oportunidad de continuar su trabajo como una joven dirigente naranja. (Esteffany, Callao)

De los vínculos personalistas a los vínculos programático-personalistas

La gestión de Alberto Fujimori como jefe de Estado después de la crisis económica y social de los años ochenta jugó un rol vital en la formación de simpatías a su favor (Murakami 2007). Durante su mandato, se le responsabilizó de la recuperación económica del Perú, la pacificación del país al vencer a Sendero Luminoso y el fin de la crisis socioeconómica. Encuestas de la década de 1990 confirman que un sector importante del electorado peruano estaba de acuerdo con esta narrativa (Carrión 2006). Durante el transcurso de su mandato, los vínculos del fujimorismo con el electorado fueron exclusivamente personalistas y clientelistas: "No hay nada más hermoso que tener un título de propiedad, y mi familia hasta lo tenía enmarcado en la sala al lado de una foto del Chino" (Carlos, Callao). Cuando Fujimori fue encarcelado por violaciones a los derechos humanos y crímenes de corrupción, la transferencia del liderazgo fujimorista se aceleró. Aunque algunos de los antiguos colaboradores podrían haber asumido el cargo (la expresidenta del Congreso, Martha Chávez, fue la candidata oficial del fujimorismo a la presidencia en 2006), fue Keiko Fujimori, hija del expresidente y ex primera dama, quien se posicionó como sucesora "natural". En grupos focales, dirigentes fujimoristas locales consideran apropiado el nuevo liderazgo de Keiko Fujimori: "Nadie mejor que Keiko para defender a su papá. Ella tiene todas las cualidades para continuar el proyecto del Chino" (Kevin, Callao).[20]

Enfrentada con una nueva realidad política, Keiko Fujimori ha actualizado el estilo y el discurso personalista del fujimorismo, le ha otorgado un sello propio y reconoce el legado positivo de su padre en el establecimiento de cierto grado de estabilidad económica en el Perú: "El crecimiento económico [en Perú] se debe, en gran parte, a la paz que mi padre construyó y a la constitución que promovió.[21] Sin embargo, también ha tratado de construir su estilo personal, presuntamente uno de carácter más democrático: "Mi padre ha tenido un estilo autoritario y pragmático, así siempre ha sido él; yo no [...]. Me considero más institucionalista y menos pragmática".[22]

Como resultado de esta transferencia de liderazgo fujimorista y la consiguiente evolución del partido, sus vínculos políticos con el electorado se han vuelto más programáticos. Aunque el componente personalista está presente, los atractivos carismáticos

20. Cabe mencionar que esta investigación cualitativa se realizó antes de la emergencia del liderazgo retador de Kenji Fujimori dentro del fujimorismo.

21. Fujimori, 15 de mayo de 2013.

22. Fujimori, 27 de diciembre de 2014.

exclusivos de Keiko Fujimori no son lo suficientemente fuertes y desarrollados como para sostener con exclusividad la identidad política fujimorista. Simultáneamente, la lealtad personalista hacia Alberto Fujimori también ha decrecido (Ipsos, noviembre de 2014), por lo que tampoco representa el punto de integración. Para compensar el declive del vínculo personalista, la actual presidenta de Fuerza Popular ha hecho el intento de introducir varios elementos programáticos en el discurso oficial del fujimorismo:

> Sin darnos cuenta, resultó que teníamos algo así como una ideología en base de lo que mi padre hizo durante su gobierno: políticas orientadas al mercado, fuertes programas sociales, paz, seguridad y orden. Porque necesitábamos defender el legado de mi padre hemos terminado desarrollando una propia ideología para hacer una mejor defensa.[23]

La ejecución de políticas económicas de mercado situaron al fujimorismo a la derecha del espectro ideológico. Sin embargo, de acuerdo con los líderes fujimoristas, su plataforma es más sofisticada que el simple *chorreo*. Incluye un rol más activo en la asistencia de las clases bajas a través de programas sociales ejecutados durante el gobierno de Alberto Fujimori: "No profesamos fe en el *chorreo*. Necesitamos empoderar a las personas a través de programas sociales participativos como Foncodes y los CLAS".[24] Jóvenes líderes locales a menudo identifican este tipo de políticas como elementos centrales del fujimorismo:

> No sabría decirte si —como fujimorista— soy de izquierda o de derecha. Lo que te puedo decir es que pertenezco a los de abajo. El fujimorismo es para el pueblo que quiere participar en hacer sus vidas y sus barrios mejores lugares para vivir. (Lucía, Callao)

---

23. Fujimori, 15 de mayo de 2013.
24. Ibíd.

Sin embargo, el legado de Fujimori no es exclusivamente positivo. El autoritarismo, el clientelismo y la corrupción también forman parte de la herencia política, catalogada como una "mochila pesada". En su discurso oficial, Keiko Fujimori busca atenuar estos componentes en la identidad fujimorista. Ella no exalta el autogolpe de Fujimori de la manera en que sí lo hacen otros dirigentes fujimoristas: "Yo no celebro el 5 de abril. El fujimorismo tiene muchas otras fechas que celebrar; por ejemplo, nosotros celebramos la captura de Abimael Guzmán, la Constitución de 1993, la paz con Ecuador".[25] También trabaja en la institucionalización del partido mediante un proceso que describe como un "ejercicio democrático": "Por primera vez, los líderes nacionales de una organización fujimorista han sido relevados según los estatutos y hemos presentado candidatos a gobiernos regionales y alcaldías en zonas abandonadas por otros partidos. ¿Qué mayor evidencia de nuestro compromiso democrático?".[26] Para algunos críticos del fujimorismo, sin embargo, este tipo de discurso renovador no tendría un correlato en la práctica.

Atractivos antiestablishment como componentes de la identificación: el outsider *y la "La Resistencia"*

Alberto Fujimori emergió durante un periodo político caracterizado por una crisis de representación. El incipiente sistema de partidos que se estableció en los años ochenta ya se encontraba en crisis tan solo una década después del retorno a la democracia y los partidos políticos mantenían vínculos débiles con la sociedad. Consecuentemente, el sistema político no asimiló a los sectores

25. Fujimori, 27 de diciembre de 2014.

26. Ibíd.

emergentes de manera adecuada (migrantes desplazados por Sendero Luminoso, trabajadores informales) en el marco de la "democracia recuperada" (Crabtree 1999). Alberto Fujimori fue un *outsider* antiestablishment que apelaba a "los excluidos" y a "los peruanos como tú", el cual era su eslogan de campaña. En grupos focales, los líderes fujimoristas de base repetidamente se describen a sí mismos como "marginales", "de abajo" y "excluidos por partidos tradicionales". Y esta fuerte identificación con lo antiestablishment no desapareció cuando Fujimori asumió su mandato.

Aunque Fujimori estuvo en el poder por diez años, mantuvo su imagen como parte del antiestablishment. Su confrontación constante con los "partidos políticos tradicionales" o la "partidocracia" (especialmente con el Congreso y la rama judicial, que se encontraban dominadas por aquellos) fortalecieron su reputación de opositor al mundo de la política convencional (McClintock 1996). Así, a pesar de tener el apoyo de las élites económicas para su programa de recuperación, confrontó al establishment político en decadencia —y de paso al régimen democrático— hasta su último día en el poder (Degregori 2001).

La abrupta destitución de Alberto Fujimori (en 2000) permitió al fujimorismo fortalecer este discurso beligerante. Mecanismos de justicia transicional impuestos a la administración de Fujimori, el desafuero de tres congresistas y la exclusión del fujimorismo del Acuerdo Nacional (un pacto transnacional posterior al caída de Fujimori) fueron interpretados como la "venganza del establishment" y como la "persecución política" del fujimorismo (Urrutia 2011). Estas medidas reforzaron la imagen del fujimorismo como un partido políticamente marginado aun después de su permanencia en el poder.[27]

---

27. Morelli, 17 de julio de 2014; Chacón, 15 de abril de 2013.

La base fujimorista reaccionó con actividades pseudoclandestinas durante este periodo. "Ser fujimorista era una mala palabra", explican varios de los líderes locales entrevistados. "Éramos parias", dijo un representante nacional refiriéndose a este periodo en específico.[28] De hecho, los fujimoristas le llamaron a este periodo "La Resistencia". Esta aparente persecución —el encarcelamiento de varios expolíticos y miembros de las Fuerzas Armadas por delitos de varios tipos— fue interpretado como injusto por los fujimoristas y encendió su autopercepción como antiestablishment. A la larga, esto resultó instrumento de solidificación de la identidad política del fujimorismo.

El antifujimorismo y los orígenes del radicalismo

Durante los años noventa, la protesta social en contra del sistema económico de mercado y el incremento del autoritarismo de Fujimori (incluyendo violaciones de los derechos humanos, la reducción del pluralismo y el control de los medios) contribuyeron a la creación de una fuerte oposición, empeñada en destituir a Fujimori del poder (Levitsky 2014). Cuando Fujimori abandonó la presidencia en el año 2000, el gobierno transicional fue ocupado por varias figuras que se oponían al fujimorismo de forma evidente, militante diría. De hecho, la transición tuvo lugar sin la participación de fujimoristas; el único representante de esta fuerza política en la Comisión de la Verdad y Reconciliación (CVR) fue una exfuncionaria sin ningún vínculo formal con dicha fuerza, que había sido una ministra de bajo perfil. Como se explica en el capítulo 4, tanto los sectores izquierdistas como demócratas liberales se autodefinieron como antifujimoristas. Así, exmiembros del

---

28. Raffo, 25 de abril de 2013.

establishment tradicional —por ejemplo, el Nobel de Literatura y prestigioso intelectual Mario Vargas Llosa— han liderado la ola antifujimorista en ausencia de una organización política formal.

De forma similar al caso del antiaprismo, esta oposición antifujimorista ha sido fundamental para la formación de una identidad política a favor del fujimorismo. Esta resistencia es de especial importancia para los fujimoristas radicales, que afirman que "el odio de los caviares[29] y toledistas alimenta nuestra identidad".[30] Según algunos de los dirigentes fujimoristas entrevistados, "los fujimoristas de corazón debemos defender el proyecto de la izquierda y de los liberales de café y sus imitadores".[31] A su modo de ver, ser identificado como activista defensor de los derechos humanos o pertenecer a alguna organización no gubernamental es razón suficiente para ser caracterizado como antifujimorista: "Esas ONG son enemigas número uno del fujimorismo. Nosotros hemos vencido a nuestros enemigos que han hecho todo lo posible para que Keiko no sea presidenta, pero no lo van a lograr".[32]

Adicionalmente, a escala individual, los fujimoristas duros tienden a ser mas conservadores y autoritarios, características que contradicen los cambios que Keiko Fujimori señala tratar de implementar entre las élites. Grupos focales sugieren que, en lo individual, algunos fujimoristas radicales aún justifican las violaciones de derechos humanos y el comportamiento antiinstitucional implementado para vencer a Sendero Luminoso. Sean de su agrado o no, este tipo de fujimoristas recalcitrantes es necesario para el

---

29. "Caviar" es el término que utiliza la prensa conservadora para referirse a los políticos de izquierda.
30. Luna, 18 de julio de 2013.
31. Chacón, 15 de abril de 2012.
32. Ibíd.

trabajo de formación partidaria emprendido por Keiko Fujimori. "Cada partido necesita gente que dé la vida por la causa. Si el APRA tuvo los suyos, ¿por qué yo no puedo tener fujimoristas que se sacrifiquen por el partido?".[33] Y ella insiste: "Soy consciente de que personas como ella [una exparlamentaria obstinada] no ayudan al *aggiornamiento* del fujimorismo, pero el fujimorismo tiene que ser capaz de darle espacio a todos dentro del partido".[34]

El fujimorismo como una identidad previa a la organización partidaria

El fujimorismo como una identidad partidaria naciente precede a la institucionalización del partido político en lo organizacional. Esta identificación política inicialmente emergió como una simpatía hacia el expresidente Fujimori y estaba basada en los atractivos personalistas de este líder antipartido. Una vez que Fujimori involuntariamente se retiró de sus actividades públicas (fue encarcelado), su hija, Keiko Fujimori, se convirtió en la lideresa y cultivó los elementos que se tradujeron en el desarrollo de una identificación partidaria menos personalista, aunque aún de manera incipiente. Casualmente, la transferencia del liderazgo —no exenta de tensiones— la obligó a ensayar referencias programáticas —tenues, insisto—.

La evaluación positiva de la gestión de Fujimori en el pasado, un posicionamiento ideológico intuitivo en el campo conservador y la continuidad de un discurso antiestablishment son elementos que caracterizan a los líderes y seguidores duros del fujimorismo. Estos atributos llevaron a estos individuos a apreciar y expresar su

33. Fujimori, 27 de diciembre de 2014.

34. Ibíd.

gratitud con el expresidente a pesar de las acusaciones de corrupción y autoritarismo en su contra. La identidad partidaria —para el fujimorista— representa una lealtad y una disciplina electoral, pero no requiere necesariamente un involucramiento que vaya más allá de la movilización electoral durante las campañas.

Conclusiones

La falta de continuidad del régimen político obstaculiza severamente la institucionalización tanto de partidos como del sistema de partidos en su conjunto, y por lo tanto entorpece la formación de identidades partidarias. En el Perú, actores conservadores inhibieron por muchas décadas el desarrollo de los partidos políticos de masas que desafiaban el establishment tradicional. Parte de la historia del Perú en el siglo XX se puede resumir como la pugna del APRA por ser incluido como actor legítimo, mientras que las últimas tres décadas representan para los fujimoristas una "resistencia" en su lucha por ser aceptados como actores políticos "democráticos". Estos conflictos han moldeado las divisiones políticas a lo largo de las alineaciones pro y antiestablishment (que incluyen actores políticos formales y no aceptados).

De acuerdo con los grupos focales y las entrevistas realizadas, los recursos antiestablishment han fortalecido la formación de la identificación partidaria entre las élites y activistas de estas organizaciones. Los dirigentes locales y nacionales del aprismo y del fujimorismo han encontrado maneras de transmitir los valores de los orígenes de sus respectivos partidos, como la inclusión de las poblaciones marginadas (el APRA a mediados del siglo XX, el fujimorismo a finales del siglo XX). Las identidades partidarias nacientes (fujimorismo) y supervivientes (aprismo), aunque no desarrolladas completamente, comparten varias características basadas en este origen antiestablishment: flexibilidad programática, cultura interna personalista y antagonismo hacia los antis como un factor contribuyente a sus identificaciones positivas. Esta conjunción ayuda a explicar cómo las identidades partidarias han emergido y sobrevivido a pesar de un ambiente político hostil y de estructuras partidarias débiles. Esto sugiere que en el Perú existen identidades partidarias —por más de que sean incompletas o parciales— a pesar de los bajos niveles del desarrollo institucional de los partidos políticos. Esta es la razón por la cual las identidades partidarias en el Perú no funcionan como identificaciones convencionales. En el caso del APRA y el fujimorismo, estas identificaciones son de baja intensidad, cuya dinámica se acelera en contextos electorales. Sin embargo, estas identidades, a pesar de que se limitan a dos fuerzas políticas, han contribuido significativamente a la estabilización del comportamiento electoral en el Perú. Aunque los expertos han enfatizado la ausencia de organizaciones partidarias, no han sido capaces de considerar el hecho de que a fin de cuentas los partidos se basan en individuos y no en comités.

III

Identidades partidarias (incompletas) en contextos inesperados: aprismo y fujimorismo

> "El tipo puede cambiar de todo: de cara, de casa, de familia, de novia, de religión, de Dios. Pero hay una cosa que no puede cambiar..., no puede cambiar de pasión".
>
> Sandoval, *El secreto de sus ojos*

Las identidades partidarias están definidas como vínculos psicológicos duraderos entre egos individuales y partidos políticos (Green, Palmsquit y Schiclker 2004) similares a las autoconcepciones religiosas; son más que evaluaciones permanentes de desempeños de autoridades partidistas (Fiorina 1981). Tampoco son simples opiniones acerca de plataformas partidarias o intenciones de voto. De hecho, la teoría las considera "cambiante inamovible" *(unmoved mover)* o una identificación estable que no es afectada por la política cotidiana. Sin embargo, esta conceptualización —originalmente aplicada al contexto de la política estadounidense— encuentra serias dificultades al ser empleada en el estudio de democracias más jóvenes.

¿Qué sucede con las identidades partidarias cuando los partidos políticos aparecen y desaparecen constantemente? ¿Cómo luce una identidad partidaria en un contexto de colapso del sistema de partidos, donde las organizaciones políticas son meramente efímeros vehículos personalistas? ¿Es posible que una identidad partidaria sobreviva y se desarrolle en tales ambientes políticos hostiles? ¿Podemos encontrar rastros de identidades partidarias en noveles democracias con crisis de representación política?

Por un lado, la literatura especializada ha privilegiado el estudio del desarrollo en el tiempo de las identidades partidarias a través de la socialización política (Converse 1969), pero hay un gran vacío (descriptivo, explicativo) acerca del porqué y cómo estas identidades sobreviven a situaciones críticas e incluso emergen de ellas. Circunstancias particulares como las transiciones desde regímenes autoritarios comunistas a democracias (Brader y Tucker 2001) o escenarios posteriores al colapso de sistemas de partidos (Morgan 2007) son contextos provechosos para analizar la subsistencia de partidos políticos tradicionales o la formación de nuevas organizaciones políticas. Interesa poner a prueba, específicamente, la capacidad de los partidos de mantener o ganar seguidores leales, de fortalecer lealtades partidistas.

En otras palabras, este tipo de situaciones constituye un laboratorio para explorar cómo las identidades partidarias sobreviven, emergen, se desarrollan, se consolidan o sencillamente languidecen. Ofrece la oportunidad de poner a prueba teorías al respecto —elaboradas originalmente bajo los cánones y preocupaciones de la política estadounidense— en democracias en pleno desarrollo: un ambiente de alta volatilidad electoral, donde las organizaciones partidarias están constantemente floreciendo y marchitando (en algunos casos más exitosos que en otros), y con bajos niveles de institucionalización.

No hay que perder de vista que la caída de las identidades partidarias atraviesa tendencias globales (Dalton y Wattenberg 2001). La desconexión de las personas de los partidos políticos se extiende también a democracias establecidas, peculiarmente en sistemas políticos menos institucionalizados. Algunas hipótesis sostienen que la despolitización —el creciente impacto de la política mediática y el descrédito de los partidos— es la principal causa de la caída en las membresías partidarias en su conjunto. Otras —de carácter metodológico— creen que el bajón en las cifras de militancias partidarias puede ser causado también por un error de medición originado por los sesgos de deseabilidad social. El descrédito de la política partidaria ha condicionado que los individuos promedio no admitan explícitamente sus afiliaciones a estas organizaciones —si acaso las tuvieran—, aunque expresen actitudes y comportamientos asociados a militantes convencionales; mientras el fraseo común de preguntas empleadas en encuestas para indagar sobre identificaciones partidarias puede no estar capturando el real comportamiento de los partisanos.

Por tal motivo, en el presente capítulo propongo una innovación en el instrumento de medición para lidiar con estos obstáculos y medir con propiedad los vínculos partidarios en contextos donde el "cambiante inamovible" se mueve y donde la política partidaria ha caído en desgracia.

Ambientes hostiles para partidos e identidades partidarias. El caso de Perú

El estudio de identidades partidarias fuera de Estados Unidos ha merecido una particular atención recientemente, específicamente respecto de las dificultades relacionadas con el concepto matriz y su habilidad de "viajar" a contextos políticos diferentes (Brader y Tucker 2001). Académicos han puesto a prueba y adaptado las mediciones originales de identidades partidarias, aplicándolas a ambientes multipartidarios, democracias noveles y sistemas políticos de baja institucionalización. En estos ambientes, por ejemplo, las democracias multipartidarias suelen sostenerse en un gran número de personas con identidades partidarias múltiples (Garry 2007).

Asimismo, en democracias establecidas durante los últimos treinta años (como Brasil), la formación de identidades partidarias fuertes se inhibe porque los partidos son generalmente nuevas organizaciones, sin el tiempo o los recursos para cortejar adecuadamente al electorado. Este hecho elimina de plano la posibilidad de socialización política parental como explicación plausible de la formación de actitudes partidarias (Samuels y Zucco 2014). Adicionalmente, en aquellos casos donde viejos partidos sobrevivieron a regímenes autoritarios (como en Argentina), es posible trazar los cambios en la marca partidaria producidos por los movimientos del "cambiante inamovible" (Lupu 2012). Este tipo de particularidades de la dinámica partidaria en democracias emergentes dificulta una aproximación convencional a las identidades que generan sus partidos.

No solo se trata de retos metodológicos para los investigadores sociales. Nuevas democracias y escenarios de colapso del sistema de partidos inhiben severamente la posibilidad de desarrollar identidades partidarias. Legados posautoritarios (por ejemplo, en países poscomunistas) conducen a un amplio reservorio de desconfianza en la política partidaria debido a décadas de dominio de un partido único (Brader y Tucker 2001). La desafección política y la mínima confianza en los partidos dañan la generación de vinculaciones arraigadas en el electorado. La política multipartidaria en estos escenarios suele basarse en organizaciones volátiles, con baja esperanza de vida; los partidos aparecen y desaparecen permanentemente y solo unos pocos sobreviven de una elección a otra. Algunos partidos tradicionales que han conseguido sobrevivir a sus respectivos colapsos sistémicos se han convertido en actores marginales (por ejemplo, en Venezuela). Como resultado, el "cambiante inamovible", esas lealtades que en teoría no deberían inmutarse por la cotidianeidad política, se mueve no —necesariamente— porque las marcas partidarias se diluyen (Lupu 2012), sino por un generalizado reemplazo de partidos.

Un electorado desafecto y una oferta partidaria volátil conforman un ambiente adverso para la emergencia, desarrollo y sobrevivencia de identidades partidarias. Los regímenes poscomunistas, por ejemplo, tienen nimias esperanzas de transitar a sistemas partidarios estables o con alineamientos partidistas masivos (Brader y Tucker 2001). El desorden dominante en los sistemas poscolapso partidario complica la identificación ideológica y la ubicación respecto de asuntos programáticos (Morgan 2007). A pesar de estas circunstancias refractarias, demostraré que partidos desprestigiados y con "marcas diluidas" pueden mantener seguidores fieles y que, además, partidos no institucionalizados (por crisis o en formación) son capaces de cultivar una membresía consistente.

Perú es un caso apropiado para probar la portabilidad del concepto de identidad partidaria y sus efectos para organizar la política electoral. Es un caso de baja probabilidad de ocurrencia de dicho fenómeno. Como ya se mencionó, este caso es caracterizado regularmente como una "democracia sin partidos" (Levitsky y Cameron 2003, Tanaka 2005), una "democracia de operadores independientes" (Tanaka y Meléndez 2014), con una política de baja participación partidaria (*party-less politics*) (Levitsky 2018). Se estima que la crisis de representación democrática que sufre el país (Mainwaring, Bejarano y Pizarro 2006) impacta negativamente en la institucionalización del sistema partidario. Sus organizaciones políticas son caracterizadas como "caparazones vacíos", extremadamente personalistas (Levitsky 2014). De hecho, las prospectivas sobre la reconstrucción de los partidos políticos en Perú son muy bajas (Cameron y Luna 2010). Aunque recientemente algunos académicos han reconocido casos incipientes de construcción partidista (Urrutia 2014), el diagnóstico general es un desierto de partidos políticos y "ausencia de políticos" (Levitsky 2014). Aparentemente, con un desarrollo organizativo tan pobre no sería posible sembrar identidades partidarias. En todo caso, la literatura especializada referida no ha abordado sistemáticamente esta posibilidad. Parafraseando sus propias terminologías, ¿pueden "vehículos electorales", "organizaciones efímeras", "coaliciones de independientes", liderados por "políticos *amateurs*", construir identidades partidarias?

Este capítulo responderá positivamente esa pregunta, para lo cual procederé de dos maneras. Primero propongo una medición original para analizar la existencia de identidades partidarias y sus características en el contexto hostil detallado. Esta medición debería capturar este tipo de vínculos en ambientes multipartidarios con organizaciones políticas efímeras y altos niveles de desafección política en la ciudadanía. Una vez demostrada la utilidad de la medición original de identificación partidaria, la aplicaré a un contexto donde, según la teoría, los arraigos partidarios son de difícil asentamiento (Perú). Demostraré así que en circunstancias hostiles para la creación e institucionalización de partidos políticos, algunas identidades partidarias logran sobrevivir y otras emerger, antecediendo inclusive a la institucionalización de organizaciones partidarias; es decir, el desarrollo de identidades partidarias es independiente del desarrollo organizativo de los partidos. Me centraré en tres variantes de identificación partidaria, las dos primeras incompletas o parciales: una longeva identidad que ha sobrevivido al colapso del sistema partidario (aprismo), una identidad naciente (fujimorismo) que antecede a la institucionalización orgánica de su partido y un caso fallido (nacionalismo).

Los casos: aprismo, fujimorismo y nacionalismo

Ya sea un sistema de partidos embrionario (Mainwaring y Scully 1995) o un "no sistema de partidos" (Sánchez 2009), desde 2001 hasta la fecha, la dinámica partidaria en Perú está compuesta por una combinación de partidos tradicionales que sobrevivieron al colapso del sistema de partidos (por ejemplo, APRA y Partido Popular Cristiano, PPC), por organizaciones que heredaron recursos políticos de sus antecedentes personalistas (por ejemplo el fujimorismo y Somos Perú) y por debutantes partidos extremadamente personalistas (por ejemplo, el Partido Nacionalista Peruano, PNP). A continuación hago una breve revista de un caso en cada una de estas cohortes partidarias, para a partir de ellas estudiar los alcances y límites de la formación de sus lealtades respectivas a escala individual.

Aprismo

Fundado en 1931, el APRA jugó un rol central en la movilización del electorado peruano durante el siglo XX (véase capítulo anterior) y atrajo a un importante número de votantes al establecerse como identificación partidaria fuerte, socialmente enraizada (Grompone 1991). Por primera vez en el poder en 1985 —consecuencia de una organización política de alcance nacional, desplegada durante el periodo menos inestable del sistema de partidos peruano (1980-1992)—, el primer gobierno del APRA fue catastrófico en sus resultados sociales, económicos y políticos (Reyna 2000). Hiperinflación, insatisfacción social e incremento de actividades subversivas —dirigidas por Sendero Luminoso y el MRTA— produjeron un contexto de caos generalizado que afectó el respaldo de su electorado —otros autores (Lupu 2014) añaden el desgaste de la marca partidaria—.[1] Aunque el candidato presidencial aprista Luis Alva Castro obtuvo el 20% del voto válido nacional en las elecciones de 1990, la lealtad partidaria cayó de un promedio mayor al 20% entre 1986 y 1989 a menos del 10% al iniciar la década de 1990. Y continuó hundiéndose por el resto del decenio, como se observa en el siguiente gráfico.

Gráfico 3.1

PARTIDISMO POR PARTIDOS TRADICIONALES EN PERÚ (1986-2002)

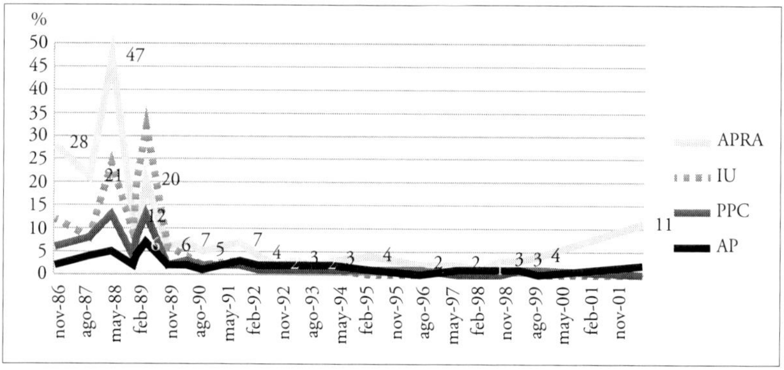

Fuente: Apoyo Opinión y Mercado. La pregunta de la encuesta fue: "¿Con qué partido político simpatiza usted?".

---

1. La historia del APRA reta sistemáticamente el argumento de Lupu de que inconsistencias programáticas, conflictos partidarios internos y coaliciones difíciles de explicar con rivales tradicionales ensombrecieron la marca aprista, lo que erosionó su vínculo con los electores (Lupu 2014). Durante la década de 1960, el APRA experimentó todas esas condiciones: en un periodo denominado "La Convivencia", adoptó una posición pragmática distanciándose de sus orígenes revolucionarios, sufrió una escisión radical (APRA Rebelde) e hizo una coalición política, inexplicable para muchos, con un sector conservador de las Fuerzas Armadas y antiguos enemigos políticos, como el dictador Manuel Odría. Sin embargo, las lealtades y vínculos partidarios se mantuvieron sólidos, en contradiccdión con la teoría mencionada.

En contraste con las expectativas de varios analistas,[2] el APRA sobrevivió exitosamente al colapso del sistema de partidos peruano y compitió, con altas probabilidades de triunfo, en las elecciones nacionales de 2001 (Kenney 2003). Encuestas de opinión (gráfico 3.1) reportan un incremento en el número de simpatizantes del partido para esa fecha (más de 10% desde 2001); incluso antes de su retorno al poder en 2006 luego de que Alan García venciera en segunda vuelta al candidato antiestablishment Ollanta Humala. Esta recuperación electoral arropó a una nueva generación de seguidores —presumiblemente más diversos ideológicamente y más pragmáticos— de los valores tradicionales de la militancia aprista: disciplina y subordinación al líder. A diferencia, otros partidos tradicionales no lograron recobrar sus simpatizantes, si bien se convirtieron en relativamente competitivos en la arena electoral (sobre todo el PPC y en menor medida Acción Popular, AP).

Para muchos observadores, esta divergencia entre (bajo) número de militantes y éxito electoral se explica por la creciente identidad personalista del APRA en el siglo XXI (Levitsky 2014). Según Levitsky (2014) y Vergara (2011), actualmente el APRA es un partido sobreviviente y menor, que debe su éxito electoral a la influencia de Alan García como líder político nacional. De cualquier modo, el APRA es un partido que ha sobrevivido al colapso sistémico y ha logrado mantener una modesta pero leal identidad partidaria ya hacia finales de la segunda década del siglo XXI.

Fujimorismo

El fujimorismo es un proyecto político relativamente nuevo. Fundado por el *outsider* Alberto Fujimori meses previos a la campaña

2. Algunos académicos vaticinaron erróneamente la desaparición del APRA (Lynch 1998).

que lo llevara a la presidencia en 1990, ha tenido numerosas denominaciones[3] a lo largo de su existencia. Como se sabe, Fujimori llegó a Palacio de Gobierno con Cambio 90 (y creó Nueva Mayoría en 1993), pero prefirió siempre una relación directa con la ciudadanía, sin mediación alguna de instancias partidarias. Por ello, aunque fue muy popular como presidente (1990-2000), los peruanos no se identificaron con ninguna organización fujimorista sino como "independientes". El número de simpatizantes con dichos partidos fujimoristas, hegemónicos entonces, nunca superó el 10% del electorado, en contraste con el 80,5% promedio que se identificó como "independiente" (véase gráfico 3.2).

Gráfico 3.2
"INDEPENDIENTES" Y FUJIMORISTAS (1986-2002)

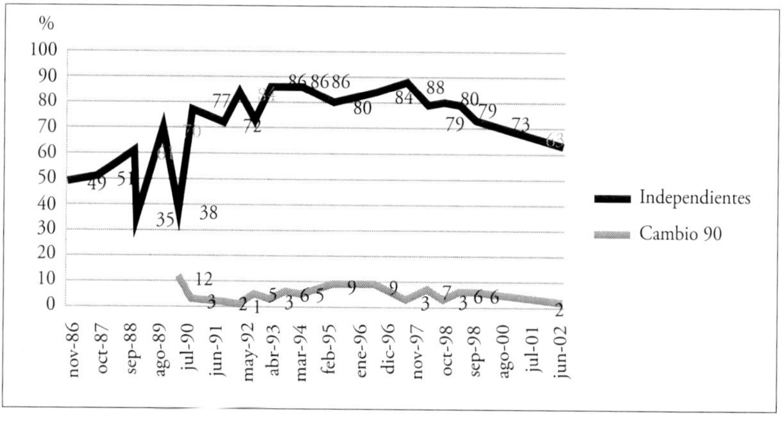

Fuente: Apoyo Opinión y Mercado. La pregunta de la encuesta fue: "¿Con qué partido político simpatiza usted?".

3. Ocho hasta el momento: Cambio 90, Nueva Mayoría, Vamos Vecino, Perú 2000, Sí Cumple, Alianza para el Futuro, Fuerza 2011 y Fuerza Popular.

La popularidad del mandatario se basó en la derrota de Sendero Luminoso y la exitosa aplicación de reformas de ajuste (Carrión 1996). Su estrategia para mantener el apoyo social se concentró en el acceso y manipulación de recursos estatales (clientelismo), así como en su intenso personalismo en su relación con el votante peruano. Pero en ningún caso procuró volcar esa popularidad en la formación de una identidad partidaria fujimorista, menos en la inversión de un partido organizado. Esto sugiere que la desafección de los partidos políticos no solo afectó a las organizaciones tradicionales, sino también a las nuevas, incluso aquellas con dirigentes muy populares.

Cuando Alberto Fujimori renunció a la presidencia en el año 2000 por la crisis política gatillada por escándalos de corrupción, ninguna organización política defendió orgánicamente su legado. Sin embargo, muchos peruanos "independientes" se mantuvieron leales a esta herencia política. Solo seis años después el fujimorismo apoyó una nueva candidatura presidencial (Martha Chávez, expresidenta del Congreso peruano), que alcanzó el 7% del voto válido a escala nacional. En 2011, Keiko Fujimori calificó para la segunda vuelta de las elecciones presidenciales, sin alcanzar la victoria. La misma historia se repetiría en 2016. Solo con estos resultados, algunos expertos en política peruana se convencieron de que el fujimorismo "podría estar evolucionando hacia algo más que un simple vehículo personalista" (Levitsky 2014: 15), al que aún consideran una "excepción" (Levitsky y Zavaleta 2016, Levitsky 2018). Pero para las elecciones de 2016 —y liderado por Keiko Fujimori—, el fujimorismo se consolidó como la organización más fuerte y expansiva territorialmente, e incrementó aún más su votación y su representación congresal, pero nuevamente sin conseguir el éxito electoral y alcanzar la presidencia por menos de un punto porcentual. Si bien el fujimorismo es una organización política con aspiraciones de institucionalización, es quizás la de mayor arraigo en el país, y aunque emergente, viene construyendo una identidad partidaria.

Nacionalismo

El Partido Nacionalista Peruano (PNP) fue fundado en 2006 por Ollanta Humala, un teniente retirado del Ejército peruano que encabezó una rebelión contra Alberto Fujimori en el año 2000 con la intención de catalizar su renuncia a la presidencia. Desde entonces, Humala propugnó un proyecto político basado en una definición radical de nacionalismo. Aunque el registro formal del PNP no fue posible hasta 2007, Humala presentó su candidatura presidencial a las elecciones generales de 2006 con el apoyo de Unión por el Perú (UPP), un vehículo electoral carente de postulante. Calificó a la segunda vuelta electoral con el 30% del voto válido, pero a la postre fue vencido por Alan García. Cinco años después fue elegido presidente en otra segunda vuelta, esta vez enfrentando a Keiko Fujimori. Al salir de su gobierno en 2016, Humala, juntamente con su esposa y socia política, Nadine Heredia, se vio envuelto en acusaciones de "lavado de activos" que los condujeron a prisión preventiva por algunos meses.

Aunque novato en política, Humala ganó un tercio del total de votos válidos en dos elecciones sucesivas, en 2006 y 2011. Una vez en el poder, su acceso a los recursos del Estado potenció la oportunidad de transformar su apoyo electoral, aparentemente estable, en una sólida identificación política. Sin embargo, sus índices de aprobación presidencial fueron en declive conforme entró a la segunda mitad de su mandato. Lideró una gestión pública adversa al riesgo, sin decisiones audaces y con sustanciales giros en sus políticas respecto de sus promesas de campaña. Ello socavó la formación de una identidad partidaria emergente basada en la marca nacionalista. En consecuencia, el PNP no se ha desarrollado como una identificación partidaria (al menos no hasta el momento) a pesar del sólido respaldo electoral y de la relativa popularidad que en algún momento ostentaron sus líderes partidarios, la pareja Humala-Heredia.

Resumiendo, tenemos tres desarrollos distintos de identidades partidarias autónomas de la evolución de sus respectivas estructuras orgánicas. El APRA es una identidad partidaria en transformación que ha sobrevivido al colapso del sistema de partidos y ha trascendido la difuminación de su marca partidaria, a pesar del declive organizativo. El fujimorismo, por su parte, es una identidad partidaria naciente que antecede a la institucionalización de la organización partidaria, y que demuestra que una identidad partidaria puede emerger en circunstancias hostiles. Finalmente, el nacionalismo se presenta, hasta ahora, como un caso fallido de construcción de identidad y de organización partidarias, aunque las condiciones para convertir su soporte electoral en una identificación leal estuvieron presentes por un tiempo.

Midiendo identificación partidaria en América Latina

Las identidades partidarias socialmente enraizadas son un fenómeno no tan extendido en países latinoamericanos en la actualidad, sobre todo en aquellos afectados por el colapso del sistema partidario. Teniendo esto en consideración, medir el nivel de identificación partidaria tiene al menos dos grandes retos. Por un lado, debemos rebajar nuestras expectativas de encontrar identidades partidarias porque las personas no se identifican frecuentemente con partidos políticos en estos contextos (Brader y Tucker 2001). Reportar identificación con un partido político implica un considerable compromiso con organizaciones comúnmente desprestigiadas. Por lo tanto, es razonable creer que las personas tienden a no reportar en público sus simpatías hacia estas organizaciones, a pesar de haber votado por ellas, inclusive con cierta fidelidad. Un ejemplo de ello es precisamente el fujimorismo durante la década de 1990, como vimos anteriormente.

En segundo lugar, las interrupciones autoritarias han impactado negativamente en el desempeño de los partidos y han dificultado su enraizamiento territorial, el desarrollo coherente de la marca partidaria y la formación de seguidores a escala individual. Dados estos desafíos, típicos de democracias nuevas e inestables, deberíamos esperar observar signos de identidades partidarias (en lo adelante: niveles intermedios de identidades partidarias o identidades partidarias incompletas) antes que identificaciones completamente desarrolladas (Brader y Tucker 2011). Los sistemas políticos no institucionalizados son más propensos a generar niveles intermedios de identificación partidaria, sea porque el votante transita de la ausencia de identidad partidaria a una identificación partidaria completa o viceversa. Este fenómeno ya fue señalado en sistemas de partidos posautoritarios como los de Rusia (Brader y Tucker 2001) y México (Greene 2011).

En algunos casos tiene sentido hacer referencia a identidades partidarias nacientes o emergentes porque los vínculos con los partidos normalmente se desarrollan sobre periodos de tiempo largos, además requieren estabilidad y competitividad. Del mismo modo, es posible que identidades nacientes nunca lleguen a desarrollarse como identidades completas o que las simpatías partidarias no sean tan fuertes como en las democracias más desarrolladas (Mainwaring 1999). De hecho, encontramos identidades partidarias parcialmente desarrolladas en México (Greene 2011), en Brasil (Samuels y Zucco 2014) y, como demostraré en las siguientes páginas, en Perú.

Niveles intermedios de identidades partidarias pueden también encontrarse en casos donde esa identidad ha perdido la mayoría de sus componentes originales (coherencia ideológica) y ha desgastado su marca partidaria, pero todavía funciona como referencia para un sector resistente de votantes disciplinados, articulados en torno a fuertes liderazgos partidarios. Partidos de larga trayectoria que han sobrevivido a transiciones de regímenes políticos y colapsos de sistemas partidarios desarrollan estas características, lo que les puede permitir ser aún competitivos en la arena electoral. Tal es el caso del APRA, como demostraré. La conquista de las "mentes y los corazones" de los latinoamericanos en general y de los peruanos en particular toma intensidades y caminos divergentes a los de los países más institucionalizados.

Medición

Para identificar el apoyo a los partidos políticos, a escala individual, aplicaré dos tipos de mediciones para capturar niveles intermedios o incompletos de identidad partidaria. La primera es actitudinal, una medición convencional de apoyo a partidos políticos (si los encuestados indican que simpatizan con un partido u organización política) en particular. Esto no necesariamente implica membresía, pero sí actitudes positivas hacia grupos específicos de políticos. A menudo, encuestas preguntan directamente a las personas sobre sus inclinaciones políticas con la interrogante: "¿Con qué organización política simpatiza usted?". Considero pertinente tomar esta operacionalización "delgada" con cautela porque no necesariamente provee evidencia confiable sobre afiliaciones partidarias. Además, encuestas realizadas cerca de contextos electorales pueden generar sesgos en las respectivas estimaciones. Finalmente, podría no capturar la complejidad psicológica que implica profesar una identidad partidaria. Sin embargo, sí nos ofrece información más general sobre actitudes con respecto a determinadas organizaciones políticas.

La segunda medición de vínculo partidario que abordo es de tipo conductual. Consiste en récords de intenciones de voto coherentes sobre diferentes posiciones públicas en distintos ámbitos de representación estatal (por ejemplo, legislativos nacionales, administraciones subnacionales y autoridades locales), cuyos cargos no estén tan afectados por el personalismo de los liderazgos principales de estas organizaciones. Como se sabe, en Estados Unidos, la identidad partidaria se evidencia a través del escrutinio de la estabilidad temporal de las lealtades partidarias. Sin embargo, en países en desarrollo carecemos de datos de encuestas panel que nos permitan construir un análisis de series temporales en la evolución de dicha identidad. Además, en estas noveles democracias, las elecciones limpias, libres y justas son un fenómeno relativamente reciente, por lo que las identidades partidarias han tenido limitadas oportunidades para desplegarse. En respuesta a estos desafíos, delineé una estrategia alternativa para medir niveles intermedios (o incompletos) de identidades partidarias: pregunto por intención de voto en hipotéticas elecciones congresales, regionales y locales a favor de determinados candidatos pertenecientes a determinada marca partidaria. Mi medición es una suerte de variable latente que engloba la lealtad del voto multinivel hacia una organización y no la actitud favorable a un solo candidato.

Con el objetivo de capturar una medición conductual de identidades partidarias (intermedias y completas), he procedido a categorizar a los encuestados de la siguiente manera:

- Quienes indican que "definitivamente" votarían por un candidato de un mismo partido (APRA o fujimorismo) en cada una de las opciones interrogadas (Congreso, región, local) son considerados "seguidores duros" (*core followers*). En Lima, jurisdicción que carece de presidencia regional, un "seguidor duro" es aquel que "definitivamente" votaría por un político de un partido determinado para elecciones locales y parlamentarias.

- Quienes indican que "probablemente" votarían por una organización en particular (APRA o fujimorismo) en cada una de las tres posiciones públicas califican como "simpatizantes" *(leaning partisans)*. Esta categoría incluye a personas que combinan respuestas de que "definitivamente" y "probablemente" votarían por el mismo partido. Como los encuestados de Lima no eligen representantes a escala regional, solo se les inquiere por las posiciones de alcaldía y Congreso.

Aunque estas dos operacionalizaciones (actitudinal y conductual) están correlacionadas, se trata claramente de dos versiones distintas. La primera refiere una actitud general hacia una organización política, mientras que la segunda refleja una intención de votar —más realista— por candidatos que pertenecen a esta organización política en diferentes puestos de gobierno; es decir, que manifiesta una relación positiva y coherente respecto de una marca partidaria. Esta última es el proxy que propongo como medición de "identidad partidaria". Vale reiterar que, en la construcción de esta última medición, no se incluyó la intención de voto de elecciones presidenciales para evitar, precisamente, sesgos personalistas asociados a los candidatos a la máxima autoridad estatal. En la siguiente sección presentaré los resultados descriptivos de los tres partidos estudiados.

Identidades apristas: cohesión ideológica y personalismo

Las mediciones convencionales (actitudinales) de simpatías políticas estiman que, en 2011, el 5,48% del electorado peruano fue "simpatizante" aprista (una medición similar en 2016 reportaba 4,41%). Este porcentaje —decepcionante para algunos dada la rica historia del APRA y el hecho de que estaba en el poder cuando se realizó la encuesta— sugiere que una reducida proporción de peruanos simpatiza con este partido político tradicional. La medición que propongo permite distinguir dos tipos adicionales de apristas, no considerados por las mediciones convencionales: los apristas "duros" (*hardcore* apristas) y los apristas simpatizantes ("apristones") (véase cuadro 3.1). Según los cálculos realizados en 2011, los apristas duros representaron el 3,39% de los encuestados —dos puntos porcentuales menos que los números arrojados por la medición actitudinal convencional—; mientras que los apristones —personas que "probablemente" votarían por candidatos apristas en las tres posiciones consultadas— representan el 14,89% del total encuestado. Los porcentajes replicados en 2016 son muy similares: 4,74% de apristas duros y 15,22% de simpatizantes.

Cuadro 3.1
PORCENTAJE DE SEGUIDORES DEL APRA

Identidad política	Categoría	2011	2016
Simpatizante político (dimensión actitudinal)	Apristas	5,48%	4,41%
Intención de voto en tres elecciones multinivel (dimensión conductual)	Apristas duros	3,39%	4,74%
	Apristas simpatizantes (apristones)	14,89%	15,22%

Fuente: IOP-PUCP (2011); Ipsos (2016).
Elaboración propia.

Los seguidores "duros" del partido aprista tienden a responder la pregunta actitudinal afirmativamente, dado que el fraseo empleado —"simpatiza usted con un partido político en particular"— invoca una asociación más estrecha dentro de un ambiente de partidos políticos desacreditados.[4] Asimismo, las preferencias electorales reales a favor de los partidos políticos son mucho más amplias que las reportadas por sus simpatías. Por ejemplo, en 2011, el porcentaje de personas dispuestas a votar por un aprista en tres posiciones diferentes (lo que coloquialmente se denominan apristones) es casi tres veces más (14,89%) que los simpatizantes reportados de manera convencional (5,48%). Como era de esperar, existe una correlación más fuerte entre apristas duros y simpatizantes (0,31) que entre apristones y simpatizantes (0,17) —prueba realizada con datos de 2011—.

Aunque no tengo una respuesta definitiva sobre estas correlaciones, sus bajas cifras pueden haber sido causadas por las diferencias entre encuestados que simpatizan con el partido histórico (medida actitudinal) y aquellos apristas que no están dispuestos a votar por ningún candidato aprista a estas posiciones después del giro del partido a la derecha del espectro político (medida conductual).

En un contexto en el que los partidos no son confiables, es razonable suponer que las personas no se identifican con ellos. En el caso específico del APRA, su plataforma programática ha evolucionado considerablemente desde su versión socialdemócrata en la década de 1980 a su actual perfil, favorable a las políticas

4. La segunda administración del APRA (2006-2011) levantó escándalos de corrupción que involucraron a funcionarios de alto rango (líderes nacionales de dicho partido) en actividades de cabildeo con firmas privadas. Estos casos —que el periodismo bautizó como Petroaudios— afectaron severamente la imagen del gobierno (Gorriti 2009).

orientadas al mercado. Adicionalmente, los escándalos de corrupción durante sus dos gestiones (1985-1990 y 2006-2011) afectaron seriamente su popularidad. Con esta dispersa agenda programática y una reputación negativa, es difícil mantener seguidores fieles. Sin embargo, estos antecedentes no lo descartan como una opción electoral aún válida si sumamos a sus seguidores más duros y a los apristones (18,28% de la población en 2011, 19,96% en 2016). Las elecciones generales de 2016 —cuando Alan García no logró capitalizar todo ese potencial— refieren que no fue lo suficientemente atractivo para el apristón, aunque sí para el aprista duro. En las elecciones de 2016, García obtuvo 5,83% del voto válido, porcentaje similar a nuestra clasificación de aprista duro de ese año (4,74%). En las elecciones de 2006, García obtuvo, en primera vuelta, 24,32% del voto válido, porcentaje similar a la suma del aprista duro y del apristón según nuestra medición de 2011 (18,28%). En diez años, y luego de su segundo gobierno, García mantuvo el apoyo de la militancia aprista pero perdió atractivo para los apristones.

El análisis de la cohesión ideológica de quienes se identifican con el APRA también demuestra las diferencias entre las dos mediciones de identidades partidarias y las características de la identidad aprista. Al medir ideología a través de la escala convencional de autoubicación de 0 a 10 (de extremo izquierdo a extremo derecho, respectivamente), cada grupo de seguidores tiene diferentes medias ideológicas. Trabajando con la muestra de 2011, se encontró que el puntaje en la escala ideológica (y sus desviaciones estándar) varía entre grupos de seguidores: el simpatizante aprista tiene un puntaje (5,86) cercano a la media ideológica del total de la población (5,39), con la desviación estándar más reducida entre los grupos en comparación (2,27); los apristones se ubican más hacia la derecha (6,08), con una desviación estándar similar (2,35); los apristas duros se colocan más alejados a la derecha

(6,92), con la desviación estándar más grande entre los tres grupos analizados (2,74). Los resultados realizados con la base de datos de 2016 arrojan tendencias similares.

Aunque en los tres casos la desviación estándar es grande (excede los dos puntos de una escala de once puntos posibles), luego de efectuar pruebas de t-estadísticas (de dos "colas"), es claro que la autopercepción ideológica de los apristas duros y de los apristones es estadísticamente significativa (con 99% de confianza), así como de los simpatizantes apristas etiquetados según la medición convencional (con 95% de confianza estadística). Los intervalos de confianza se registran en el siguiente cuadro.

Cuadro 3.2
Autoposicionamiento ideológico (continuo de 0-10) por grupos identificadores

Identidad	Media	Desviación estándar	Intervalo de confianza 99%	
Aprista	5,86	2,27	5,27	6,45
Todos los demás	5,35	2,58	5,19	5,51
Aprista duro	6,92	2,74	6,02	7,82
Todos los demás	5,32	2,54	5,16	5,48
Apristón	6,08	2,35	5,71	6,45
Todos los demás	5,25	2,58	5,08	5,42
Población total	5,39	2,56		

Fuente: IOP-PUCP (2011).

El hecho de que los seguidores del APRA se ubiquen a la derecha del espectro ideológico cobra sentido cuando se considera que el segundo gobierno de Alan García se caracterizó por una administración ortodoxa de la economía, programas sociales retraídos y una profundización de las políticas orientadas al mercado (Cameron y Luna 2011). Es razonable que el aprismo duro —defensor acérrimo de su máximo líder— se sitúe todavía más a la derecha que el apristón, al estar más dispuesto a defender el continuismo de dichas políticas neoliberales.

No obstante, las amplias desviaciones estándares no son sorprendentes en los tres casos de seguidores apristas. El legado del pasado socialdemócrata del APRA todavía pervive en un sector importante de los apristas. Las élites partidarias y los militantes concuerdan en la importancia de mantener la diversidad ideológica dentro del partido, una estrategia que puede anular los efectos de la disolución de la marca partidaria que ha afectado más severamente a otros partidos del sistema político peruano. Por ejemplo, un miembro del comité político nacional del partido señala: "El APRA es en esencia un partido revolucionario".[5] De manera similar, un joven militante explica: "En el APRA hay espacio para compañeros de izquierda [...], pero la disciplina es más importante que la ideología".[6] La intersección entre el pasado izquierdista (aún relevante dentro de la memoria histórica del partido) y el nuevo discurso ortodoxo explica la relativa alta dispersión de la autoubicación ideológica entre los seguidores del partido.

Por otro lado, y a pesar de su importancia como un tipo de vínculo político entre élites partidarias y electores, el personalismo no ha sido estudiado a profundidad. Generalmente se le concibe como una conexión política adversa a la política partidaria institucionalizada (Kitschelt 2000). Sin embargo, históricos liderazgos enraizados en tradiciones partidarias pueden afectar positivamente

---

5. Javier Barreda, miembro del Comité Político Nacional del APRA, 18 de junio de 2014.

6. Alan Salinas, militante aprista, 26 de diciembre de 2013.

su identidad partidaria, sobre todo cuando esta no se ha desarrollado completamente. Considerando el declive de la política programática en ciertos países, los atractivos personalistas enlazados a un discurso propartidario pueden ser funcionales durante la emergencia y recuperación de partidos en escenarios hostiles.

La recuperación electoral del APRA en 2001 se explica, en parte, por el regreso de Alan García a Perú y a la cabeza de dicha organización (Tanaka 2005). Tras el autogolpe de Alberto Fujimori en 1992 y debido a la "persecución política" de la cual fue víctima, según interpretaciones apristas, Alan García se vio obligado a dejar el país, desplazándose primero a Colombia y luego a Francia. El repentino y abrupto vacío dejado en la dirección del APRA afectó considerablemente el desempeño del partido a escala nacional y subnacional. Su regreso al país en 2001 fue un hito histórico para el partido: el apoyo favorable al APRA en elecciones presidenciales se disparó del 1,4% (con la candidatura de Abel Salinas) en 2000 al 25,8% en la primera vuelta y el 46,9% en la segunda vuelta de las elecciones de 2001 (ya con Alan García como candidato). Cinco años después (en 2006), Alan García ganó la elección presidencial y el APRA volvió al poder. Sin lugar a dudas, el regreso del líder histórico explica, en buena medida, el retorno de la competitividad del partido en las urnas. Asimismo, el declive de la figura de García tuvo mucho que ver con la magra votación alcanzada en 2016.

Interesa notar el rol que ha jugado el liderazgo de García en la construcción de la identidad aprista. Luego de dos periodos en Palacio de Gobierno (una administración más bien socialista entre 1985 y 1990 y otra orientada al mercado entre 2006 y 2011), su respaldo en el interior del partido ha sido relevante a pesar de sus giros ideológicos. En realidad, esta combinación entre dispersión ideológica y fuerte liderazgo ha sido una característica del partido desde el siglo XX, comenzando con la "convivencia" pactada por

Haya de la Torre (un acuerdo político con los rivales históricos del partido, los militares y sectores conservadores) (Neira 1997). García replicó este estilo y justificó la transformación ideológica del partido a través de su amplio control sobre la organización.

Para poner a prueba la influencia de García en los tres tipos de seguidores apristas (simpatizantes según medición convencional, apristones y apristas "duros"), en una encuesta con representatividad nacional (aplicada en 2011, al final de su gobierno), solicité a los encuestados declarar su acuerdo o desacuerdo con la siguiente expresión: "Alan García debe retirarse de la política". El cuadro 3.3 reporta, por tipo de aprista, quiénes concordaron con dicha frase. Para probar la diferencia significativa entre estos grupos, realicé t-tests y cálculos de intervalos de confianza para cada subgrupo en relación con sus respuestas. Notablemente, estas proporciones son estadísticamente distinguibles de sus respectivas contrapartes no apristas, con 99% de confianza estadística.

Cuadro 3.3
"ALAN GARCÍA DEBE RETIRARSE DE LA POLÍTICA", POR IDENTIFICADORES

Identidad	Proporción	Intervalo de confianza 99%	
Aprista	15,95%	6,47%	25,43%
Todos los demás	56,27%*	52,90%	59,10%
Aprista duro	24,13%	10,02%	38,24%
Todos los demás	54,99%*	51,93%	58,07%
Apristón	26,14%	19,23%	33,05%
Todos los demás	58,90%*	55,76%	62,24%
Población total	53,84%		

N = 1560 *p < 0,01.
Fuente: IOP-PUCP, mayo de 2011.

Como se esperaba, los simpatizantes del APRA se mostraban más adversos al hipotético retiro de García de la política, aunque los porcentajes varían entre los tres grupos de seguidores apristas. Entre los simpatizantes (medición actitudinal), el 15,9% está de acuerdo con la afirmación; mientras que 24% y 26% de apristas duros y apristones, respectivamente (medición conductual), concuerdan. Estas proporciones difieren significativamente del porcentaje total de la población (53,8%) que apoya el retiro eventual de García, tomando en consideración los errores estadísticos. Esto sugiere que pese a la gran influencia del liderazgo de García sobre los seguidores apristas, un sector no despreciable dentro de sus filas militantes se opone a él. Luego de la derrota electoral en 2016, cuando se agudizaron los anticuerpos a García entre la opinión pública, el aprismo parece continuar confiando en la ascendencia, al menos internamente, de su líder histórico.[7]

Curiosamente, los encuestados que tienden a votar con cierta disciplina por los candidatos apristas (apristas duros) son, en comparación con los simpatizantes apristas, más críticos a García. Ello se puede explicar, en cierta medida, por las transformaciones ideológicas de las dos administraciones del expresidente. Entrevistas con dirigentes nacionales del APRA y miembros de base apoyan este razonamiento. Según un exparlamentario aprista, el giro ideológico de García estuvo justificado, y, aunque algunos "compañeros" expresen sus quejas, continuarán endosando las propuestas del líder: "Aún somos revolucionarios de corazón; pero si tú realmente quieres servir al pueblo tienes que estar de acuerdo con las ideas de Alan [García], porque ha aprendido mucho [...]. En la

7. Esa era la situación hasta el día de su muerte el 17 de abril de 2019.

actualidad, las reformas de mercado son el mejor remedio para la lucha contra la pobreza".[8]

Asimismo, apristas entrevistados reconocen la presencia del "antialanismo" (oposición a García) incluso dentro del partido, aunque creen que no afecta negativamente la disciplina partidaria. Por ejemplo, se explaya un aprista: "A algunos militantes de la vieja guardia no les gusta la conversión de Alan [García], pero de todos modos votarán por él; porque no se trata solo de Alan, sino también del futuro del partido".[9] Mientras la animadversión a García es controlada en el interior del partido y entre sus militantes más duros, fuera de los círculos de la organización es inmanejable, especialmente en contextos electorales. La baja votación que recibió García en 2016 se explica por la fuerza que cobró su rechazo, incluso entre los apristones, quienes terminaron endosando la candidatura presidencial de Kuczynski.

A pesar de tales magros resultados electorales, el APRA ha logrado mantener cohesión interna, uno de sus recursos políticos más importantes para seguir con relativa vigencia (Cyr 2017). Aunque el giro ideológico que condujo García debilitó la cohesión programática (expresada en una relativamente alta dispersión ideológica entre los apristas), la identificación partidaria sí se articuló alrededor de su liderazgo (no está exento de críticas, pero generalmente es obedecido). Sin embargo, cuando el liderazgo perdió su capacidad de influir más allá de sus seguidores (cuando perdió el apoyo electoral de los apristones en 2016), solo resulta funcional para la sobrevivencia, mas no para un éxito electoral mayor. De esta manera, la identificación aprista está basada en una combinación de flexibilidad ideológica (desde su herencia histórica "revolucionaria"

---

8. Líder nacional aprista 1, 21 de junio de 2013.
9. Líder nacional aprista 2, 18 de diciembre de 2013.

a su defensa acérrima a la administración ortodoxa de la economía) y liderazgo en tanto cohesionador interno. De cualquier manera, la transformación ideológica de García resultó instrumental para la sobrevivencia de la identidad aprista.

Identidades fujimoristas: ideología y personalismo

Una encuesta nacional realizada con posterioridad a la campaña de 2011 estimó —empleando la medición (actitudinal) convencional de simpatías políticas presentada anteriormente— que los seguidores del fujimorismo sumaban 17,07% del electorado nacional, proporción impresionante para un partido político nuevo y no institucionalizado. Cinco años después, una medición similar, en plena campaña electoral de segunda vuelta, casi duplicó dicha proporción: 32,6%. Según este tipo de medición convencional —apoyado en las "simpatías"—, un tercio de peruanos "simpatiza" con el fujimorismo.

Este es un claro ejemplo de las limitaciones de la medición convencional. Las identificaciones partidarias no suelen crecer tan abruptamente y acostumbran ser más estables en el tiempo. Considero que este tipo de aproximación mide una actitud positiva hacia el fujimorismo en este caso, pero no explora una dimensión identitaria. En cambio, si proseguimos con la medición conductual propuesta tenemos un diagnóstico más certero. Los fujimoristas "duros" o "*hardcore* fujimoristas" (aquellos que "definitivamente sí" votarían por un candidato fujimorista para los tres puestos públicos interrogados) representan el 9,17% de los encuestados en 2011 y 9,05% en 2016; los "fujimoristas simpatizantes" o "*leaning* fujimoristas" (quienes "probablemente sí" votarían por un candidato fujimorista para cada uno de los tres puestos públicos preguntados) sumaban 21,59% en 2011 y 22,01% en

2016, es decir, porcentajes prácticamente constantes (véase cuadro 3.4). Ese aparente tercio de apoyo al fujimorismo —según la pregunta convencional sobre "simpatías"— es, en realidad, la suma de un respaldo militante, identitario (9%) y una afinidad de baja intensidad, similar al apristón (22%).

¿Cómo se expresan estos porcentajes de portadores de identidad fujimorista ("dura" y "simpatizante") en la distribución electoral? En la primera vuelta de 2011, Keiko Fujimori logró atraer a sus seguidores duros y un sector de fujimoristas simpatizantes para alcanzar el 22,45% de la muestra que señala haber votado por ella. En la segunda vuelta de aquella elección, logró atraer a fujimoristas duros, simpatizantes y también a un sector importante de independientes para sumar 35,76% de la muestra que señaló que votaría por ella en el balotaje. Para 2016, el escenario fue distinto: desde la primera vuelta logró capturar a un sector de independientes, además de gran parte de sus seguidores duros y simpatizantes (34,09% de apoyo electoral). Pero para la segunda vuelta no logró sumar muchos independientes más (38,44% de apoyo electoral). La estabilidad de las identidades partidarias (duras y simpatizantes) es remarcable y grafica bien el piso del que parte un proyecto político, pero no explica las posibilidades de éxito electoral —sobre todo en comicios altamente competitivos—. Este se resuelve en la capacidad que tienen los partidos para atraer a "independientes"; y en ese sentido, el fujimorismo no fue lo suficientemente atractivo. Aparecen muy eficientes movilizando a los suyos, pero con un cerco impenetrable para los independientes o electores estratégicos (véase cuadro 3.4).

En términos generales, estos resultados proveen de evidencia sistemática sobre la magnitud del apoyo social al fujimorismo. Asimismo, aunque algunos especialistas se precipitaron anunciando el fin de la era del fujimorismo (Carrión 2006), investigaciones cualitativas sugerían ya la formación de una identidad partidaria basada en el legado político de Alberto Fujimori (Urrutia 2011). Aquí la evidencia de que a pesar de no haber consolidado aún un partido institucionalizado cuenta con una identidad partidaria cuyas características exploraremos más adelante.

Cuadro 3.4
Porcentaje de seguidores del fujimorismo

Identidad política	Categoría	2011 (%)	2016 (%)
Simpatizante político (dimensión actitudinal)	Fujimorista	17,07	32,60
La intención de voto a lo largo de tres elecciones multinivel (dimensión conductual)	Fujimoristas duros (*hardcore*)	9,17	9,05
	Fujimorista simpatizantes (*leaning*)	21,59	22,01
Votación elecciones presidenciales por Keiko Fujimori	Votó por Keiko Fujimori en la primera vuelta	22,45	34,09
	Votará por Keiko Fujimori en la segunda vuelta	35,76	38,44

Fuente: IOP-PUCP, junio de 2011; Ipsos, mayo de 2016.

La medición actitudinal convencional, en el caso del fujimorismo, funciona como una aproximación (proxy) a los seguidores duros (*hardcore*) antes que a los simpatizantes (*leaning*). De manera similar al análisis realizado con los apristas, las correlaciones entre los fujimoristas duros y fujimoristas (según la medición convencional) es mayor (0,47) a la correlación entre los simpatizantes y los fujimoristas según la medición convencional (0,25), trabajando con la base de datos de 2011. En este sentido, la propuesta de medición de simpatizantes fujimoristas (*leaning*) identifica un potencial apoyo electoral a cualquier candidato fujimorista, pero no necesariamente un sólido e indiscutible respaldo. Es similar al apristón en el caso del APRA. Correlaciones similares realizadas con la base de datos de 2016 aportan mayor seguridad a estos hallazgos.

En sistemas caracterizados por la débil institucionalización de partidos políticos es inesperado que una importante fracción del electorado se identifique con una fuerza política, y, mucho más, que este apoyo se concrete en las urnas. La evidencia presentada demuestra que una identidad partidaria emergente —como la fujimorista— puede anteceder a su institucionalización como partido político; proceso que puede seguir una trayectoria de abajo hacia arriba. La identidad partidaria misma, incluso en etapa inicial, puede convertirse en un recurso válido —una primera piedra— para fortalecer un proceso de construcción partidaria.

***

Un análisis de la cohesión ideológica en los fujimoristas descubre matices relevantes entre las mediciones convencionales y la medición original propuesta respecto de las caracterizaciones ideológicas de seguidores duros y simpatizantes. Medidos convencionalmente, en promedio los fujimoristas se ubican ligeramente más a la derecha del continuo ideológico (6,57) que los fujimoristas duros (6,26) y los simpatizantes fujimoristas (*leaning*) (6,19), sin grandes fluctuaciones entre sí. Pero al mismo tiempo, la media de la autoubicación ideológica de los tres grupos de fujimoristas se encuentra a la derecha de la media comparable de todos los peruanos. Aunque las correspondientes desviaciones estándar exceden los dos puntos, las medias son estadísticamente significativas (al 99% de confianza estadística) luego de conducir pruebas t de dos "colas", como vemos en el cuadro 3.5.

Cuadro 3.5
Autoposicionamiento ideológico por grupos identificadores

Identidad	Media	Desviación estándar	Intervalo de confianza 99%	
Fujimorista	6,57	2,26	6,21	6,93
Todos los demás	5,23	2,45	5,06	5,40
Fujimorista duro	6,26	2,55	5,72	6,80
Todos los demás	5,37	2,45	5,20	5,54
Simpatizantes fujimoristas	6,19	2,24	5,91	6,47
Todos los demás	5,19	2,50	5,00	5,38
Total de la población	5,46	2,47		

N = 1570
Fuente: IOP-PUCP, junio de 2011.

Así, las identidades partidarias en Perú (aprismo y fujimorismo) no están tan cohesionadas ideológicamente como en otros países (Mainwaring y Torcal 2006). En ambos casos, la desviación estándar de la autoubicación ideológica de los seguidores con identidad es mayor a dos puntos. Sin embargo, estas identidades son, en cuanto a autoubicación programática, notablemente diferentes del resto de la población (según mediciones realizadas a través del análisis de diferencias de medias). El fujimorismo —así como el aprismo— tiene la capacidad de atraer seguidores de diferentes preferencias ideológicas, aunque en general tienden a estar más a la derecha que el resto de la población en el espectro ideológico.

La autoubicación ideológica a la derecha del espectro político guarda relación con los antecedentes del fujimorismo. El mandato de Alberto Fujimori se caracterizó por la ejecución de políticas económicas orientadas al mercado y por un marco legal de mano dura en la lucha contra el terrorismo (Tuesta 1999). Su administración contó con el apoyo de la clase empresarial y militar, lo cual acentuó más su imagen de líder derechista (Crabtree 1999). Sin embargo, su administración también ejecutó políticas sociales dirigidas a las clases más vulnerables y adoptó ciertos mecanismos e instituciones participativas —tradicionalmente asociados a la izquierda— para controlar la mediación con el electorado (Murakami 2007). Más recientemente, Keiko Fujimori ha caracterizado públicamente al fujimorismo como un partido de centro-izquierda, amparándose en los programas sociales referidos.[10] Esto, sumado a su vocación popular, puede explicar por qué algunos encuestados izquierdistas se identificaban con el fujimorismo, expandiendo así la desviación estándar ideológica del promedio grupal.

El autoposicionamiento ideológico trabaja mejor como predictor de personas que portan identidades partidarias si los encuestados asocian dicho posicionamiento programático a un líder político (Keiko Fujimori, en el caso de los fujimoristas). La percepción del posicionamiento ideológico de Keiko Fujimori durante la campaña de 2011 impactó significativamente a los seguidores fujimoristas. La creencia de que Keiko Fujimori es una candidata de derecha (el movimiento de un punto en la escala ideológica convencional)[11] aumentó la probabilidad de ser fujimorista (9% en fujimoristas según medición convencional, 5% en fujimoristas duros y 7% en simpatizantes fujimoristas).

Luego de ejecutar modelos logísticos binarios para poner a prueba la importancia de los personalismos que pueden transmitir rasgos ideológicos y analizar la identificación fujimorista en sus

10. Entrevista a Keiko Fujimori realizada por el diario *Perú.21*, 14 de julio de 2014.

11. El fraseo de la pregunta es la siguiente: "En una escala del 0 al 10, en la cual 0 es el valor de la extrema izquierda y 10 es el valor de la extrema derecha, ¿dónde ubicaría a Keiko Fujimori?".

tres variantes: simpatizante medido convencionalmente, seguidor duro (*hardcore*) y simpatizante (*leaning*), la evidencia demuestra que los seguidores fujimoristas asocian fuertemente las características ideológicas y personalistas a su candidata presidencial (cuadro 3.6: modelos 1, 2 y 3). Si un elector considera a Keiko Fujimori como una líder de derecha, aumenta la posibilidad de que sea fujimorista. Al controlar por variables sociodemográficas convencionales, los coeficientes son significativos estadísticamente al 99% de confianza para cada una de las tres categorías.

Cuadro 3.6
Percepción de "Keiko Fujimori como de derecha" como predictor de identidades fujimoristas. Resultados de modelos logísticos binarios

	Modelo 1 Fujimorista	Modelo 2 Duro	Modelo 3 Simpatizante
Fujimori "de derecha"	0,709***	0,5534***	0,355***
	(0,1706)	(0,2102)	(0,136)
Ingreso	0,047	0,00135	-0,232***
	(0,099)	(0,1238)	(0,083)
Sexo	0,5317***	-0,399**	0,2683**
	(0,1566)	(0,194)	(0,1308)
Edad	-0,049	-0,0281	0,187**
	(0,099)	(0,124)	(0,0828)
Educación	-0,174***	-0,256***	-0,067
	(0,049)	(0,063)	(0,0411)
Constante	-0,831	-0,857	0,561
	(0,670)	(0,829)	(0,557)
R2	0,05	0,05	0,01
N	1192	1192	1192

* p < 0.,1, ** p < 0,05, *** p < 0,01

Cuadro 3.7
PERCEPCIÓN DE "KEIKO FUJIMORI COMO DEMÓCRATA" COMO PREDICTOR DE IDENTIDADES FUJIMORISTAS. RESULTADOS DE MODELOS LOGÍSTICOS BINARIOS

	Modelo 4 Fujimorista	Modelo 5 Duro	Modelo 6 Simpatizante
Fujimori es "democrática"	1,787***	1,673***	1,166***
	(0,175)	(0,2239)	(0,129)
Ingreso	0,022	-0,045	-0,244***
	(0,097)	(0,118)	(0,0808)
Sexo	-0,317**	-0,165	-0,170
	(0,153)	(0,188)	(0,127)
Edad	-0,068	-0,108	-0,215***
	(0,097)	(0,119)	(0,080)
Educación	-0,134***	-0,231***	-0,066
	(0,049)	(0,062)	(0,040)
Constante	-1,673**	-1,489*	0,226
	(0,0663)	0,808	(0,541)
R2	0,12	0,10	0,06
N	1346	1346	1346

* $p < 0,1$, ** $p < 0,05$, *** $p < 0,01$

Aunque Keiko Fujimori ha defendido el legado político de su padre, claramente la cabeza de un régimen autoritario, el 46% de la población entrevistada en 2011 la consideró "democrática" en el contexto de las elecciones de ese año. Los individuos que la perciben democrática tienden a ser fujimoristas en cada una de las tres categorías empleadas para medir identificación partidista. La probabilidad de ser fujimorista —según la medición convencional— aumenta 23%, la de ser un fujimorista duro se incrementa en 13% y la de ser un fujimorista simpatizante aumenta en 23%, como se observa en el cuadro 3.7. Los coeficientes son significativos a un nivel de confianza del 99%.

La identidad partidaria implica una posición coherente en preocupaciones públicas específicas, incluyendo aquellas que pueden ser controvertidas. La evidencia demuestra que, más allá de la coherencia ideológica entre los seguidores del fujimorismo, Keiko Fujimori juega un rol importante en la unidad de sus bases. Las percepciones sobre su posicionamiento ideológico y su relación con el régimen democrático (aunque no necesariamente coherente con el legado del fujimorismo) son predictores significativos de la identidad fujimorista. Esta combinación de características programáticas y personalistas explica mejor la identidad emergente que el fujimorismo experimenta en los últimos años.

Predictores de identidades partidarias

La autoubicación ideológica debería ser un eficiente predictor de identidades partidarias en tanto elemento cohesionador de estas. Los resultados de modelos logísticos que mostraré a continuación revelan, por un lado, el poder explicativo de la ideología respecto de las identidades partidarias y, por el otro, los posibles factores asociados a estas.

Se les solicitó a los encuestados que se ubicaran en una escala de 0 a 10 (donde 0 expresa izquierda extrema y 10 derecha extrema) o, alternativamente, en una escala del 1 al 7 (donde 1 es extrema izquierda, 2 es izquierda, 3 es centro-izquierda, 4 es centro, 5 es centro-derecha, 6 es derecha y 7 es extrema derecha). Se realizaron modelos logísticos basados en dos diferentes operacionalizaciones —dicotómica y ordinal— de la principal variable independiente (ideología). Al hacer esta variable dicotómica y retirar la ambivalencia asociada al punto medio del continuo, se procede de manera similar a lo ejecutado por Medeiros y Noel en sus modelos logísticos (Medeiros y Noel 2013). La codificación varía dependiendo del tipo de escala. Cuando se emplea la escala de 0 a 10, las respuestas entre 0 y 4 codifican como autoubicación a la izquierda y las respuestas entre 6 y 10 codifican como autoubicación a derecha.[12] Cuando se usa la escala del 1 al 7 se codifican las respuestas "izquierda extrema", "izquierda" y "centro-izquierda" como "izquierda" y las respuestas "derecha extrema", "derecha" y "centro-derecha" como "derecha". Alternativamente, también se realizaron modelos logísticos (no mostrados) basados en versiones que contemplan las escalas completas de cada una de estas variables relacionadas con el concepto "ideología".[13]

Se emplearon regresiones binomiales logísticas para calcular la influencia de las consideraciones ideológicas (basados en una operacionalización de derechista: 1 en el caso de autoubicación ideológica derechistas, 0 en el caso contrario) en diferentes tipos de grupos de portadores de identidades partidarias (simpatizantes medidos de manera convencional, simpatizantes medidos de manera alternativa —*leaning*— y seguidores duros) tomadas

---

12. Otros modelos —no mostrados— fueron realizados empleando una codificación alternativa (respuestas entre 0 y 3 en la escala de autoubicación son interpretados como izquierda, mientras los restantes como no de izquierda; y respuestas entre 7 y 10 como equivalentes a derecha, mientras las restantes como no de derecha). Los resultados se confirman, pero se mantiene la primera operacionalización para ser coherente con los procedimientos de Medeiros y Noel (2013).

13. Cuando consideramos modelos logísticos basados en autoubicación ideológica como una variable ordinal común (desde 0 expresando extrema izquierda a 10 expresando extrema derecha) los modelos confirman los resultados previos.

como variables dependientes binarias cada una en relación con el aprismo y fujimorismo. En general, los resultados son consistentes empleando las dos escalas (0-10 y 1-7) y controlando por las convencionales variables sociodemográficas (ingreso, sexo, edad y educación). Los modelos respectivos pueden observarse en los cuadros 3.8. y 3.9.

Como se observa en los cuadros referidos, la autoubicación ideológica está estadísticamente asociada a las identidades partidarias. Los hallazgos de pruebas de diferencias de medias confirman que las identidades partidarias (por ejemplo, aprismo y fujimorismo) son influidas por las autopercepciones de ubicación en el espectro ideológico de izquierda-derecha. En ambos casos, el hecho de que un individuo se considere de derecha incrementa su probabilidad de integrarse a la identidad partidaria (aprismo o fujimorismo) en las tres versiones de seguidores de cada grupo (con la excepción de los apristas caracterizados según la medición convencional). Así, considerarse de derecha aumenta la probabilidad de ser aprista duro del 2% al 6% y la probabilidad de ser simpatizante aprista del 12% al 21%; considerarse de derecha aumenta la probabilidad de ser fujimorista (medición convencional) del 11% al 25%, la probabilidad de ser fujimorista duro del 7% al 13% y la probabilidad de ser simpatizante fujimorista del 22% al 33%. Los resultados son estadísticamente significativos al 99% de confianza, controlando por los sociodemográficos frecuentes (ingreso, nivel de educación edad y sexo). Estos resultados sugieren que el aprismo y el fujimorismo se apoyan en posiciones ideológicas derechistas según la escala convencional de autoposicionamiento ideológico. Indican, además, que no existe suficiente evidencia de que las variables sociodemográficas puedan influir considerablemente como articuladores de estas identidades partidarias.

Cuadro 3.8

Ideología (autoposicionamiento ideológico por la derecha) como predictor para identificadores del APRA y fujimorismo (2011). Resultados de modelos logísticos binarios

	Modelo 7 Aprista	Modelo 8 Duro	Modelo 9 Apristón	Modelo 10 Fujimorista	Modelo 11 Duro	Modelo 12 Simpatizante
Derecha	0,3317	1,061***	0,704***	0,9752***	0,6317***	0,5466***
	(0,229)	(0,287)	(0,154)	(0,1601)	(0,1956)	(0,135)
Ingreso	-0,002	-0,007	0,001	0,0493	0,0266	-0,205**
	(0,003)	(0,005)	(0,002)	(0,100)	(0,1242)	(0,084)
Sexo	0,410*	0,256	0,009	-0,434***	-0,34025*	-1,8793
	(0,235)	(0,285)	(0,154)	(0,1613)	(0,1975)	(0,133)
Edad	0,009	-0,007	-0,0108**	-0,0619	-0,0217	-0,188**
	(0,007)	(0,009)	(0,005)	(0,1031)	(0,1264)	(0,084)
Educación	-0,021	-0,152**	0,094**	-0,120**	-0,204***	-0,041
	(0,054)	(0,072)	(0,038)	(0,0500)	(0,0623)	(0,041)
Constante	-3,241***	-2,523***	-2,157***	-1,173*	-1,183	0,245
	(0,513)	(0,656)	(0,350)	(0,678)	0,830)	(0,0561)
R2	0,01	0,05	0,03	0,05	0,04	0,02
N	1284	1284	1284	1174	1174	1174

* p < 0,1, ** p < 0,05, *** p < 0,01

Cuadro 3.9

Ideología (autoposicionamiento ideológico por la derecha) como predictor para identificadores del APRA y fujimorismo (2014). Resultados de modelos logísticos binarios

	Modelo 13 Aprista	Modelo 14 Duro	Modelo 15 Apristón	Modelo 16 Fujimorista	Modelo 17 Duro	Modelo 18 Simpatizante
Derecha	0,545***	0,493*	-0,071	0,333**	0,348*	0,148
	(0,205)	(0,264)	(0,188)	(0,168)	(0,200)	(0,178)
Ingreso	-0,059	-0,036	-0,137***	0,161***	0,186***	0,045
	(0,055)	(0,072)	(0,049)	(0,048)	(0,059)	(0,048)
Sexo	-0,135	-0,076	-0,103	-0,457***	-0,366*	-0,105
	(0,205)	(0,264)	(0,184)	(0,165)	(0,198)	(0,175)
Edad	0,006	0,013	-0,017***	0,005	0,010	-0,015**
	(0,006)	(0,008)	(0,006)	(0,005)	(0,006)	(0,006)
Constante	-2,034***	-3,071***	-0,094	-2,313***	-3,273***	-1,141***
	(0,465)	(0,609)	(0,403)	(0,403)	(0,498)	(0,403)
R2	0,01	0,01	0,01	0,02	0,02	0,01
N	881	881	881	881	881	881

* $p < 0,1$, ** $p < 0,05$, *** $p < 0,01$

Los modelos logísticos binomiales aplicados con datos de diferentes encuestas producen similares resultados, lo cual fortalece la seguridad del hallazgo. El autoposicionamiento ideológico, medido con una escala de categorías nominales en vez de una escala continua, es, de hecho, mejor predictor de identidades partidarias. Ubicarse uno mismo como derechista (extrema derecha, derecha o centro-derecha) incrementa la probabilidad de ser un simpatizante o un seguidor duro del aprismo o el fujimorismo. Este hallazgo coincide con modelos previos, aunque el nivel de confianza estadística es del 90% en el caso de los seguidores apristas y fujimoristas duros, y del 95% para los simpatizantes fujimoristas. Así, autoconsiderarse de derecha aumenta la probabilidad de ser un simpatizante aprista (medido convencionalmente) del 10% al 16% y de ser un aprista duro del 5% al 9%. De manera similar, autoposicionarse en la derecha incrementa la probabilidad de ser un simpatizante fujimorista (medido de la forma tradicional) del 19% al 24% y la probabilidad de ser un fujimorista duro del 11% al 15% (véase cuadro 3.9).

Sin embargo, aplicando la variable nominal de autoubicación ideológica como independiente, no se vincula estadísticamente a la identidad portadora por los simpatizantes fujimoristas (medidos bajo el instrumento alternativo) (modelo 18) o apristas (medidos de la manera tradicional) (modelo 15). En contraste, ser de derecha está negativamente asociado con los apristones, aunque no es estadísticamente significativo. Al menos dos factores pueden explicar el debilitamiento de la capacidad predictiva de la ideología en estos últimos modelos. Primero, metodológicamente se ha aplicado una escala diferente, con menores puntos intermedios entre los extremos, y que, en vez de en números, se apoya en categorías nominales, las cuales pueden incrementar la probabilidad de "centrar" las ubicaciones ideológicas, ya que suele ser socialmente más deseable. Segundo, en relación con los procesos políticos, la encuesta de GfK fue realizada en un contexto no electoral (2014), lo cual disminuye —presumiblemente— el nivel de identificación con determinados partidos, sobre todo si los encuestados no son seguidores duros. En cualquier caso, la ideología se mantiene como el principal aglutinante para quienes profesan identidades partidarias de derecha.

Cabe aclarar que el hallazgo de la capacidad predictiva de la autoubicación ideológica en las principales identidades partidarias no necesariamente se va a mantener en el tiempo. Es decir, es probable que la función cohesionadora de dichas identidades varíe en otros contextos, sobre todo si existen otras alternativas políticas que disputen al fujimorismo y al aprismo el mismo espacio ideológico. Es necesario considerar esta advertencia para prever el impacto de la autoubicación ideológica en contextos electorales futuros.

Identidades partidarias como variables independientes

Una forma de validar la emergencia y sobrevivencia de identidades partidarias es a través de sus efectos en el comportamiento político. Si observamos lealtad a determinadas opciones electorales, podemos sostener qué vínculos partidarios significativos están en proceso de formación. Como la abundante literatura sobre el tema lo ha señalado, la existencia de las identidades partidarias debería predecir la decisión electoral de quienes la portan. Aunque suene tautológico, no lo es; es el mejor predictor de decisión electoral. Por ejemplo, en Estados Unidos quienes se identifican como demócratas o republicanos tienden a votar por candidatos presidenciales respectivos. Una identidad partidaria tiene que mostrar, en esencia, esa coherencia (por ejemplo, Abramowitz y Webster 2016).

Para continuar con la comprobación de la relevancia de identidades partidarias en Perú, propongo un análisis de los efectos de estas en modelos de selección de candidaturas presidenciales y aprobación presidencial, dos de las variables políticas que —según las expectativas teóricas— deberían estar asociadas con las identidades partidarias.

Las identidades partidarias, aunque incompletas (como el fujimorismo y el aprismo), juegan un rol importante en la explicación de las preferencias electorales. Utilizando modelos logísticos binominales, realizados con bases de datos de encuestas posteriores a la campaña electoral de 2011, se encontró que la adhesión al fujimorismo (expresada en el apoyo a hipotéticos candidatos fujimoristas en tres niveles de gobierno) aminoró la probabilidad de votar por Ollanta Humala (como candidato presidencial en la primera vuelta de las elecciones de 2011).[14] Ser fujimorista —según la medición convencional— recortó la probabilidad de votar por Humala del 43% al 4% (cálculo correspondiente al modelo 19), ser un fujimorista duro disminuyó dicha probabilidad del 39% al 6% (cálculo correspondiente al modelo 20) y ser un simpatizante fujimorista —según la medición alternativa— la redujo del 43% al 18% (cálculo correspondiente al modelo 21). Los resultados son significativos al 99% de confianza estadística. Además, es importante resaltar que el impacto de estas identidades partidarias es más grande que el de cualquier otra variable empleada en los modelos, como lo ilustra el cuadro 3.10.

---

14. La variable dependiente para este modelo es dicotómica. Los encuestados fueron agrupados entre quienes señalaron haber votado por Ollanta Humala en la primera vuelta de 2011 y entre quienes manifestaron lo contrario.

Cuadro 3.10

Identificadores del fujimorismo como predictores del voto a favor de Ollanta Humala-elecciones presidenciales de 2011. Resultados de modelos logísticos binarios

	Modelo 19 OH1r	Modelo 20 OH1r	Modelo 21 OH1r
Fujimorista	-2,857***		
	(0,287)		
Fujimorista duro		-2,225***	
		(0,312)	
Fujimorista simpatizante			-1,231***
			(0,146)
Ingreso	0,488***	0,460***	0,421***
	(0,078)	(0,076)	(0,076)
Sexo	0,493***	0,547***	0,534***
	(0,121)	(0,116)	(0,116)
Edad	0,210***	0,189**	0,159**
	(0,076)	(0,074)	(0,073)
Educación	-0,080**	-0,065*	-0,046
	(0,038)	(0,037)	(0,037)
Constante	-2,309***	-2,430***	-1,178***
	(0,528)	(0,511)	(0,517)
R2	0,15	0,10	0,10
N	1472	1472	1472

* p < 0,1, ** p < 0,05, *** p < 0,01

Aunque el APRA no presentó candidato presidencial a las elecciones de 2011, sus seguidores votaron siguiendo un patrón coherente. A semejanza del fujimorismo, el apoyo al APRA (seguidores de dicho partido agrupados en simpatizantes —según mediciones convencionales—, apristones y apristas duros) disminuyó la probabilidad de votar a favor de Ollanta Humala en aquella primera vuelta.[15] Ser un aprista simpatizante —según medición convencional— rebajó la probabilidad de votar por Humala del 34% al 16% (cálculo a partir del modelo 22), ser un aprista duro la mermó del 33% al 20% (cálculo a partir del modelo 23) y ser un aprista simpatizante —medición alternativa— la debilitó del 36% al 15% (cálculo a partir del modelo 24). Los resultados son significativos al 99% de confianza estadística (véase cuadro 3.11). De manera similar a lo encontrado en el caso del fujimorismo, la identificación con el APRA es el mejor predictor de las preferencias electorales entre los seguidores de este partido para las elecciones de 2011, en las que no hubo ningún candidato de la estrella en la cédula de votación.

La emergente identidad fujimorista tiene capacidad predictiva de la aprobación presidencial (durante la gestión de Ollanta Humala). Los simpatizantes fujimoristas —en ambas mediciones, convencional y alternativa— y los fujimoristas duros mantuvieron su aversión a Humala tres años después de su estancia en el poder (cuando fue aplicada la respectiva encuesta). Ser fujimorista —versión convencional— disminuyó la probabilidad de aprobar la gestión presidencial del 23% al 11% (cálculo a partir del modelo 25) y ser fujimorista duro la recortó del 22% al 9% (cálculo a partir del modelo 26), en ambos casos con 99% de confianza

---

15. La variable dependiente para estos modelos también fue dicotómica. Se separó a los encuestados en dos grupos, quienes votaron por Ollanta Humala y quienes no lo hicieron en la elección de 2011.

Cuadro 3.11
Seguidores del APRA como predictores del voto a favor de Ollanta Humala-elecciones presidenciales 2011. Resultados de modelos logísticos binarios

	Modelo 22 OH1r	Modelo 23 OH1r	Modelo 24 OH1r
Aprista	-0,937***		
	(0,280)		
Aprista duro		-0,693**	
		(0,341)	
Apristón			-1,119***
			(0,187)
Ingreso	-0,003**	-0,003**	-0,003**
	(0,001)	(0,001)	(0,001)
Sexo	0,671***	0,658***	0,646***
	(0,108)	(0,107)	(0,108)
Edad	0,001	0,001	0,0002
	(0,003)	(0,003)	(0,003)
Educación	-0,164***	-0,167***	-0,160***
	(0,026)	(0,026)	(0,026)
Constante	-0,072	-0,051	0,062
	(0,234)	(0,233)	(0,236)
R2	0,04	0,04	0,06
N	1675	1675	1675

* $p < 0,1$, ** $p < 0,05$, *** $p < 0,01$

estadística. Aunque ser un simpatizante fujimorista —versión alternativa— está relacionado negativamente con la aprobación al gobierno de Humala, la relación en este caso carece de significancia estadística, como se observa en el cuadro 3.12. En el caso de quienes se identifican con el APRA, en cambio, no se encontró asociación estadísticamente significativa con la aprobación presidencial en ninguna de las variaciones de la variable "identificación partidaria" (resultados no mostrados).

Cuadro 3.12
SEGUIDORES DEL FUJIMORISMO COMO PREDICTORES PARA LA APROBACIÓN DEL PRESIDENTE HUMALA-2014. RESULTADOS DE MODELOS LOGÍSTICOS BINARIOS

	Modelo 25 aprobación OH	Modelo 26 aprobación OH	Modelo 27 aprobación OH
Fujimorista	-0,871***		
	(0,218)		
Duro		-1,000***	
		(0,282)	
Simpatizante			-0,261
			(0,193)
Ingreso	-0,050	-0,049	-0,062
	(0,039)	(0,039)	(0,039)
Sexo	0,297**	0,313**	0,329**
	(0,141)	(0,141)	(0,140)
Edad	0,005	0,005	0,004
	(0,004)	(0,004)	(0,004)
Educación	-1,255***	-1,309***	-1,252***
	0,311	(0,309)	(0,313)
R2	0,02	0,02	0,01
N	1227	1227	1227

* $p < 0{,}1$, ** $p < 0{,}05$, *** $p < 0{,}01$

Podemos concluir, preliminarmente, que las identidades partidarias transicionales o intermedias (la emergente fujimorista y la sobreviviente aprista) han demostrado tener capacidad explicativa sobre las preferencias electorales y, en el caso de las identidades fujimoristas, también de la aprobación presidencial. Esta evidencia apoya al hecho de que el fujimorismo y el aprismo, aunque identidades incompletas, tienden a comportarse como identidades partidarias convencionales a pesar de la dispersión ideológica y la influencia de características personalistas en sus fueros identitarios.

Hasta aquí he argumentado que las características ideológicas y personalistas funcionan como condiciones para forjar y sostener identidades partidarias intermedias (en emergencia o en sobrevivencia). Tanto es así que cuando alguna o las dos dejan de funcionar como elementos cohesionadores, se frustra la emergencia de la identidad partidaria. El caso del Partido Nacionalista Peruano (PNP) es la síntesis de lo anterior. El nacionalismo desaprovechó la oportunidad de desarrollar una identidad partidaria emergente, especialmente desde que sus líderes —Ollanta Humala y su esposa Nadine Heredia— tomaron el poder y accedieron a recursos estatales (2011-2016). Humala fue incapaz de construir una (proto) identidad partidaria. Fue un *outsider* con un discurso antisistema y radical que careció de la habilidad para dotar a la identidad nacionalista de elementos cohesionadores como preferencias ideológicas consistentes o sencillamente una ascendencia personalista.

El nacionalismo, un caso fallido

Para intentar capturar la identificación nacionalista (si existiese como tal) se emplean datos provenientes de una encuesta de muestra representativa nacional realizada por GfK en mayo de 2014. Dicha encuesta replicó las preguntas que he propuesto para medir identidades partidarias (actitudinales y conductuales) focalizando específicamente el caso del nacionalismo.[16] Por motivos de comparación solo consideraré en el análisis la medida actitudinal de la identidad nacionalista aplicada en la encuesta de IOP-PUCP de 2011. Esta información disponible sugiere que el declive de la identificación con el nacionalismo es significativo: sus simpatizantes cayeron del 24,7% en 2011 al 5,56% en 2014 (medición convencional). Respecto de las mediciones conductuales (no incluidas en la encuesta de 2011), los datos de 2014 reportan que entonces 3,63% de encuestados se identificó como "nacionalista duro" y 12,04% como "simpatizante nacionalista". Estos porcentajes se desvanecieron hacia el final del gobierno de Humala. Durante su último año de gestión, las simpatías por el nacionalismo se redujeron al 2,1% (medida convencional), según reportes de otras casas encuestadoras (Ipsos 2016).

Cuadro 3.13
PORCENTAJES DE LOS SEGUIDORES DEL NACIONALISMO

Identidad política	Categoría	2011	2014	2016
Simpatizante político (dimensión actitudinal)	Nacionalista	24,72%	5,56%	2,10%
La intención de voto a lo largo de tres elecciones multinivel (dimensión conductual)	*Hardcore* nacionalista		3,63%	
	Leaning nacionalista		12,04%	

N = 1256 para una encuesta nacional representativa realizada por GfK en mayo de 2014.

16. Agradezco a Hernán Chaparro por la inclusión de las preguntas respectivas.

Durante su mandato, la identidad ideológica de Humala giró desde una posición de izquierda radical a una de derecha moderada. El Partido Nacionalista Peruano (PNP) o nacionalismo, la organización creada por Humala en 2006, fue fundada en un discurso radical, antiestablishment y crítico del modelo de ajuste neoliberal asentado en la administración de la economía peruana. Durante la campaña electoral de 2006, Humala se presentó a la sociedad como simpatizante del chavismo y en la campaña de 2011 como el propulsor de la "Gran Transformación": un cambio dramático en la orientación de la economía.

Ya en el poder, Humala abandonó su discurso progresista y practicó un estilo de administración de la economía conocido, localmente, como "piloto automático" (sin grandes maniobras en la toma del timón). Asumió una agenda benéfica para los grupos económicos dominantes y perdió el apoyo de movimientos antiestablishment del interior del país (por ejemplo, campesinos en conflictos con inversiones mineras privadas lo llamaron traidor).

La desviación ideológica afectó notoriamente al nacionalismo. Si en 2011 la ideología funcionaba como un predictor eficiente de las preferencias electorales de los seguidores de Humala de izquierda (véase el capítulo 4), ya en 2014 dejaría de ser un factor estadístico relevante para la formación de la potencial identidad nacionalista. Este desastroso declive se añade al hecho de que, según los modelos logísticos binomiales ejecutados en esta pesquisa, ninguna otra variable es estadísticamente relevante para explicar las identidades nacionalistas, lo que descarta otros posibles elementos cohesionadores.

Como se muestra en el cuadro 3.14, los modelos logísticos binomiales, ejecutados para analizar el posible efecto predictivo de la autoubicación ideológica (operacionalizado en "de derecha" o no) entre los simpatizantes del nacionalismo (según la tipología propuesta en versiones actitudinales y conductuales), sugieren que ser de derecha disminuye la probabilidad de ser un simpatizante nacionalista del 8% al 5% (cálculo a partir del modelo 31). Esta relación es estadísticamente significativa solo en el caso de los simpatizantes nacionalistas —operacionalización convencional—, con un intervalo del 90% de confianza. Con otras versiones conductuales de identidad nacionalista no se registran relaciones estadísticas significativas.

Cuadro 3.14
IDEOLOGÍA (AUTOPOSICIONAMIENTO IDEOLÓGICO POR LA DERECHA) COMO PREDICTOR PARA SEGUIDORES DEL NACIONALISMO (2014). RESULTADOS DE MODELOS LOGÍSTICOS BINARIOS

	Modelo 31 Nacionalista	Modelo 32 Duro	Modelo 33 Simpatizante
Derecha	-0,536*	-0,364	-0,301
	(0,286)	(0,369)	(0,213)
Ingreso	0,095	0,025	0,059
	(0,074)	(0,095)	(0,056)
Sexo	0,065	0,003	0,342
	(0,256)	(0,339)	(0,204)
Edad	0,008	0,014	-0,006
	(0,008)	(0,010)	(0,006)
Educación	-3,222***	-3,744***	-2,050***
	(0,612)	(0,795)	(0,466)
R2	0,01	0,01	0,01
N	881	881	881

* $p < 0,1$, ** $p < 0,05$, *** $p < 0,01$

La transformación ideológica de las élites nacionalistas impactó negativamente en las posibilidades de emergencia de una identidad partidaria nacionalista —hasta como identidad en desarrollo—. A pesar del acceso a recursos políticos estratégicos para formar una identidad partidaria cohesionada en torno a una plataforma izquierdista, el nacionalismo no capitalizó los vacíos ideológicos dejados por el APRA y el fujimorismo, concentrados en la derecha del espectro programático. Pero si el componente ideológico no aglutinó a los seguidores nacionalistas, el liderazgo de Ollanta Humala (o de su esposa Nadine Heredia) tampoco fungió de pegamento caudillista que pudiera aglutinar una protoidentidad. Como se sabe, en las elecciones de 2016 no presentaron candidaturas presidenciales ni congresales y perdieron la oportunidad de poder evolucionar como marca partidista. Con un bajo desarrollo institucional, no cuentan con los recursos ideacionales para mantenerse vigentes en la esfera pública y quizás su destino sea similar al de otros movimientos personalistas que no evolucionaron hacia una identidad partidaria (como Perú Posible), y se quedaron como caparazones políticos vacíos de existencia formalista antes que real.

Conclusiones

Este capítulo ofrece una contribución teórica y metodológica al estudio de las identidades partidarias, especialmente en escenarios poscolapso del sistema de partidos. Propone comprender al aprismo y al fujimorismo como identidades partidarias de niveles intermedios (identidad partidaria parcial o incompleta), que sobreviven a situaciones adversas (el aprismo) o emergen de ellas (el fujimorismo). Tradicionalmente, en América Latina la identidad partidaria se ha estudiado como una variable dicotómica pese a la evidencia de que la identificación partidaria en las democracias de la tercera ola no es tan sólida como en las democracias consolidadas.

En ese sentido, el capítulo provee evidencia sistematizada sobre las identidades partidarias en desarrollo. A diferencia de las identidades completas, las categorías intermedias (como la identidad emergente en el caso del fujimorismo o la sobreviviente como la aprista) son más dispersas en función de la coherencia ideológica y reciben más influencia de los atractivos personalistas de sus principales líderes, precisamente para compensar esa flexibilidad ideológica. A pesar de ello, las identidades partidarias intermedias son capaces de estructurar actitudes y comportamientos en ambientes electorales adversos y hostiles a la construcción partidaria. De hecho, pueden ser predictores de las preferencias electorales (como vimos en el caso del fujimorismo y el aprismo) y de los índices de aprobación presidencial (como documentamos en el caso del fujimorismo).

En relación con la contribución metodológica propongo una medición alternativa de identidades partidarias cuya virtud estriba en detectar niveles intermedios o incompletos de estas, previsibles en contextos de alta desafección ciudadana y crisis de partidos políticos. La alternativa identifica niveles intermedios de apoyo partidario, y distingue así a seguidores duros (*hardcore*) de simpatizantes (*leaning*). Es una medición adecuada para evaluar los vínculos entre electores y partidos, ya que procura evitar potenciales sesgos derivados del descrédito partidario. A mi juicio, la medición convencional de identidades partidarias no captura las actitudes y comportamientos habituales de militantes y seguidores duros en contextos de desprestigio generalizado de la política partidista.

Aunque los escenarios poscolapso del sistema de partidos son adversos para la política partidaria, proveen una oportunidad excepcional para estudiar cómo las identidades partidarias se forman (y sobreviven) y se asientan (o no) en las mentes y corazones de las personas, a pesar de la fragilidad orgánica de estas agrupaciones. El fujimorismo y el aprismo contemporáneos son precisamente expresiones de identidades partidarias parciales, pero aun así constituyen importantes vínculos políticos. El fujimorismo es una identidad partidaria emergente, que antecede los procesos de su institucionalización partidaria y que, independientemente de las élites y activistas, puede tomar forma autónoma. El aprismo es una identidad partidaria que se impone a la disolución de su marca partidaria gracias a su flexibilidad ideológica, que confluye con el fuerte liderazgo conductor de los giros ideológicos y con una organización debilitada. Sin liderazgos cohesionadores que además que puedan transmitir preferencias programáticas, como en el caso del nacionalismo, tal identidad partidaria no logrará emerger.

IV

"Cualquiera menos tú". Identidades negativas: los casos del antiaprismo y del antifujimorismo

> "Mi abuelo nunca dejó de escribir apra en minúsculas, como si se refiriera a un abyecto bicho parasitario que mediante sus colmillos y sus ganchos drenaba la sangre de la nación. Le chocaron el carácter internacional del partido, su promiscuidad ideológica y su violento radicalismo. Me imagino el estupor de un hombre con tanto fervor patriótico ante el espectáculo de los primeros y multitudinarios mítines apristas, donde la bandera peruana había sido sustituida por la roja y dorada del indoamericanismo, el escudo nacional reemplazado por la estrella de cinco puntas importada de Moscú y el himno depuesto por un remedo de la Marsellesa. Fue pues un desprecio a primera vista que con el paso de las décadas y de las circunstancias mutaría en un odio ígneo, casi palpable e indestructible".
>
> José Carlos Yrigoyen, *Orgullosamente solos*

En mayo de 2009, el Premio Nobel y factótum político Mario Vargas Llosa declaró en una entrevista televisiva: "No creo que mis compatriotas sean tan tontos de forzarnos a elegir entre el sida y el cáncer terminal; un dilema que representa la hipotética segunda vuelta entre Ollanta Humala y Keiko Fujimori".[1] A pesar de sus dudas, dichos candidatos compitieron en las elecciones presidenciales de 2011. Vargas Llosa apoyó entonces al exteniente Ollanta Humala —en su opinión "el mal menor"— y fungió como "garante democrático" del periodo presidencial de Humala. Al final, fue más fuerte su antifujimorismo que su antimilitarismo.

Esta descripción de las preferencias electorales de Vargas Llosa no es infrecuente entre los peruanos. A menudo, la selección de candidatos presidenciales sigue la lógica del mal menor. Esta estrategia de definición de preferencias, que no es rara en política, juega un papel decisivo en Perú dada la debilidad orgánica de los partidos políticos, carentes de vínculos con la sociedad. Estas características conducen a un sistema basado en atractivos personalistas y desconfianza hacia los políticos que termina por decantar el voto (obligatorio en Perú) por el menos malo de los candidatos presidenciales, según las intensidades de las antipatías. Donde los vínculos políticos positivos son débiles o inexistentes, el pragmatismo predomina, particularmente en sistemas con balotaje.

Sin embargo, el proceso de selección de la opción menos mala se basa en referencias establecidas. Aunque el aprismo y el fujimorismo no gozan de altos niveles de institucionalización ni tampoco son vibrantes partidos de masas, han desarrollado identidades sobrevivientes y emergentes, respectivamente. Estas identidades positivas tienen sus correlatos negativos: el antiaprismo y el antifujimorismo representan la complementariedad de las identidades políticas que guían las actitudes y comportamientos políticos, por lo que —como demostraré en este capítulo— son indicadores

---

1. "Vargas Llosa compara a Keiko Fujimori y Ollanta Humala con el sida y el cáncer". *El Comercio*. Disponible en: <http://elcomercio.pe/politica/gobierno/vargas-llosa-compara-ollanta-humala-keiko-fujimori-sida-cancer-noticia-290414> (última consulta: 12/01/15).

cruciales de preferencias electorales y de determinados comportamientos políticos.

Varios historiadores señalan que la política del siglo XX peruano puede caracterizarse como una disputa entre aprismo y antiaprismo (Manrique 2009, Neira 1997); los primeros pugnando por llegar al poder y los segundos tratando de impedirlo (véase capítulo 2). Los sectores conservadores y militares se articularon orgánicamente como oposición radical al APRA. Cuando finalmente un líder aprista fue elegido presidente en 1985, el antiaprismo asumió una oposición diferente. La fallida primera administración de García (1985-1990) socavó un nuevo antagonismo y animadversión desde las clases populares, el sector social más afectado por la hiperinflación y la corrupción de su gobierno (Reyna 2000).

En comparación, el fujimorismo es un movimiento político relativamente nuevo (1990). Gobernó el país por una década, basado en alianza con poderes fácticos militares y económicos (Crabtree 1999). Su administración, de estilo e impronta antiestablishment y autoritaria, animó paulatinamente una oposición activa (véase capítulo 2). Hacia finales de los años noventa, los grupos antifujimoristas —principalmente clases medias y remanentes de partidos tradicionales— se aliaron a movimientos sociales regionales —como frentes de defensa— para retar al creciente autoritarismo del régimen (Cotler y Grompone 2000). Estas coaliciones jugaron un rol estratégico en la caída del gobierno de Alberto Fujimori; dominaron la transición hacia un sistema más competitivo y excluyeron al fujimorismo de la arena política durante los albores del nuevo milenio (Marcus-Delgado y Tanaka 2001). La inesperada resurrección electoral del fujimorismo en las elecciones de 2006 —con su líder fundador encarcelado, procesado entonces por delitos de lesa humanidad y corrupción— sugiere que la dicotomía fujimorismo/antifujimorismo podría sedimentar como división política relevante de los actuales alineamientos en el sistema partidario peruano.

En este capítulo presentaré la primera evidencia sistemática sobre dos identidades negativas (antis) en el Perú contemporáneo: antiaprismo y antifujimorismo. A través de la aplicación de una medición original de identidades políticas, resalto las coherencias ideológicas de estos antis y su poder para explicar las preferencias electorales. La evidencia sugiere que, en escenarios de decaimiento del sistema de partidos, las identidades negativas son efectivos sustitutos partidarios de la función de selección social (Aldrich 1995).

¿Qué es una identidad negativa?

Aunque los estudios originales sobre comportamiento electoral proponen que las identidades partidarias pueden ser negativas y positivas (Campbell et ál. 1960), regularmente el concepto es tratado como un constructo positivo. Las identidades partidarias negativas, el "lado olvidado" (Medeiros y Noel 2013) de las conexiones entre élites partidarias y ciudadanos, pueden tener significativas consecuencias en el comportamiento electoral, sobre todo en contextos donde las identidades partidarias positivas son escasas.

Existen razones teóricas para tratar a las identidades positivas y negativas por separado. Por un lado, no son simples opuestos bipolares. En su estudio sobre identidades negativas en las democracias del Commonwealth, Medeiros y Noel (2013) encontraron que las identidades partidarias negativas están más relacionadas con la ideología y más bien no tan influenciadas por las identidades étnicas. Asimismo, este tipo de identidades negativas pueden explicar resultados políticos que no son comprendidos desde las identidades positivas (Zhong et ál. 2008). Consecuentemente, las identidades partidarias negativas tienen una estructura autónoma y coherente.

Una identidad partidaria negativa se define como el rechazo sostenido de un individuo a votar por un partido en particular (Medeiros y Noel 2013). Esta identidad tiene un rol autónomo en política y un efecto independiente sobre las preferencias electorales. Según los hallazgos realizados en sistemas bipartidistas establecidos, la identidad partidaria negativa suele articularse alrededor de atractivos ideológicos o identidades grupales; podría explicarse por asuntos programáticos y suele actuar como un determinante eficiente del voto (Medeiros y Noel 2013). En sistemas multipartidistas, en cambio, las identidades partidarias negativas podrían no tener una contraparte fácilmente identificada. La volatilidad de los partidos políticos que dificulta cultivar seguidores leales entorpece también la generación de oposiciones estables.

En ese sentido, los escenarios poscolapso partidarios —de partidos políticos efímeros, líderes políticos que no proyectan confianza y desafección política a escala individual— aparecen como arenas imprevistas para la formación de cualquier tipo de identidad partidaria, sea positiva o negativa. No obstante, sostengo, en Perú sobreviven y emergen identidades partidarias en convivencia con sus correspondientes contrapartes negativas. El antiaprismo y el antifujimorismo son identidades negativas relevantes que organizan exitosamente la política electoral y no electoral, en un contexto de débil institucionalización partidaria como el peruano. Inesperadamente, la naturaleza de baja institucionalización del sistema de partidos pareciera potenciar el alcance de estas identidades negativas, más allá de lo que afecta en sistemas consolidados.

Medición de las identidades partidarias negativas

Propongo capturar la intensa oposición a una identidad partidaria —es decir, a una identidad negativa sobreviviente (aprismo) y a una emergente (fujimorismo)—.[2] Aunque son fácilmente reconocibles en la política peruana, ninguna investigación intentó medir con anterioridad y de forma sistemática el antiaprismo y el antifujimorismo. Como expliqué en capítulos previos, las identidades partidarias parciales fujimorista y aprista producen sus antis debido a, entre otras razones, la ausencia de identidades partidarias más fuertes, desarrolladas completamente, en el escenario poscolapso partidario.

Regularmente las encuestas electorales incluyen preguntas referidas a identidades partidarias negativas. Los encuestados son conminados a responder si "nunca votarían" por determinados partidos políticos (o candidatos). El fraseo varía dependiendo del contexto del caso en concreto (sistema de partido único, sistema bipartidista o sistema multipartidista). Así, algunas variantes interrogan si "existe algún partido por el que no votarían nunca" o piden "identificar los nombres de los partidos por los cuales no votarían nunca" (Rose y Mishler 1998). Otra alternativa consiste en preguntar a los entrevistados si tienen "pensamientos y sentimientos desfavorables" sobre partidos políticos específicos.

Aunque estas mediciones son pertinentes, asumen que el sistema de partidos se encuentra estructurado sobre la base de partidos políticos institucionalizados y asentados como marcas partidarias conocidas por todos. Empero, en contextos donde los partidos son débiles orgánicamente y las identidades partidarias se encuentran en etapas formativas (o degenerativas), no es evidente que

2. Otras identidades partidarias (por ejemplo, PPC, Perú Posible) no han sido consideradas en el análisis, ya que no son políticamente relevantes para el análisis individual, según la literatura especializada y datos de encuestas de opinión. De hecho, la información de encuestas con que contamos también lo confirma (Ipsos Perú).

las identificaciones negativas respecto de identidades partidarias débiles puedan desarrollarse.

Para cuantificar identidades partidarias negativas en tales sistemas, he desarrollado una medición similar a la operacionalización presentada —en el capítulo 3— de identidades partidarias emergentes y sobrevivientes. Los entrevistados en encuestas nacionales son interrogados acerca de si "votarían por un candidato (aprista/fujimorista) para congresista, presidente regional o alcalde". Quienes "definitivamente no" votarían por ningún candidato afiliado a estas organizaciones para ninguno de los puestos públicos son categorizados como portadores de identidades negativas o antis de determinado partido político. En Lima, jurisdicción que carece de presidencia regional, un anti es aquel individuo que definitivamente no votaría por un partido político en particular para elecciones locales y congresales.

Esta medición es óptima por al menos tres razones. En primer lugar, la oposición a un partido político específico no necesariamente implica apoyo automático a otro. Si un individuo se opone al partido A, podría simpatizar con el partido B o C, o simplemente podría no simpatizar con ningún partido político. En segundo lugar, esta medición procura detectar una reacción consistente al abarcar diferentes niveles de gobierno. Ello concibe una medición más gruesa, capaz de aprehender la identificación latente de un anti. En tercer lugar, es una operacionalización demandante. Para que un individuo sea etiquetado de anti debe cumplir una exigencia estricta: manifestar que definitivamente nunca votaría por un partido político en particular para ningún cargo público. Así, encuestados que "definitivamente no votarían por un candidato del partido A" para el Congreso y "probablemente no votarían por un candidato del partido A" para el gobierno regional no son considerados antis, a pesar de su oposición al partido en dos de los tres niveles de gobierno en cuestión (en un caso una oposición más intensa que otra).

La medición que propongo nos permite identificar un rechazo agudo y consistente a un partido político en particular, es decir, una identidad partidaria negativa dura. Tal batería de preguntas —acerca de la presencia de antiaprismo y antifujimorismo— fue incluida originalmente en dos encuestas de representatividad nacional aplicadas en Perú con posterioridad a la segunda vuelta de las elecciones presidenciales de 2011. Esta medición fue replicada tres años después, en 2014, por la encuestadora comercial GfK y en 2016 por Ipsos. Además de fuente suplementaria de comparación, estas últimas encuestas replicadas tienen la ventaja de incluir las preguntas sobre antiaprismo y antifujimorismo en un mismo cuestionario, a diferencia de las encuestas de 2011. La intersección entre estos dos grupos de antis se exhibe en el cuadro 4.1.

Cuadro 4.1
PORCENTAJES DE IDENTIDADES PARTIDARIAS NEGATIVAS

Identidades negativas	2011 (%)	2014 (%)	2016 (%)
Antiaprista	51,44	52,62	50,25
Antifujimorista	34,65	41,51	31,33
Antiaprista y antifujimorista	---	32,33	26,33

Fuentes: Instituto de Opinión Pública IOP- PUCP (2011), GfK (2014), Ipsos (2016).

En ambas encuestas, el antiaprismo es más prevalente que el antifujimorismo. En la encuesta de 2011, el 51,44% de entrevistados indicó que nunca votarían por un candidato aprista para ninguno de los tres puestos públicos mencionados. En 2014, el porcentaje subió ligeramente (52,62%), dentro de los márgenes del error muestral; y en 2016 marcó 50,25%, lo que confirmó una gran estabilidad dentro de esta identidad negativa. El porcentaje de quienes nunca votarían por un candidato fujimorista en los tres puestos se incrementó del 34,65% en 2011 al 41,51% en 2014 y volvió a bajar al 31,33%. Este incremento de cinco puntos en el antifujimorismo entre periodos electorales puede ser explicado por una vocación antifujimorista que el presidente Humala promovió activamente durante su mandato.[3] En cualquier caso, parece ser que al menos un tercio del electorado se mantiene en una férrea oposición al fujimorismo. La derrota electoral de Keiko Fujimori en 2011 y 2016 se explica por el alto porcentaje de independientes que inclinaron la balanza a favor del activismo antifujimorista y no porque quienes portan dicha identidad negativa hayan aumentado considerablemente.

Un importante aspecto sobre estos antis es que pueden solaparse. El 32,33% de encuestados en 2014 y 26,33% en 2016 calificaron como antifujimoristas a la vez que antiapristas. Esa intersección resulta ideológicamente coherente —como se demostró en el capítulo 3—, ya que la identidad aprista sobreviviente y la emergente fujimorista comparten una posición ideológica a la derecha del espectro programático, simultaneando adversarios políticos e ideológicos ubicados a la izquierda del continuo (una fragmentada izquierda política).

---

3. Por ejemplo, el 19 de noviembre de 2014, el presidente Humala declaró a la prensa que "el fujimorismo había nacido en una cloaca" (disponible en: <http://elcomercio.pe/politica/gobierno/ollanta-humala-dijo-que-fujimorismo-nacio-cloaca-noticia-1772660>).

Identidades partidarias negativas entre identidades partidarias positivas

Las identidades partidarias negativas están comprendidas en las identidades positivas de otros partidos (Medeiros y Noel 2013). Por ejemplo, en un sistema bipartidista estable, quienes portan la identidad positiva del partido A normalmente también llevan consigo la identidad negativa del partido B y viceversa. Sin embargo, en sistemas fluidos y multipartidarios, las identidades negativas no necesariamente encuentran sustento; suelen ser capturadas por diversas identidades positivas de otros partidos. El porcentaje de individuos anti tiende a fluctuar según la variedad de ofertas partidarias. Así, en Perú, las intensas oposiciones al aprismo y al fujimorismo no son monopolizadas por un único partido político, a diferencia de lo que sucede en sistemas bipartidistas institucionalizados.

Por ejemplo, como vemos en el cuadro 4.2, el 51% de encuestados en 2011 califica como antiapristas, descollando los simpatizantes del PNP —organización de izquierda vigente en ese entonces—, entre quienes el antiaprismo supera al promedio general (67%). Los encuestados simpatizantes del PPC y Solidaridad Nacional (SN) —partidos de derecha en el espectro político— se mostraron menos antiapristas, pero no por ello su posición es insignificante. Sorprendentemente, el 20% de los simpatizantes del APRA —identificados a través de la pregunta convencional "¿por qué partido simpatiza usted?"— califica también como antiaprista.[4] Es decir, una quinta

4. Esta aparente contradicción (simpatizante aprista —medición convencional— que es también antiaprista —medición alternativa—) fue abordada en grupos focales y entrevistas. La explicación es la siguiente: disidentes apristas se pueden reconocer, hasta ahora, como simpatizantes históricos del partido, pero no apoyarían a ningún candidato aprista que haya girado tan pragmáticamente hacia la derecha.

parte del 6% de encuestados que indican simpatizar por el APRA no votaría por un candidato aprista para ninguno de los tres puestos de elección popular preguntados (véase cuadro 4.2). Según información cualitativa, un sector radical del aprismo no endosaría su voto a candidatos nominados por el entonces líder del partido Alan García. Aun así, el porcentaje de simpatizantes apristas que califican como antiapristas es tan pequeño que no alcanza significancia estadística. Los resultados de las pruebas Chi-cuadrado otorgan significancia para proporciones de simpatizantes de mayor magnitud. En general, la evidencia muestra que el antiaprismo no se concentra en una sola identidad partidaria positiva.

Cuadro 4.2

Porcentajes de simpatizantes de partidos políticos y animosidad antiaprista por partido

Partidos	¿Por qué partido simpatiza Ud.?	Porcentaje de antiapristas entre simpatizantes partidarios
APRA	0,06	0,20
PPC	0,12	0,48
Fuerza Popular	0,20	0,53
PNP	0,25	0,67
Solidaridad Nacional	0,05	0,49
Perú Posible	0,07	0,54
Fuerza Social	0,005	0,85
Otros	0,005	0,50
Ninguno	0,23	0,56
No responde	0,01	0,56
General	100%	0,51

Fuente: IOP-PUCP, 2011.

De manera similar, el antifujimorismo se encuentra disperso entre simpatizantes de distintos partidos políticos. Como vemos en el cuadro 4.3, los antifujimoristas prevalecen entre los simpatizantes del nacionalismo y los de Perú Posible, con 54% y 48%, respectivamente, proporciones superiores al total de antifujimoristas en la muestra (35%). Como se esperaría, solo 4% del 17% de simpatizantes de Fuerza Popular, la organización fujimorista que compitió en las elecciones de 2011, califica como antifujimorista;[5] porcentaje no significativo estadísticamente: 10 encuestados de una muestra de 1570.

Una identidad partidaria (positiva) es una expresión de identificación social e ideológica (por ejemplo, Campbell et ál. 1960; Green, Palmsquit y Schickler 2004). La identificación partidaria negativa se ha entendido como parte del razonamiento instrumental del elector, con débiles conexiones con identidades sociales grupales pero fuertes arraigos ideológicos (Medeiros y Noel 2013). Por tal motivo, resulta pertinente analizar las identidades partidarias negativas en función de su consistencia ideológica y examinar, además, si la ideología es un factor explicativo eficiente de la variación entre individuos anti y el resto de la población.

5. En un caso similar al observado con los apristas, esta aparente contradicción (simpatizante fujimorista —medición convencional— que es también antifujimorista —medición alternativa—) se explica por el siguiente argumento: desde que Keiko Fujimori asumió el control del partido ha purgado paulatinamente a cuadros y sancionado a militantes y agentes. Los sancionados —que aún se identifican como seguidores de Alberto Fujimori— respondieron en entrevistas personales que ellos no votarían nunca por un candidato fujimorista "hasta que Alberto Fujimori retorne a la presidencia del partido" (18 de julio de 2013).

Cuadro 4.3
Porcentajes de simpatizantes de partidos políticos y animosidad antifujimorista por partido

Partidos	¿Por qué partido simpatiza Ud.?	Porcentaje de antifujimoristas entre simpatizantes partidarios
APRA	0,04	0,34
PPC	0,10	0,33
FP	0,17	0,04
PNP	0,26	0,54
SN	0,04	0,26
PP	0,06	0,48
FS	0,01	0,36
Otros	0,09	0,64
Ninguno	0,21	0,40
No sabe	0,02	0,32
General	100%	0,35

Fuente: IOP-PUCP, 2011.

Ideología de las identidades partidarias negativas

Antifujimoristas y antiapristas encuestados en 2011, portadores de identidades partidarias negativas, se perciben casi al medio del continuo ideológico (donde 0 equivale a extrema izquierda y 10 a extrema derecha) y a la vez a la izquierda del promedio de autoubicación ideológica de las respectivas muestras. El promedio de autopercepción ideológica de los antiapristas encuestados es de 5,01, mientras que la autoubicación promedio del total de la muestra correspondiente es de 5,30. El grupo antifujimorista, que en promedio se ubica a sí mismo en el punto 4,97 del continuo ideológico, también está a la izquierda del promedio total de la muestra respectiva, que es de 5,46. En ambos casos, la desviación estándar es alta: 2,60 y 2,44, respectivamente (véase cuadro 4.4).

Aunque estas variaciones reflejan una amplia dispersión ideológica, las pruebas de medias son significativas cuando se separa a quienes portan estas identidades negativas del resto de la muestra (a un nivel de significancia estadística del 99%). Los antis están localizados a la izquierda de sus respectivos promedios; exhiben cierta dispersión programática, pero, en cuanto a sus autoubicaciones ideológicas, no se intersectan con quienes no portan identidades negativas (como se ratificó con las pruebas de diferencias de medias).

Cuadro 4.4
AUTOPOSICIONAMIENTO IDEOLÓGICO (CONTINUO DE 0-10) POR GRUPOS IDENTIFICADORES

Identificador	Media	Desviación estándar	Intervalo de confianza 99%	
Antiaprista	5,01	2,61	4,80	5,22
No antiaprista	5,85	2,45	5,68	6,02
Población total	5,39	2,56		
Antifujimorista	4,97	2,44	4,71	5,23
No antifujimorista	5,75	2,45	5,60	5,90
Población total	5,46	2,47		

Fuente: Encuesta nacional IOP-PUCP, mayo de 2011 (a antiapristas); encuesta nacional IOP-PUCP, junio de 2011 (a antifujimoristas).

Antiapristas y antifujimoristas comparten, en promedio, casi las mismas posiciones de centro-izquierda en el continuo de autopercepción. Este hecho es relevante porque evidencia un solapamiento ideológico entre estos dos grupos de antis, autorreferidos a la izquierda del votante medio. En consecuencia, un discurso programático situado alrededor de las convergencias entre antiaprismo y antifujimorismo (una posición a la izquierda de sus respectivas contrapartes positivas) puede capitalizar el vacío relativo a la izquierda del continuo ideológico, dada la "sobrepoblación" de proyectos afiliados a la derecha del espectro político. Ollanta Humala tuvo así en sus manos la oportunidad de favorecerse con la ausencia de representación del antiaprismo y el antifujimorismo.

La ideología como predictor de identidades partidarias negativas

La oposición a determinadas identidades partidarias no es el único elemento que define a quienes portan identidades negativas. Las teorías sobre identificación negativa consideran que la ideología puede ser un determinante significativo de los antis (Rose y Mishler 1998). Esta premisa se refleja al estudiar las identidades partidarias negativas existentes en el Perú contemporáneo. La información recolectada en encuestas sugiere que las identidades antiapristas y antifujimoristas se explican —estadísticamente— por la autoubicación ideológica de los individuos entrevistados, asumiendo esta escala como *proxy* de posicionamiento ideológico.

En tal sentido, ejecuté modelos logísticos binarios para establecer el efecto de la ideología sobre el antiaprismo y el antifujimorismo empleando dos operacionalizaciones de la variable "ideología", principal variable independiente. La primera operacionalización (etiquetada como "derecha") es dicotómica; se elaboró sobre la base de los datos del continuo 0-10. Aquellos encuestados que se perciben en los puntos 7, 8, 9 o 10 de dicha escala fueron categorizados como electores de derecha. Aquellos encuestados que se ubicaron en los puntos restantes de la escala fueron categorizados como electores de no derecha. La segunda operacionalización considera la variable ordinal, es decir, la escala de 11 puntos (0 para extrema izquierda y 10 para extrema derecha).

Las dos variantes de la autopercepción ideológica explican estadísticamente a los dos grupos antis, con intervalos de confianza del 99%. Ser de derecha disminuye la probabilidad de ser antiaprista del 58% al 45% (según cálculos a partir del modelo 1) y la probabilidad de ser antifujimorista del 40% al 29% (según cálculos a partir del modelo 2). Adicionalmente, moverse del 0 al 10 en el continuo ideológico (es decir, pasar de ser izquierda extrema a derecha extrema) disminuye la probabilidad de ser antiaprista del 71% al 39% (según cálculos del modelo 3) y la probabilidad de ser antifujimorista del 51% al 25% (según cálculos a partir del modelo 4).

Los modelos reseñados en el cuadro 4.5 incluyen factores sociodemográficos como variables de control con la finalidad de prevenir potenciales sesgos producidos por ingreso y educación. La inclusión de la variable edad permite controlar sesgos generacionales (dado que el APRA es un partido histórico y el fujimorismo uno relativamente nuevo). La inclusión de la variable sexo permite poner a prueba el sentido común asociado a las preferencias fujimoristas de la población femenina (Blondet 2002). Tal como indicaban las expectativas teóricas, los antis tienen mayor probabilidad de ubicarse a la izquierda del continuo ideológico.

Los factores socioeconómicos tienen un efecto más matizado sobre la identidad partidaria negativa. Por ejemplo, el ingreso está negativamente asociado al antiaprismo (modelo 1 y modelo 3): a mayor nivel de ingreso, menor probabilidad de ser antiaprista

Cuadro 4.5
AUTOPOSICIONAMIENTO IDEOLÓGICO COMO PREDICTOR DE LA IDENTIFICACIÓN NEGATIVA CON UN PARTIDO

	Modelo 1 Antiapra	Modelo 2 Antifuji	Modelo 3 Antiapra	Modelo 4 Antifuji
Derecha	-0,501***	-0,567***		
	(0,129)	(0,142)		
Ideología			-0,134***	-0,116***
			(0,023)	(0,025)
Ingreso	-0,007***	0,137*	-0,008***	0,117
	(0,001)	(0,079)	(0,001)	(0,079)
Sexo	-0,010	0,340***	-0,047	0,311**
	(0,115)	(0,124)	(0,116)	(0,125)
Edad	0,011***	0,317***	0,011***	0,307***
	(0,003)	(0,078)	(0,003)	(0,078)
Educación	-0,040	0,0616	-0,034	0,063
	(0,028)	(0,039)	(0,028)	(0,039)
Constante	0,300	-2,069***	0,887***	-1,497***
	(0,257)	(0,539)	(0,288)	(0,565)
R2	0,03	0,03	0,04	0,03
N	1284	1174	1284	1174

* $p < 0,1$, ** $p < 0,05$, *** $p < 0,01$

(relación significativa al 99% de intervalo de confianza). Sin embargo, la probabilidad de ser antifujimorista se incrementa entre las clases altas, aunque la relación no es significativa al 99% de confianza estadística. En cuanto al género, ser hombre aumenta significativamente la probabilidad de ser antifujimorista (modelo 2 y modelo 4), y no tiene ningún efecto significativo entre los antiapristas (modelo 1 y modelo 3). Finalmente, la probabilidad de ser antifujimorista y antiaprista se incrementa, en ambos casos, con la edad; un hallazgo que coincide con las teorías sobre identidades partidarias que sostienen que estas se fortalecen con el paso del tiempo (Dalton y Welton 2007). En estos dos últimos casos, la relación resulta estadísticamente significativa al 99% de confianza. El rol específico de estos factores sociodemográficos será retomado en la sección final de este capítulo.

El antifujimorismo también está asociado a los atractivos personalistas de Keiko Fujimori, actual cabeza del fujimorismo. Los encuestados que la ubican como candidata presidencial de derecha suelen no rechazar la posibilidad de votar por un candidato fujimorista. Identificar a Keiko Fujimori como política de derecha disminuye la probabilidad de ser antifujimorista a un nivel de confianza estadística del 99% (modelo 5). En este mismo sentido, los encuestados que aprecian las credenciales democráticas de Keiko Fujimori tienden a no ser antifujimoristas, a un nivel de confianza estadística del 99% (modelo 6). De manera similar, la probabilidad de ser antifujimorista disminuye significativamente si los encuestados creen que Keiko Fujimori es de derecha y está comprometida con la democracia (atributos atractivos para los seguidores fujimoristas), como vemos en el cuadro 4.6.

En resumen, los factores sociodemográficos tienen un efecto variado en las identidades partidarias negativas. Mayores ingresos están positivamente asociados al antifujimorismo solo en el modelo 6. En cuanto al sexo de los entrevistados, el ser varón incrementa la probabilidad de ser antifujimorista (a un nivel de confianza estadística del 99%). Además, la edad está positivamente asociada al antifujimorismo y el antiaprismo, como se demostró en los anteriores modelos logísticos. Por último, cabe agregar que la educación no tiene un efecto estadístico significativo en ninguna de esas dos identidades negativas.

Cuadro 4.6
Percepciones de posición ideológica de Keiko Fujimori y preferencias democráticas como predictores para la identificación negativa con su partido (2011)

	Modelo 5 Antifujimorista	Modelo 6 Antifujimorista
Fujimori de derecha	-0,448***	
	(0,123)	
Fujimori democrática		-1,391***
		(0,125)
Ingreso	0,120	0,151**
	(0,078)	(0,077)
Sexo	0,399***	0,262**
	(0,122)	(0,121)
Edad	0,306***	0,346***
	(0,077)	(0,077)
Educación	0,064	0,062
	(0,038)	(0,038)
Constante	-1,914***	-1,688***
	(0,533)	(0,525)
R2	0,02	0,09
N	1192	1346

* $p < 0{,}1$, ** $p < 0{,}05$, *** $p < 0{,}01$

Atractivos antiestablishment

Los partidos políticos y las instituciones políticas —en su mayoría— están desprestigiadas en los países andinos. Los sistemas poscolapso partidario sufren de lo que se ha denominado "crisis de representación política", dado el alto nivel de desafección ciudadana con el Estado y sus servicios (Mainwaring 2006). Como Rose y Mishler (1998) han demostrado en sus análisis de casos poscomunistas, las identidades partidarias negativas son cuando menos igual de importantes que las positivas siempre que las instituciones políticas no generan confianza. En tales circunstancias, las identidades partidarias negativas pueden incrementarse, capitalizando el rechazo a determinados partidos políticos y la desafección con el sistema en su conjunto. Así, las identidades partidarias negativas resultan articuladas por atractivos que expresan el rechazo al establishment político.

Los atractivos antiestablishment se activan al momento en el que se busca capitalizar dos contraposiciones: élites políticas contra ciudadanos y líderes antiestablishment contra élites políticas asentadas (Schedler 1996). Según Kenney (1998), lo que define a un político antiestablishment es su origen fuera del sistema de partidos y su experiencia previa trabajando fuera de este. Candidatos que emergen por fuera de las ofertas partidistas tradicionales con un discurso antipartido encajan en dicha definición del antiestablishment (Carrera 2012). Los líderes antiestablishment han mostrado que pueden renovar la política usual y, al mismo tiempo, mantener un discurso antagonista con la clase política como un todo (Barr 2009), aunque esta ya haya perdido protagonismo y ascendencia. Cuando los sistemas de partidos colapsan y los ciudadanos perciben las deficiencias sistemáticas del Estado, aumenta el potencial para el desarrollo de este tipo de identidad política. En este sentido, las identidades partidarias negativas deberían estar positivamente asociadas a la "novedad" y "alternativa" que ofrecen determinados candidatos (en comparación con la oferta del orden establecido) y negativamente asociadas a la satisfacción con el Estado, en tanto este es una suerte de proveedor de bienes del establishment.

Con la finalidad de operacionalizar las preferencias electorales por candidatos presidenciales que expresen "novedad", categoricé una pregunta de respuesta múltiple sobre potenciales vínculos políticos como una variable dicotómica. La pregunta en cuestión aborda cuál es el principal criterio para seleccionar un candidato presidencial en una hipotética elección.[6] Cinco alternativas les fueron dadas como opciones: plataformas programáticas, beneficios materiales, atractivos personalistas, la membresía partidaria del candidato y "ser nuevo en política". Entre los antifujimoristas, el 19% seleccionó "ser nuevo" como una opción (en comparación con el promedio de la muestra correspondiente, que fue 14% para esta respuesta). Entre los antiapristas, el 14% seleccionó esta opción (en comparación con el 12% correspondiente al promedio general de la muestra respectiva).

Ejecuté modelos logísticos binomiales para precisar el efecto de la "novedad" en quienes portan las identidades partidarias negativas. La preferencia en política por candidatos que son completamente nuevos está positivamente asociada a los antis (ambos, antiaprismo y antifujimorismo), a un 99% de confianza estadística, controlado por los factores sociodemográficos regulares. La preferencia por un candidato presidencial "nuevo" en política incrementa la probabilidad de ser antiaprista del 53% al 65% (cálculos a partir del modelo 7) y la probabilidad de ser antifujimorista del 34% al 49% (cálculos a partir del modelo 8). Consistente con los modelos previos, el nivel de ingreso está negativamente asociado al

---

6. El fraseado de la pregunta es el siguiente: "En general, ¿cuál de las siguientes alternativas influye más en su decisión de dar su voto a un candidato presidencial?". Las opciones de respuesta asignadas son: cualidades personales y la trayectoria del candidato, partido político del candidato; programa de gobierno del candidato o su partidos, la promesa de un beneficio concreto para usted o su comunidad; que sea nuevo en política".

antiaprismo, el ser varón está positivamente asociado al antifujimorismo y la edad positivamente asociada a ambos grupos de antis.

Cuadro 4.7
PREFERENCIAS POR "NUEVO" CANDIDATO PRESIDENCIAL COMO PREDICTOR DE IDENTIFICACIONES NEGATIVAS CON UN PARTIDO (2011)

	Modelo 7 Antiaprismo	Modelo 8 Antifujimorismo
"Novedad"	0,476***	0,661***
	(0,152)	(0,147)
Ingreso	-0,006***	0,080
	(0,001)	(0,069)
Sexo	0,163	0,438***
	(0,097)	(0,107)
Edad	0,011***	0,216***
	(0,003)	(0,068)
Educación	-0,019	0,065*
	(0,023)	(0,034)
Constante	-0,158	-1,976***
	(0,212)	(0,468)
R2	0,02	0,02
N	1800	1570

* $p < 0,1$, ** $p < 0,05$, *** $p < 0,01$

La preferencia por candidatos presidenciales que son "nuevos en política" no es suficiente para explicar una identidad partidaria negativa. Altos niveles de desafección respecto del Estado también aglutinan a quienes se caracterizan por sus predilecciones antiestablishment. Al respecto, elaboré un índice de satisfacción

Cuadro 4.8

Satisfacción con el Estado como predictor de la identificación negativa con un partido

	Modelo 9 Antiaprismo	Modelo 10 Antifujimorismo
Índice de satisfacción estatal	-0,125**	-0,268***
	(0,057)	(0,075)
Ingreso	-0,006***	0,089
	(0,001)	(0,069)
Sexo	0,179*	0,427***
	(0,096)	(0,106)
Edad	0,011***	0,197***
	(0,003)	(0,067)
Educación	-0,029	0,043
	(0,023)	(0,034)
Constante	-0,038	-1,752***
	(0,209)	(0,466)
R2	0,02	0,02
N	1800	1570

* $p < 0,1$, ** $p < 0,05$, *** $p < 0,01$

estatal basado en cuatro preguntas sobre niveles de satisfacción con los servicios estatales (educación, salud, seguridad y sistema vial). Empleé el análisis factorial para crear una variable que sintetice el efecto de estas cuatro dimensiones, en un intento de inferir un conjunto de factores no observados respecto de la satisfacción estatal. Los factoriales obtenidos con relación a las cuatro variables son, en todos los casos, altos y parecidos (0,70, 0,64, 0,65, 0,66, respectivamente), lo cual sugiere que los cuatro elementos son significativos y tienen un nivel similar de relevancia.

Como se esperaba, la satisfacción con el Estado está negativamente asociada a las identidades partidarias negativas. Estar satisfecho con los servicios estatales se asocia negativamente con ser antiaprista, a un nivel de confianza estadística del 95%. La satisfacción con el Estado reduce la probabilidad de portar una identidad partidaria negativa con respecto al APRA del 55% al 51% (un pequeño cambio pero sustantivo) (cálculo a partir del modelo 9). De manera similar, estar satisfecho con los servicios estatales está negativamente asociado a ser antifujimorista. Dicha satisfacción reduce la probabilidad de portar una identificación negativa respecto del fujimorismo del 36% al 30% (cálculo a partir del modelo 10). Ambos elementos, la novedad y la desafección estatal, forman la estructura de las identidades partidarias negativas.

Identidades partidarias negativas como predictor de las preferencias electorales

Las identidades partidarias negativas deberían tener capacidad explicativa sobre las preferencias electorales (Medeiros y Noel 2013). Así, evidencia de países poscomunistas muestra que las identidades partidarias negativas jugaron un rol notable en la definición de las preferencias por candidatos (Rose y Mishler 1998). De manera similar a las identidades partidarias positivas (discutidas en el capítulo 3), las negativas relevantes en el funcionamiento de la política peruana (dadas su coherencia ideológica y sus estructuras antiestablishment) deberían funcionar como significativos determinantes de las preferencias electorales.

Aunque las identidades partidarias positivas no se han desarrollado completamente en Perú (véase capítulo 3), sus versiones incompletas o parciales confrontan una profunda y constante oposición. La emergente identidad partidaria fujimorista y la sobreviviente identidad partidaria aprista encaran la oposición persistente y aguda de identidades negativas como el antifujimorismo y el antiaprismo. Estos antis pueden guiar las preferencias electorales incluso si sus contrapartes positivas están electoralmente inactivas. Evidencias estadísticas procedentes del análisis de modelos regresionales logísticos, realizados con bases de datos de 2011, confirman esta hipótesis, tanto para el antiaprismo como para el antifujimorismo.

Las preferencias electorales detalladas en el cuadro 4.9 son coherentes con las expectativas sobre el comportamiento de los antiapristas. Los encuestados antiapristas (calificados como tales según la operacionalización que les asigna valor de 1; todos los encuestados restantes tienen el valor de 0) tendieron a votar por Ollanta Humala (la inclinación a apoyar a Alejandro Toledo no es estadísticamente significativa). A su vez, resulta improbable que le dieran su apoyo en las urnas a Keiko Fujimori, Pedro Pablo Kuczynski o Luis Castañeda en la primera vuelta de las elecciones de 2011.

Durante la campaña de 2011, Humala se presentó como candidato presidencial de izquierda y antiestablishment, características asociadas al antiaprismo. Su promesa de "Gran Transformación" del establishment político atrajo votantes desafectos con la política. Por otro lado, Fujimori, Kuczynski, Toledo y Castañeda —todos con experiencia en cargos públicos y asociados a la derecha de la media ideológica— presumían de prestigios favorables a la continuidad de políticas económicas ortodoxas. El antiaprismo optó por no endosar su voto a favor de Fujimori en la segunda vuelta de 2011. Ello debido a la defensa de la candidata presidencial fujimorista a defender las políticas del establishment, a pesar de que el fujimorismo solía haber capitalizado atractivos antiestablishment. Como cercioramos en los modelos 12, 16, 13 y 15 del cuadro 4.9, respectivamente, el antiaprismo fue un eficiente predictor del voto en contra de Keiko Fujimori (en ambas vueltas), Kuczynski y Castañeda. Para controlar potenciales desviaciones por disparidades de ingreso, educación, edad y potenciales preferencias enmarcadas en diferencias de género, los modelos estadísticos 11 al 16 los consideraron variables de control.

De manera similar, en las elecciones presidenciales de 2011, los antifujimoristas (los calificados como tales según la operacionalización propuesta obtienen un puntaje de 1; todos los demás un valor de 0) tendieron a votar por Ollanta Humala en primera y segunda vuelta (modelos 17 y 22). Coherentemente, tendieron a no apoyar a Keiko Fujimori (modelo 18). Otras asociaciones de preferencias por otros candidatos no son estadísticamente significativas. En el fondo, estas preferencias electorales se deben a la asociación del antifujimorismo con los atractivos de izquierda y antiestablishment, como vemos en el cuadro 4.10. Estas preferencias coinciden con el discurso de Humala y el discurso antiestablishment durante su campaña. Aunque Keiko Fujimori enfatizó el legado de su padre en la eficiencia del gobierno, también defendió el *statu quo* económico ("el modelo orientado por el mercado se originó en la Constitución promulgada por Alberto Fujimori").

La confrontación histórica entre Ollanta Humala y Alberto Fujimori (el primero debutó políticamente en su intento de rebelión contra el gobierno del segundo en 2000) solidificó el apoyo del antifujimorismo en la candidatura presidencial del nacionalista. Controlando por medio de factores sociodemográficos convencionales, el antifujimorismo es un eficiente factor explicativo de las preferencias electorales por los candidatos presidenciales Ollanta Humala y Keiko Fujimori en ambas vueltas de la elección presidencial de 2011.

Cuadro 4.9

Identificación partidaria negativa (antiaprismo) como factor del voto en 2011

	Modelo 11 OH1v	Modelo 12 KF1v	Modelo 13 PPK1v	Modelo 14 AT1v	Modelo 15 LC1v	Modelo 16 KF2v
Antiaprismo	0,724***	-0,301**	-0,378***	0,00003	-0,699***	-0,639***
	(0,110)	(0,118)	(0,121)	(0,148)	(0,160)	(0,106)
Ingreso	-0,002	-0,000008	0,006***	-0,001	-0,002	0,001
	(0,001)	(0,001)	(0,001)	(0,002)	(0,002)	(0,001)
Sexo	0,638***	-0,502***	-0,009	-0,185	-0,418***	-0,587***
	(0,108)	(0,119)	(0,121)	(0,147)	(0,160)	(0,106)
Edad	-0,00006	-0,007*	-0,007	0,010**	0,007	-0,003
	(0,003)	(0,004)	(0,004)	(0,004)	(0,005)	(0,003)
Educación	-0,164***	-0,208***	0,281***	0,075**	0,051	0,041
	(0,026)	(0,030)	(0,030)	(0,034)	(0,037)	(0,025)
Constante	-0,449*	0,626**	-2,534***	-2,646***	-2,073***	0,509**
	(0,243)	(0,272)	(0,272)	(0,327)	(0,345)	(0,232)
R2	0,05	0,04	0,07	0,006	0,02	0,03
N	1675	1675	1675	1675	1675	1675

Nota: OH1v (votación a favor de Ollanta Humala para la primera vuelta), KF1v (votación a favor de Keiko Fujimori para la primera vuelta), PPK1v (votación a favor de Pedro Pablo Kuczynski para la primera vuelta), AT1v (votación a favor de Alejandro Toledo para la primera vuelta), LC1v (votación a favor de Luis Castañeda para la primera vuelta), KF2v (votación a favor de Keiko Fujimori para la segunda vuelta).

* $p < 0,1$, ** $p < 0,05$, *** $p < 0,01$

Cuadro 4.10

Identificación partidaria negativa (antifujimorismo) como factor del voto en 2011

	Modelo 17 OH1v	Modelo 18 KF1v	Modelo 19 PPK1v	Modelo 20 AT1v	Modelo 21 LC1v	Modelo 22 OH2v
Antifujimorismo	1,328***	-2,035***	-0,171	0,202	-0,1477	2,324***
	(0,120)	(0,185)	(0,142)	(0,157)	(0,183)	(0,166)
Ingreso	0,4765***	-0,007	-0,448***	0,089	0,004	0,415***
	(0,079)	(0,084)	(0,085)	(0,100)	(0,112)	(0,083)
Sexo	0,465***	-0,505***	0,035	-0,196	-0,124	0,396***
	(0,119)	(0,131)	(0,134)	(0,154)	(0,174)	(0,127)
Edad	0,139*	0,188**	-0,307***	0,175*	-0,027	-0,0145
	(0,075)	(0,084)	(0,085)	(0,097)	(0,110)	(0,0817)
Educación	-0,055	-0,177***	0,186***	0,114**	0,0004	0,029
	(0,038)	(0,042)	(0,042)	(0,048)	(0,055)	(0,041)
Constante	-3,088***	0,2741	-0,159	-3,167***	-2,022***	-2,122***
	(0,530)	(0,564)	(0,559)	(0,680)	(0,749)	(0,041)
R2	0,12	0,14	0,1	0,009	0,001	0,18
N	1472	1472	1472	1472	1472	1324

Nota: OH1v (votación a favor de Ollanta Humala para la primera vuelta), KF1v (votación a favor de Keiko Fujimori para la primera vuelta), PPK1v (votación a favor de Pedro Pablo Kuczinsky para la primera vuelta), AT1v (votación a favor de Alejandro Toledo para la primera vuelta), LC1v (votación a favor de Luis Castañeda para la primera vuelta), KF2v (votación a favor de Keiko Fujimori para la segunda vuelta).

* $p < 0,1$, ** $p < 0,05$, *** $p < 0$

Comparando el antiaprismo con el antifujimorismo

Antiaprismo y antifujimorismo tienen un efecto similar en la definición de preferencias electorales, aunque con distintos grados de significancia estadística. Ambos grupos de portadores de dichas identidades negativas tendieron a votar en 2011 por Humala y a no apoyar a Keiko Fujimori (con 99% de confianza estadística). Los antiapristas incluso propendieron a no votar por Kuczynski ni Castañeda en aquella primera vuelta, políticos calificados por la prensa como cercanos al líder aprista Alan García. El hecho de que ambos grupos de antis sean centristas y antiestablishment fortalece estos resultados y sugiere un posible solapamiento entre ellos (véase cuadro 4.11). No obstante, cabe recordar que la evidencia para aprehender el antifujimorismo y el antiaprismo durante las elecciones presidenciales de 2011 fue recolectada en dos encuestas diferentes, lo cual no hace posible la definición en detalle de la intersección de ambos grupos de antis.

Cuadro 4.11

Asociaciones positivas y negativas entre identidades partidistas negativas y las preferencias electorales en 2011

Identificación partidista negativa	OH 1R	KF 1R	PPK	AT	LC	OH 2R	KF 2R
Antiaprismo	**POS**	**NEG**	**NEG**	POS	**NEG**		**NEG**
Antifujimorismo	**POS**	**NEG**	NEG	POS	NEG	**POS**	

* Relaciones estadísticamente significativas (99% del intervalo de confianza) en negrita.

Empero, la encuesta realizada por GfK en 2014 —que replica la operacionalización propuesta de identidades partidarias negativas— nos permite precisar dicha intersección entre antiapristas y antifujimoristas, así como las características de la correlación entre estos dos antis (r = 0,41). Según los resultados de la encuesta, el 32,33% de los sondeados califica como antiaprista y antifujimorista, simultáneamente. La escala ideológica empleada por GfK —de 1 a 7, donde 1 es extrema izquierda y 7 es extrema derecha— sugiere que los antiapristas y los antifujimoristas comparten posiciones ideológicas muy similares. En el cuadro 4.12 se observa que en la escala ideológica se autoubican, en promedio, en los puntos 4,08 y 4,03, respectivamente. Los encuestados que portan esta doble identidad negativa se perciben así más a la izquierda (3,9) que aquellos que califican con una sola identidad negativa. (Desafortunadamente, la encuesta no incluyó preguntas que sirvieran de proxies para poner a prueba las hipótesis referidas a la articulación antiestablishment de estas identidades negativas.)

Cuadro 4.12

AUTOPOSICIONAMIENTO IDEOLÓGICO DE QUIENES SE IDENTIFICAN NEGATIVAMENTE CON UN PARTIDO

Identificación partidista negativa	1-7 media de escala ideológica	Desviación estándar
Antiapristas	4,08	1,51
Antifujimoristas	4,03	1,50
Doble identidad negativa	3,92	1,49
General	4,20	1,49

Fuente: GfK 2014.

Como se esperaba, la ideología —medida desde la autopercepción— muestra capacidad de explicación estadística sobre la doble identidad negativa en cuestión (al 99% de confianza estadística;

modelo regresional no se muestra). Así, un cambio de la extrema izquierda a la extrema derecha —en la escala ideológica del 1 al 7— disminuye del 41% al 22% la probabilidad de ser a la vez antiaprista y antifujimorista, controlando a través de los factores sociodemográficos comunes (modelo no mostrado).

Ahora bien, si las identidades partidarias negativas son factores que ayudan a explicar las preferencias electorales, como se ha demostrado hasta aquí, también podrían afectar otros resultados políticos como, por ejemplo, la aprobación presidencial. Es altamente probable que los antiapristas y antifujimoristas que votaron por Humala en primera y segunda vuelta continuaran apoyándolo una vez en el gobierno (2011-2016).

La identidad partidaria negativa como factor explicativo de la aprobación presidencial

El Partido Nacionalista Peruano es una organización política que, desde su fundación en 2006, pretendió capitalizar el vacío de la representación política de izquierda. Humala —como candidato y presidente— intentó explotar ambas identidades negativas a su favor, por lo que es razonable que antiapristas y antifujimoristas apoyasen su gestión. Aunque la identidad partidaria nacionalista ha naufragado, durante buen tiempo empleó a los antis como soporte social.

Como se esperaba, el antifujimorismo y la doble identidad negativa están positivamente asociadas a la aprobación presidencial de Humala —mas no así el antiaprismo—.[7] Los resultados son

---

7. A los encuestados calificados de antifujimoristas se les asignó el valor de 1 y a los restantes el valor de 0. Idénticamente, a quienes calificaron como antiapristas se les asignó el valor de 1 y a los restantes el valor de 0. Final-

estadísticamente significativos para los antifujimoristas (modelo 24) y para los de doble identidad negativa (modelo 25). Ser antifujimorista aumenta la probabilidad de haber apoyado a Humala como presidente del 17% al 25% (cálculo a partir del modelo 24). Una expansión similar proyecta la doble identidad (ser simultáneamente antifujimorista y antiaprista) e incrementa del 18% al 27% la probabilidad de haber apoyado a Humala durante su gestión (cálculo a partir del modelo 25). Modelos logísticos binarios fueron empleados para poner a prueba estas relaciones, controlando por ingreso, sexo y edad. De las variables de control, solo sexo estuvo positivamente asociada a la aprobación presidencial (véase cuadro 4.13).

Fue sobre todo el antifujimorismo la identidad negativa que terminó siendo capitalizada por Humala desde el poder. Sin embargo, el aprovechamiento temporal de una identidad negativa no es suficiente para poder construir una positiva de respaldo de mayor duración. El declive del PNP luego de terminado el gobierno nacionalista es una muestra de cómo las identidades negativas no tienen dueño, y rápidamente abandonan a políticos que las emplean si estos no son capaces de generar una identidad positiva que complemente y asiente los apoyos temporales. No se descarta, sin embargo, que pueda volverse a activar esta relación entre antifujimorismo y la pareja Humala-Heredia en alguna eventual próxima lid electoral.

---

mente, a los encuestados que calificaron simultáneamente como antifujimoristas y antiapristas se les otorgó el valor de 1 y al resto de encuestados el valor de 0.

Cuadro 4.13
Identidades partidarias negativas como factores que explican la aprobación del (ex)presidente Humala

	Modelo 23 Aprobación OH	Modelo 24 Aprobación OH	Modelo 25 Aprobación OH
Antiaprismo	0,089		
	(0,141)		
Antifujimorismo		0,475***	
		(0,140)	
Antis			0,448***
			(0,144)
Ingreso	-0,065	-0,054	-0,063
	(0,039)	(0,039)	(0,039)
Sexo	0,336**	0,322**	0,326**
	(0,140)	(0,141)	(0,141)
Edad	0,005	0,004	0,003
	(0,004)	(0,004)	(0,004)
Constante	-1,347***	-1,549***	-1,430***
	(0,312)	(0,319)	(0,313)
R2	0,01	0,01	0,01
N	1227	1227	1227

* $p < 0,1$, ** $p < 0,05$, *** $p < 0,01$

Determinantes sociodemográficos de las identidades partidarias negativas

Para identificar los determinantes del antiaprismo conduje cuatro modelos logísticos binarios y seis para identificar los determinantes del antifujimorismo, como se puede recapitular de los cuadros anteriores del capítulo. En todos estos modelos las variables sociodemográficas regulares fueron incluidas como variables de control. La consistencia a lo largo de los modelos puede ayudar a determinar si estas variables sociodemográficas tienen un efecto en la construcción de las identidades negativas analizadas.

En el caso del antiaprismo, el nivel de ingreso y la edad son consistentes en todos los modelos, y en todos los casos son estadísticamente significativos como variables explicativas. El incremento del ingreso (operacionalizado en cinco niveles socioeconómicos) está negativamente asociado al antiaprismo. Los cuatro modelos indican asociaciones significativas al 99% de confianza estadística. De manera similar, la edad está positivamente asociada al antiaprismo en todos los modelos. Un incremento en la edad aumenta la probabilidad de calificar como antifujimorista, con 99% de confianza estadística. La educación no está estadísticamente asociada al antiaprismo, mientras que la variable sexo no registra evidencia consistente en todos los casos aplicados. En general, el antiaprismo tiende a ser más fuerte entre las clases populares y los grupos de mayor edad, como lo exhibe el cuadro 4.14.

Cuadro 4.14
DETERMINANTES SOCIODEMOGRÁFICOS DEL ANTIAPRISMO

	Modelo 1	Modelo 3	Modelo 7	Modelo 9
Ingreso	**NEG**	**NEG**	**NEG**	**NEG**
Sexo	NEG	NEG	POS	**POS**
Edad	**POS**	**POS**	**POS**	**POS**
Educación	NEG	NEG	NEG	NEG

* Relaciones estadísticamente significativas (99% del intervalo de confianza) en negrita.

Las variables sexo y edad son determinantes consistentes en el antifujimorismo. Las asociaciones con ambas variables socioeconómicas son estadísticamente significativas al 99% de confianza. Ser varón y mayor de edad incrementa las probabilidades de ser antifujimorista (véase cuadro 4.15). Encuestados con mayores niveles de ingreso y de educación también tienden a ser antifujimoristas, aunque esta asociación no es estadísticamente significativa en todos los modelos. Es importante notar que, en congruencia con las teorías existentes sobre identidades partidarias, la edad es un factor relevante en ambas identidades negativas examinadas (antiaprismo y antifujimorismo). La variable edad es un determinante eficiente para dar forma a las identidades partidarias, sin importar si son positivas o negativas; los electores mayores son los más probables portadores de identidades partidarias positivas y negativas.

Igualmente, el nivel de ingreso impacta en las identidades negativas: el antiaprismo tiende a ser más prevalente entre las clases bajas, mientras el antifujimorismo lo hace entre las clases altas, aunque en este último caso los modelos no son todos consistentes. La variable sexo domina entre los antifujimoristas, quienes tienden a ser varones.

Cuadro 4.15
Determinantes sociodemográficos del antifujimorismo

	Modelo 2	Modelo 4	Modelo 5	Modelo 6	Modelo 8	Modelo 10
Ingreso	**POS**	POS	POS	**POS**	POS	POS
Sexo	**POS**	**POS**	**POS**	**POS**	**POS**	**POS**
Edad	**POS**	**POS**	**POS**	**POS**	**POS**	**POS**
Educación	POS	POS	POS	POS	**POS**	POS

* Relaciones estadísticamente significativas (99% y 95% de intervalo de confianza) en negrita.

En suma, las identidades partidarias negativas están relacionadas con ciertos factores sociodemográficos: el antiaprismo es más extendido entre las clases populares y el antifujimorismo entre los varones. Asimismo, como vimos, son predominantemente estructurados por variables políticas (como ideología) y por atractivos antiestablishment. Una combinación de ambos tipos de factores —sociodemográficos y políticos— nos permite un mejor entendimiento de cuáles son los articuladores de estas identidades partidarias negativas para poder ver su evolución en el tiempo.

Las elecciones generales de 2016 permiten comprobar hasta qué punto la consistencia política, ideológica y sociológica de estas identidades negativas —especialmente la del antifujimorismo— se sostiene en el tiempo. El voto antifujimorista por Kuczynski en la segunda vuelta de 2016 claramente debilitó el poder predictivo de las preferencias ideológicas. Ante dos candidaturas de derecha —la de Fujimori y la de Kuczynski—, se evidenció una vertiente antifujimorista de derecha que no se había detectado entre la opinión pública previamente. Sin embargo, otros factores sociodemográficos —como nivel de ingreso y sexo— mantuvieron su capacidad estructuradora de estos antis. Las identidades negativas en Perú, en tanto identidades incompletas, comparten cierta diversidad ideológica con sus contrapartes positivas. Ello, sin embargo, no debilita la importancia que tienen para organizar la arena política.

Conclusiones

Las identidades partidarias negativas son una intensa y duradera oposición a sus contrapartes positivas. En contextos de baja institucionalización, como el peruano, cobran mayor autonomía al no ser cohesionadas bajo simpatías partidarias predominantes. Como hemos visto, una identidad partidaria positiva y sobreviviente (el aprismo) y una identidad partidaria positiva y emergente (el fujimorismo) están acompañadas por sus respectivas identidades antagónicas (antiaprismo y antifujimorismo). Estas identidades negativas o antis no son meros contrapesos de las positivas. Por el contrario, tanto el antiaprismo como el antifujimorismo mantienen una estructura autónoma basada en afinidades ideológicas (de izquierda) y consideraciones antiestablishment. Más aún, el antiaprismo tiende a ser más fuerte entre las clases bajas, mientras que el antifujimorismo prevalece entre los varones (casi por oposición al arraigo histórico del fujimorismo entre las mujeres). En ambos casos, como cualquier tipo de identidad partidaria, la edad funciona como un factor portador de memoria que fortalece dichas identidades.

Los electores que eligen no comprometerse con identidades partidarias positivas no están pues necesariamente fuera del sistema. En algunos casos, las identidades negativas representan una alternativa política viable. En contextos de poscolapso partidario, donde los partidos políticos son fluidos y las identidades partidarias volátiles, las identidades partidarias negativas organizan la política y permiten entender las preferencias electorales e inclusive la aprobación presidencial (en el caso particular del antifujimorismo). La ausencia de un sistema de partidos institucionalizado no significa necesariamente la ausencia de criterios políticos —siquiera de atajos cognitivos— capaces de guiar la decisión en las urnas. Aunque estas identidades partidarias negativas no estén representadas orgánicamente, existen a escala individual y le dan cierta estabilidad y predictibilidad a la política, características propias de sistemas institucionalizados.

V

Estabilidad sin institucionalización. Patrones de estabilidad de vínculos políticos en un contexto de baja institucionalización del sistema de partidos

El colapso del sistema de partidos es una versión precipitada y extrema de su desinstitucionalización (Mainwaring et ál. 2018). Después del declive sistémico, el restablecimiento de un sistema de partidos puede comprender la iniciación de un proceso de institucionalización que no ocurre necesariamente de forma rápida ni ordenada. Pueden transcurrir varias elecciones sin tener como resultado la presencia evidente de una dinámica sistémica (y sólida) de partidos.

La literatura especializada ha puesto el énfasis en una imagen estática de la política poscolapso partidario como un terreno político estéril, como en el Perú (Levitsky y Cameron 2003). Aunque en países como Venezuela y Bolivia han emergido partidos fuertes e institucionalizados (PSUV y MAS, respectivamente), su dinámica puede describirse mejor como una institucionalización asimétrica (Mainwaring et ál. 2018) o como una polarización entre partidos de gobierno altamente ideologizados y personalistas, por un lado, y movimientos débiles de oposición, por el otro (Cameron y Luna 2010).

El objetivo de este capítulo es identificar los factores de estabilidad política —si los hubiese— en un escenario teóricamente yermo debido a la erosión extrema de los patrones de competencia electoral. Mi posición matiza diagnósticos previos que declaran una "lógica inevitable posterior al colapso" (Levitsky 2014: 50), enfocados casi exclusivamente en dimensiones específicas del sistema de partidos, como la robustez de las organizaciones políticas y su presencia territorial. Mi contribución consiste en, a través de evidencia sistemática sobre las dimensiones de institucionalización de sistemas de partidos, identificar aquellos campos donde ha sido posible generar dinámicas que favorecen la estabilidad en medio de la desinstitucionalización del sistema partidario.

Originalmente se creía que un sistema de partidos institucionalizado cumplía con cuatro condiciones: estabilidad en las reglas y la naturaleza de la competencia entre partidos, partidos políticos enraizados y estables en la sociedad, elecciones y partidos legítimos, y organizaciones partidarias que no se encuentren subordinadas a intereses personalistas de líderes ambiciosos (Mainwaring y Scully 1995). Empero, una reciente reconceptualización de la noción "institucionalización del sistema de partidos" hace énfasis predominante en la dimensión de competencia electoral y considera a los otros tres aspectos como complementarios (de apoyo) y no dimensiones de la misma jerarquía que el concepto principal (Mainwaring et ál. 2018). De acuerdo con esta modificación conceptual, "los patrones de competencia electoral pueden mantenerse estables aun cuando los partidos no ostentan vínculos sociales fuertes, organizaciones y legitimidad" (Mainwaring et ál. 2018: 17), ya que la relación entre el concepto principal y las dimensiones complementarias es causalmente asimétrica.

En este capítulo propongo rastrear con detalle la evolución de los indicadores relativos a los patrones de competencia electoral y a los soportes complementarios que contribuyen a la estabilidad en medio de un sistema de partidos de baja institucionalización. La evidencia muestra cierta estabilización electoral a pesar de los pobres desempeños en materia de desarrollo organizacional y legitimidad. Pero antes de mostrar la evolución de los indicadores respectivos repasemos caracterizaciones previas del sistema de partidos peruano a partir del retorno a la democracia en 1980.

Paso en falso: del sistema de partidos embrionario al colapso del sistema de partidos

Desde 1960 y hasta los primeros años de la década de 1990 —incluyendo las numerosas interrupciones militares—, el sistema de partidos peruano era definido por su "volatilidad extrema", la "sensación creciente y expandida de que nada funciona" y por una "política antipartidos" (Mainwaring y Scully 1995); un sistema cuya debilidad institucional correspondía a un estado germinal: un sistema de partidos embrionario. El APRA —primer y único partido de masas en la política peruana, vetado de la competencia electoral por décadas por su identidad antiestablishment (véase capítulo 3)— y AP —una organización política con raíces en la clase media— sentaron los cimientos de un incipiente sistema de partidos, aunque los golpes militares obstaculizaron acuciosamente el desarrollo de la política democrática en general y del sistema de partidos en particular.

El restablecimiento de la democracia en 1980 supuso otra oportunidad para el asentamiento de un sistema de partidos. Las nuevas condiciones contextuales precisaron dos retos principales hacia la institucionalización: el efecto de periodo y el efecto secuencia (Mainwaring y Zoco 2007). El efecto de periodo recoge la situación luego de la reinstalación de la democracia en 1980, cuando solamente el APRA mantenía una fuerte identificación partidaria. El PPC y AP, partidos de derecha y centroderecha respectivamente, tenían poca experiencia en política partidaria debido a las intervenciones militares. Izquierda Unida —un frente electoral de izquierda, valga la redundancia— fue fundado en 1980 después de un debate sobre si seguir una política electoral "burguesa" o la estrategia de "asaltar el poder por la vía revolucionaria". Aunque existía una oportunidad de cultivar identidades políticas entre las poblaciones que recientemente habían obtenido el derecho al voto —especialmente en el mundo rural—, la crisis económica apagó el entusiasmo ciudadano por la política partidaria. El efecto secuencia describe el impacto negativo de los medios de comunicación masivos, particularmente la televisión, en el arraigamiento social de los partidos. Las plazas públicas cedieron paulatinamente el protagonismo a los sets de televisión como espacios de debate público. Así, como mencionan los autores citados, "en la mayoría de los regímenes competitivos posteriores a 1978, la ventaja [de los partidos políticos] era marginal o casi inexistente" (Mainwaring y Zoco 2007).

Como resultado de estos desafíos, Perú desarrolló un sistema de partidos no cohesionado (número efectivo de partidos: de 2 a 2,5) (Coppedge 1998). En paridad con otros países de reciente redemocratización, Perú presentaba alta volatilidad electoral (media de 36,6%) y escasez de incentivos para la construcción orgánica de su vida partidaria. Los procesos de desvanecimiento programático —acontecidos en toda la región— tornaron poco fiables en su consistencia ideológica a dichas organizaciones. Solo un partido político (APRA) mantuvo un grupo leal de seguidores, aunque desacreditados por su desastrosa administración entre los años 1985 y 1990. Las características antagonistas y de exclusión política de un estilo "movimentista" (Cotler 1995) convertían en nimios los esfuerzos de institucionalización del embrionario sistema. Aunque es difícil de juzgar la funcionalidad del sistema de los partidos peruanos en un periodo de tiempo tan corto (1980 a 1992), la literatura especializada afirma la continuidad —mínima— de los principales actores políticos hasta el momento del colapso completo del sistema (Tanaka 1998).

En los albores de los años noventa, la extrema decepción ciudadana frente a la clase gobernante llevó a los peruanos al abandono masivo de los partidos y al respaldo a un *outsider* político. Alberto Fujimori se hizo del poder y construyó un régimen autoritario y clientelista (Lynch 1998, Seawright 2012, Tanaka 1998). Explicaciones del colapso incluyen: el desastroso desempeño de los gobiernos de turno, el crecimiento de los sectores económicos informales, la guerra terrorista contra el Estado promovida por Sendero Luminoso y el Movimiento Revolucionario Túpac Amaru (MRTA), y la ausencia de vínculos programáticos entre la sociedad y las élites (véase capítulo 1). En cualquier caso, el incipiente sistema de partidos del Perú se desvaneció y fue reemplazado por un "régimen autoritario competitivo" (Levitsky y Way 2009) que alteró dramáticamente las reglas del juego democrático.

Sin embargo, a comienzos de los años dos mil el dominio político del fujimorismo se esfumó. La corrupción, la legitimidad corroída y una recesión económica afectaron severamente la estabilidad de aquél régimen (Marcus-Delgado y Tanaka 2001). Entonces Alberto Fujimori abandonó la presidencia y dejó a sus colaboradores, dirigentes y seguidores sin líder ni organización que se jugara su legado. A pesar de su popularidad durante su mandato, no construyó un partido político por voluntad propia (capítulo 1). El desprestigio debilitó al fujimorismo al punto de que en las elecciones de 2001 ningún político reivindicó su herencia en los comicios. Los viejos partidos tradicionales aprovecharon el vacío y revitalizaron su protagonismo, para sorpresa de propios y extraños (Kenney 2003). El APRA, el PPC (miembro principal de una alianza de derecha más amplia llamada Unidad Nacional) y AP (partido que encabezó la transición democrática con el gobierno de Valentín Paniagua) reaparecieron como actores competitivos.

Un nuevo e incipiente sistema de partidos asomaba en el horizonte, integrado por partidos políticos tradicionales originados antes del colapso (APRA, PPC y AP) y vehículos personalistas democráticos fundados durante la década de 1990 para confrontar al fujimorismo (Perú Posible de Alejandro Toledo, Somos Perú de Alberto Andrade y Solidaridad Nacional de Luis Castañeda). Viejos actores que no terminaban de irse y nuevos jugadores que no terminaban de llegar. Sin embargo, y pese a la recuperación de la competencia electoral, las condiciones para la política partidaria decayeron considerablemente. La adversidad en la reconstrucción de la dinámica partidaria se acentuó por la debilidad estructural de los partidos.

Además de llevar a cuestas un legado histórico adverso, "los sistemas políticos post-partidistas [constelaciones de partidos después del colapso de sistemas de partidos] confrontan obstáculos adicionales para la institucionalización de sus sistemas de partidos [...] los votantes se encuentran desafectos de la política y se comportan de acuerdo con una filosofía anti-estado" (Seawright 2012). Las expectativas de identificaciones partidarias convencionales son triviales; las relaciones entre élites y votantes, extremadamente inestables, efímeras; las nuevas alternativas políticas apuestan por el personalismo antes que por el desarrollo de organizaciones partidarias (tiempo, energía y recursos políticos son escasos); los conflictos sociales dominan en la ausencia de los partidos políticos como intermediarios (Morgan 2007). En suma, no hay tierra más infértil para el cultivo de la política partidaria que la resultante de un colapso sistémico.

Más importante aún, en un escenario poscolapso sistémico, los límites entre el establishment político y el antiestablishment son difusos (véase capítulo 2). Las organizaciones partidarias son tan ligeras que algunos las refieren como "coaliciones de independientes" (Zavaleta 2014), aunque quizás la definición huntingtoneana de "facciones políticas" resulte más adecuada (Huntington 1968). La prevalencia de la política *amateur* dificulta distinguir entre políticos novatos y *outsiders* (Levitsky 2014). Casi cualquier tipo de organización eficiente puede funcionar como sustituto de partido, incluyendo universidades, negocios y estaciones de radio (Barrenechea 2014). Las marcas políticas son marginadas o simplemente remplazadas por etiquetas personalistas (Tanaka y Meléndez 2014). Siquiera el clientelismo funciona del modo esperado: más que comprar lealtades, opera como estrategia para transmitir información política (Muñoz 2014).

No obstante, el colapso del sistema de partidos también representa una oportunidad. En el caso peruano ha creado alternativas ideológicas y ha condicionado que los compromisos clientelistas pierdan credibilidad entre las nuevas organizaciones y dejen de ser mecanismos atractivos entre los partidos políticos tradicionales desacreditados y corruptos. Asimismo, ha coadyuvado a los políticos a dirigirse a poblaciones largamente excluidas por el sistema de representación anterior, lo que favorecería la convocatoria para un nuevo pacto social. Como sostiene Morgan, en contextos poscolapso los vínculos programáticos son una opción estratégica para reconectar a la gente común con las élites; poseen el potencial para transformar los procesos y patrones políticos (Morgan 2007). Por más de que los ciudadanos se encuentren desafectos de la política y que los partidos sufran una crisis de representación democrática, las conexiones entre ambos, partidos y votantes, pueden lograr funcionar mediante formas convencionales y mecanismos alternativos.

Mientras los académicos han enfatizado los aspectos negativos de este tipo de arena política, el análisis en profundidad de cada dimensión de la institucionalización sistémica partidaria sugiere que el sistema de partidos peruano puede llegar a evolucionar a una estabilidad no institucionalizada, similar al caso brasilero

(Zucco 2010): aunque aún alta, la volatilidad electoral no ha impedido la configuración de un repertorio conocido y recurrente de figuras presidenciales que estabilizan la competencia política; la legitimidad del sistema político y los partidos no han sido afectados por los cambios poscolapso; y aunque las organizaciones partidarias se mantienen débiles, sus arrastres electorales tienden a seguir una base geográfica. Es en este contexto que sobrevive un partido del siglo XX (APRA) y emerge un partido con penetración territorial (fujimorismo). Adicionalmente, una combinación de vínculos programáticos y personalistas permite el enraizamiento relativo de estas fuerzas en una sociedad donde predomina la desafección por la política.

Esta regularidad y estabilidad sugieren que un sistema de partidos políticos poscolapso incluye características peculiares que contribuyen a la competencia partidaria, la estabilización parcial de las fuerzas políticas y al mantenimiento de la democracia como régimen político; aunque el nivel de desarrollo organizativo de dichas fuerzas sea muy pobre. Paradójicamente, su fluidez y el desvanecimiento de los límites entre el establishment y el antiestablishment político facilitan la inclusión de nuevos actores y la transmisión de las consideraciones ideológicas partidistas en las elecciones nacionales. Así los partidos políticos —en Perú y probablemente otros escenarios poscolapso— resuelven, al menos parcialmente, problemas de acción colectiva y de elección social.

La estabilidad de los patrones de competición electoral

La medición de volatilidad electoral, basada en la fórmula de Pendersen, es utilizada extensamente como indicador de estabilidad y en algunos casos como "el" indicador de institucionalización del sistema de partidos. De hecho, recientes avances sobre la teoría de institucionalización del sistema de partidos indican a la estabilidad de patrones de competencia como "la institucionalización misma" (Mainwaring, Bizzarro y Petrova 2018). Los académicos han detallado las limitaciones de validez interna de esta medida, así como el potencial de inferencia ecológica basada en referencias a escala individual (Luna 2014b, Luna y Altman 2011). Igualmente han criticado su uso inapropiado en el análisis de sistemas de partidos fluidos, con volatilidades "sistémicas" y "no-sistémicas" (Sánchez 2009, Aragón y Incio 2015). Reconozco estas deficiencias y las compenso con una medida complementaria (el rastreo de patrones territoriales de votación) que ayuda a explicar la estabilización electoral de la competencia en Perú, un desarrollo que no ha sido explicado por quienes han descrito la política "apartidaria" en Perú (por ejemplo, Levitsky y Zavaleta 2016, Levitsky 2018).

Primero, es importante aceptar que aunque estamos frente a una "política centrada en candidatos" (Levitsky y Roberts 2011: 13), en el sistema político peruano podemos identificar cierta estabilidad en la oferta política desde 2001.[1] Si consideramos la oferta electoral de 2001, 2006 y 2011, la mayoría de los candidatos presidenciales competitivos constituyeron un repertorio permanente en la arena política. Incluso Ollanta Humala —último líder antisistema en la presidencia— y Keiko Fujimori —heredera de un proyecto político antisistema— han sido considerados integrantes de este elenco estable, al menos hasta 2016, como se aprecia en los cuadros 5.1a y 5.1b. Esta regularidad otorgó cierta predictibilidad que coadyuvó a la estabilidad de la competencia política. Para las elecciones de 2016, en la oferta de candidatos encontramos figuras

1. La primera participación electoral de Ollanta Humala fue en 2006, si bien anunció públicamente su ambición presidencial a raíz de su intento de golpe contra Alberto Fujimori en 2000.

Cuadro 5.1a

RESULTADOS DE LAS ELECCIONES PRESIDENCIALES DE 2011, PRIMERA Y SEGUNDA VUELTA

Candidatos presidenciales	Primera vuelta	Segunda vuelta	Experiencia política
Ollanta Humala	31,6	51,4	Candidato presidencial 2006 y 2011
Keiko Fujimori	23,5	48,5	Primera dama durante los años noventa. Candidata presidencial 2011 y 2016
Pedro Kuczynski	18,5		Primer ministro durante 2002-2003. Candidato presidencial 2011 y 2016
Alejandro Toledo	15,6		Candidato presidencial 1995, 2000, 2001, 2006, 2011 y 2016
Luis Castañeda	9,8		Candidato presidencial 2000 y 2011, alcalde de Lima 2003-2010, 2015-2018

Fuente: ONPE.

consolidadas, incluso aquellas más jóvenes (como es el caso de Verónika Mendoza, exparlamentaria elegida por el Partido Nacionalista Peruano). Aunque no todos los candidatos están preocupados por la construcción de partidos, pertenecen a una clase política reconocida públicamente y son distinguidos por el electorado en función de sus características personales, sus preferencias ideológicas y sus experiencias en el poder.

El predominio de este "elenco permanente" —como la prensa peruana suele referirse a estos candidatos presidenciales regulares en la oferta presidencial electoral desde 2001— presenta una recurrencia notable que se prolongó hasta 2011: el candidato que pierde una elección en segunda vuelta corre con ventaja para ganar la siguiente elección. En 2001, Alejandro Toledo fue rival de Alberto

Cuadro 5.1b*

Resultados de las elecciones presidenciales de 2016, primera y segunda vuelta

Candidatos presidenciales	Primera vuelta	Segunda vuelta	Experiencia política
Pedro Pablo Kuczynski	21,0	50,1	Primer ministro 2002-2003. Candidato presidencial en 2011 y 2016
Keiko Fujimori	39,8	49,8	Primera dama durante los años noventa. Candidata presidencial 2011 y 2016.
Verónika Mendoza	18,7		Parlamentaria 2011-2016
Alfredo Barnechea	6,9		Diputado por Lima 1985-1990.
Alan García	5,8		Expresidente de la República 1985-1990, 2006-2011.

* La única excepción a la recurrencia de figuras políticas reconocidas públicamente fue el candidato presidencial Julio Guzmán, economista con experiencia en el sector público y privado que lanzó su candidatura con el partido Todos por el Perú, "vientre de alquiler" que hasta entonces había logrado mantener su inscripción gracias a coaliciones electorales. Guzmán fue excluido del proceso por problemas procedimentales con la inscripción de su candidatura. Posteriormente se involucró en la creación de su propia organización partidaria.

Fuente: ONPE.

Fujimori y obtuvo la segunda mayoría de los votos en la primera vuelta de las elecciones presidenciales (no compitió en la segunda vuelta porque la consideraba fraudulenta). Un año mas tarde, en las elecciones organizadas tras la renuncia forzada de Fujimori, Toledo ganó la presidencia. Alan García, perdedor en la segunda vuelta de 2001, ganó la presidencia frente al *outsider* Ollanta Humala en 2006. En 2011, Humala lideró la segunda vuelta presidencial por un margen apretado. Keiko Fujimori, quien perdiera la segunda vuelta electoral en 2011, repitió la derrota en 2016 e

Cuadro 5.2

CANDIDATOS EN SEGUNDAS VUELTAS ELECTORALES, 2000-2016

Segunda vuelta electoral	2000		2001		2006		2011		2016	
Primer lugar	A. Fujimori	74,3%	A. Toledo	53,1%	A. García	52,6%	Ollanta Humala	51,4%	Pedro P. Kuczynski	50,1%
Segundo lugar	A. Toledo	25,7%	A. García	46,9%	O. Humala	47,3%	Keiko Fujimori	48,5%	Keiko Fujimori	49,8%

Fuente: ONPE. Elaboración propia.

interrumpió este ciclo. Empero, el candidato que quedó tercero en 2011 —Pedro Pablo Kuczynski— fue elegido en la segunda vuelta de 2016. Este patrón es relevante para comprender regularidades electorales y su contribución a la estabilización de la competencia partidaria (véase cuadro 5.2).

La regularidad en los patrones de competencia se explica por el proceso de aprendizaje de los candidatos, especialmente sus conocimientos políticos de la dinámica territorial adquiridos en extensas e intensas campañas presidenciales. Una dinámica proselitista de este tipo favorece el conocimiento de dinámicas políticas en el interior de regiones, la existencia de redes sociales organizadas en las sociedades civiles locales y la fuerza relativa de sus adversarios en distintos puntos del país. Desde 2001, todos los ganadores de segundas vueltas han carecido de organizaciones partidarias sólidas. Perú Posible (Toledo) fue un vehículo con éxito por el apoyo antifujimorista; García tuvo que restablecer la identidad histórica del APRA después de una década de trabajo partidario de baja intensidad; Humala se vio obligado a construir una organización propia, sustentada inicialmente por redes de licenciados del Ejército; Pedro Pablo Kuczynski también generó una organización a su medida, basada en el reciclaje de operadores políticos y alianzas con figuras políticas de alcance subnacional. Dos campañas electorales nacionales consecutivas es un mínimo suficiente para que estas organizaciones en formación articulen sus redes sociales y políticas (temporales) y cultiven seguidores leales para el éxito electoral.

La gran excepción a esta regla ha sido el fujimorismo. Tres campañas nacionales (dos consecutivas con segundas vueltas) cuajaron su maquinaria propia, pero no le aseguraron llevarse la victoria. En una entrevista realizada para este estudio, antes de los comicios de 2016, Keiko Fujimori señalaba el "significado político" de dicha regularidad: "dos campañas de segunda vuelta te dan la oportunidad de aprender de tus errores, de evitar caer en trampas y de aprender en quién confiar y en quién no en el terreno".[2] Alan García tiene una opinión similar sobre las ventajas de dos campañas nacionales consecutivas:

> Hubiera sido un verdadero milagro regresar al Perú y ganar una elección inmediatamente (refiriéndose a la campaña de 2001). Estuve muy cerca, pero necesitaba reconocer al partido [al APRA, luego de más de ocho años fuera del país], a los cuadros, a los militantes. Solo cuando tuve la oportunidad de volver a recorrer el país muchas veces más sentí nuevamente que estaba listo para ser presidente otra vez.[3]

En un sistema donde es muy difícil fortalecer partidos, parece posible armar redes transitorias de políticos (profesionales, *amateurs* y experimentados) que pueden estabilizar la competencia entre organizaciones rivales. Los candidatos que compiten constantemente por llegar al poder y aparecen como competitivos ante la opinión pública son capaces de alcanzar este objetivo.

Como resultado de esta regularidad, la volatilidad electoral inició un proceso de declive desde 2001 hasta 2011. El puntaje de volatilidad del periodo 2001-2006 fue más bajo inclusive que el de los años ochenta (particularmente la volatilidad legislativa), supuestamente el mejor momento para los partidos políticos peruanos. Los últimos comicios regresaron la volatilidad a sus niveles "normales" para los estándares peruanos en el nuevo milenio. Según cálculos basados en el índice de volatilidad electoral de Pendersen (volatilidad presidencial, volatilidad legislativa

---

2. Fujimori, 18 de diciembre de 2014.
3. García, 20 junio de 2013.

y una volatilidad promedio de ambas), la volatilidad presidencial de 2001 en adelante se ha mantenido por debajo del promedio histórico, reducida a 41,0% en la comparación 2011-2006; aunque elevándose al 50,3% en los comicios de 2016. La volatilidad electoral de la rama legislativa alcanzó mínimos históricos (30,2% en el periodo 2011-2006), aunque superó el promedio histórico (46,5%) y llegó al 54,6% en 2016.

Quiero enfatizar que la volatilidad electoral en el Perú sigue siendo alta, pero la situación en el último ciclo democrático (2001-2016) no es peor que la del periodo de mayor "fortaleza" del sistema de partidos peruano (1980-1992). La elevada volatilidad electoral desde el regreso a la democracia en 1980 y hasta 1990 (53,7% en promedio) es típica en sistemas políticos embrionarios. Con el colapso del sistema de partidos (1992) la representación resultante (del fujimorismo) desapareció poco después (2000), e impactó negativamente en la competencia política, el funcionamiento sistémico del conjunto de partidos y la estabilidad del régimen. El retorno a la competencia electoral regular en 2001 ha favorecido ligeramente la reducción de la volatilidad (46,7% como volatilidad general promedio). La política poscolapso partidario en Perú es así menos volátil que cuando sus partidos fueron, aparentemente, más arraigados socialmente, como ilustra el cuadro 5.3.

Una crítica a la medición de volatilidad electoral que realizo es que el cálculo conjunta la volatilidad sistémica con la volatilidad extrasistémica. Según Sánchez (2009), es necesario distinguir a los partidos principales o sistémicos de los debutantes efímeros, pues los últimos generan volatilidad extrasistémica. Siguiendo esta idea, partidos sin sistema son aquellos en los que los partidos extrasistémicos se vuelven rápidamente dominantes, los cuales están menos desarrollados en comparación con aquellos que exhiben volatilidad sistémica. Una segunda crítica cuestiona el uso de una

Cuadro 5.3
VOLATILIDAD ELECTORAL, 1980-2016

Años	Presidencial (P)	Legislativa (L)	Promedio (P+L)/2
1980-1985	49,1	46,1	47,6
1985-1990	64,1	55,6	59,8
1990-1995	64,6	66,3	65,5
1992-1995	27,6	---	---
1995-2000	40,5	35,1	37,8
2000-2001	70,3	46,8	58,5
2001-2006	48,0	56,2	52,1
2006-2011	41,0	30,2	35,6
2011-2016	50,3	54,6	52,3
Promedio histórico	53,5	46,5	50,0

Fuente: ONPE. Elaboración propia.

estrategia de emparejamiento en la aplicación del cálculo de volatilidad electoral realizado, porque puede asumir que "dos partidos completamente diferentes pueden ser tomados como iguales o equivalentes en los términos de lo que representan para los electores" (Aragón e Incio 2015: 8).

Aunque son críticas válidas, es importante recordar que en un escenario poscolapso del sistema de partidos (capítulo 1 e introducción de este capítulo) los límites entre el establishment y el antiestablishment son fluidos. Vehículos personalistas de *outsiders* antiestablishment pueden volverse fuerzas proestablishment en una elección y revertirse en la siguiente. Por ejemplo, votar a favor de Ollanta Humala en 2006 era ser antiestablishment, pero en 2011 ya podía interpretarse como un "moderado" integrante del "reparto". O votar por Toledo, que en 1995 significaba favorecer al *statu quo* político mientras que en 2000 fueron votos antiestablishment fujimorista. La diferenciación entre volatilidad sistémica y antisistémica no sigue el criterio tradicional de pertenencia al sistema; si la diferencia entre ambas categorías no es lo suficientemente clara, pierde sentido analizar la volatilidad en estos términos.

Adicionalmente, en los escenarios poscolapso del sistema de partidos las nuevas organizaciones no suelen estar institucionalizadas, mucho menos sin el acceso a recursos estatales. Ello favorece que los postores a Palacio armen equipos de dirigentes y aglutinen seguidores leales dispuestos a descartar emblemas de partido o a "contratar" maquinarias para cada campaña. Solamente un conocimiento cualitativo del caso permite el "emparejamiento" de organizaciones políticas según la continuidad de sus proyectos políticos.

Para los propósitos de analizar volatilidad y política centrada en candidatos, emparejé los emblemas de partidos de Ollanta Humala (Unión por el Perú en 2006 y Partido Nacionalista Peruano desde 2011), los emblemas partidarios del fujimorismo (Alianza para el Futuro en 2006, Fuerza en 2011 y Fuerza Popular desde 2013), los correspondientes a Toledo (CODE-País Posible en 1995 y Perú Posible desde 2000) y las diferentes alianzas del PPC (Unidad Nacional en 2001 y 2006, y Alianza por el Gran Cambio en 2011). También se compara las dos candidaturas de Pedro Pablo Kuczynski (Alianza por el Gran Cambio en 2011 y su propia organización, Peruanos por el Kambio, en 2016). Solo Alan García y Lourdes Flores postularon a la presidencia bajo un único partido político (APRA y PPC, respectivamente); en el caso de Flores, ocurrió con el auspicio de la alianza política Unidad Nacional. En las elecciones de 2011, el PPC se incorporó a una alianza similar, esta vez llamada Alianza para el Gran Cambio, y en las de 2016 se asoció a la Alianza Popular (con el APRA). El siguiente cuadro resume la información.

Cuadro 5.4
MARCAS POLÍTICAS POR CANDIDATO PRESIDENCIAL RECURRENTE

Candidato presidencial	Primera marca de partido	Segunda marca de partido
Ollanta Humala	Unión por el Perú (2006)	Partido Nacionalista Peruano (2011)
Keiko Fujimori	Fuerza 2011 (2011)	Fuerza Popular (2013, 2016)
Alejandro Toledo	CODE-País Posible (1995)	Perú Posible (2000, 2001, 2011, 2016)
Pedro Kuczynski	Alianza por el Gran Cambio (2011)	Peruanos por el Kambio (2016)
Alan García	APRA (1985, 2001, 2006, 2016)	APRA-Alianza Popular (2016)
Lourdes Flores	PPC-Unidad Nacional (2001, 2006)	PPC-Alianza Popular (2016)*

* Candidatura a la vicepresidencia.
Fuente: Jurado Nacional de Elecciones.

Históricamente, los partidos tradicionales han participado en diferentes coaliciones electorales para poder ser más competitivos, incluyendo al APRA en la elección de 2016. APRA, PPC y AP sobrevivieron al colapso del sistema de partidos debido a la optimización de sus recursos políticos (Cyr 2012), y, por consiguiente, mantuvieron sus estructuras organizacionales —aunque a un nivel mínimo—. Si bien el PPC y la AP no han producido recientemente liderazgos políticos carismáticos —en comparación con el APRA—, sus candidatos presidenciales han sido relativamente competitivos (Lourdes Flores por el PPC en 2001 y 2006, Valentín Paniagua en 2006 y Alfredo Barnechea en 2016) o se han integrado a coaliciones mayores para beneficiarse de candidatos más populares procedentes de organizaciones aliadas (PPC en 2011, AP en 2011, APRA y PPC juntos en 2016). Esta estrategia les ha permitido mantener su registro oficial y representación en el Congreso, como vemos en el siguiente cuadro.

Cuadro 5.5
Partidos tradicionales (PPC y AP) y coaliciones electorales, 2001-2016

Alianza electoral	Miembros de la alianza
Unidad Nacional (2001)	PPC + Solidaridad Nacional + Renovación Nacional + Cambio Radical
Unidad Nacional (2006)	PPC + Solidaridad Nacional + Renovación Nacional
Alianza para el Gran Cambio (2011)	PPC + Alianza para el Progreso + Restauración Nacional + Partido Humanista Peruano
Frente de Centro (2006)	Acción Popular + Somos Perú + Coordinadora Nacional de Independientes
Alianza Electoral Perú Posible (2011)	Perú Posible + Acción Popular + Somos Perú
Alianza Popular (2016)	APRA + PPC + Vamos Perú

Fuente: Jurado Nacional de Elecciones, ONPE.

Para complementar los resultados de volatilidad, realicé un análisis de correlación de resultados electorales tomando como referencia la menor unidad de análisis posible (en este caso, distritos para las candidaturas presidenciales comprendidas entre 2001 y 2011, y provincias para 2016).[4] De 1635 distritos, rastreo la continuidad

4. Reconozco las limitaciones de falacia ecológica que se dan en el interior de estas unidades agregadas (problema potencialmente similar al del índice de volatilidad), empero esta es la mejor data disponible para detectar regularidades geográficas del comportamiento electoral.

del apoyo electoral del APRA (García 2006 y García 2001), del PPC y sus alianzas (Flores 2001 y Flores 2006, Flores 2006 y Kuczynski 2011), el fujimorismo (Chávez 2006 y Keiko Fujimori 2011), al igual que proyectos personalistas como el de Toledo (2001 y 2011) y los vehículos electorales de Humala (2006 y 2011).

La evidencia sugiere que la mayoría de los proyectos políticos son geográficamente estables: el partido más institucionalizado (APRA), el vehículo político más personalista (el de Humala) y el partido que ha sobrevivido a través varias coaliciones electorales (PPC-Unidad Nacional-Alianza para el Gran Cambio). El voto a favor de García exhibe la correlación más alta en dos elecciones (0,86), lo que se explica por la combinación de recursos organizacionales (APRA) y consideraciones personalistas (carisma del líder). El respaldo a Humala es también consistente (0,79), razonablemente por su persistente discurso antiestablishment. El fujimorismo también exhibe una alta correlación (0,67) entre el desempeño electoral de Chávez en 2006 y el de Fujimori en 2011, lo que apunta a la continuidad entre ambas candidaturas fujimoristas, que se extenderá hasta 2016. Sorprendentemente, las alianzas derechistas Unidad Nacional (2006) y Alianza por el Gran Cambio (2011) se correlacionan moderadamente (0,62), debido, quizás, a que el respaldo electoral se fragmentó entre dos candidatos (Flores en 2006 y Kuczynski en 2011).

Por el contrario, la baja correlación (0,38) del desempeño electoral de Toledo apunta al declive de su apoyo y a la migración de su electorado. Las campañas de Flores en 2001 y 2006 presentan una baja correlación (0,27), lo cual podría deberse al refuerzo "artificial" que la candidata obtuvo en 2001. En sus palabras:

> Mi base de apoyo en la elección del 2001 tomó mucho del fujimorismo. Recuerda que los fujimoristas no tuvieron candidato en aquellas elecciones [...]. Soy consciente de que un sector de fujimo-

ristas votaó por mí en el 2001, pero ello me permitió incrementar mi caudal propio para el 2006. De hecho, esta última es más auténtica porque yo misma la construí.[5]

Los resultados de las correlaciones de las candidaturas del periodo 2001-2011 se pueden apreciar en el cuadro 5.6a.

Cuadro 5.6a
Correlación del desempeño electoral de candidatos presidenciales

Voto presidencial	Correlación de Pearson
García 2006-García 2001	0,86
Humala 2011-Humala 2006	0,79
Fujimori 2011-Chávez 2006	0,67
Kuczynski 2011-Flores 2006	0,62
Toledo 2011-Toledo 2001	0,38
Flores 2006-Flores 2001	0,27

Nota: Data no disponible a escala distrital para las elecciones de 2000.
Fuente: Jurado Nacional de Elecciones. Elaboración propia del autor.

Estas continuidades territoriales de proyectos políticos persisten en 2016. Son altas las correlaciones entre los porcentajes obtenidos por las principales candidaturas presidenciales de 2016 y los de los comicios de 2011. Sobresale la correlación de la votación a favor de Fujimori (0,82) en 2016 con su apoyo en 2011. Hasta el apoyo a Verónika Mendoza en 2016 está altamente correlacionado con el recibido por Ollanta Humala en 2011 (0,79), lo cual apunta a un asentamiento territorial de una tradición de izquierda

5. Flores, 12 de febrero de 2013.

más allá del candidato en particular. La correlación entre las dos votaciones presidenciales de Kuczynski (2011 y 2016) es igualmente alta (0,71), pero inferior a la de la tradición izquierdista. Entonces, a pesar de la alta volatilidad electoral, existen patrones de enraizamiento territorial de personalismos (Fujimori, Humala) y tradiciones ideológicas (la izquierda en el caso de Humala y Mendoza, la derecha en el caso de Flores y Kuczynski) que no se debe desconocer (véase cuadro 5.6b), y que podrían indicar la existencia de clivajes territoriales que influyan en la construcción de bases territoriales partidistas.

Cuadro 5.6b

CORRELACIÓN DEL DESEMPEÑO ELECTORAL DE CANDIDATOS PRESIDENCIALES

Voto presidencial	Correlación de Pearson
Fujimori 2011-Fujimori 2016	0,82
Humala 2011-Mendoza 2016	0,79
Kuczynski 2011-Kuczynski 2016	0,71

Nota: Data disponible a escala provincial.
Fuente: Jurado Nacional de Elecciones. Elaboración propia del autor.

Los casos descritos sugieren una racionalidad territorial que puede explicar la relativa estabilidad de la competencia electoral a pesar del mantenimiento de la volatilidad electoral (índice de Pendersen), y aun cuando no siempre repiten los mismos candidatos presidenciales y la endémica debilidad de las estructuras partidarias. La evidencia muestra que no obstante las debilidades de las organizaciones políticas, la fluidez de las coaliciones electorales y la predominancia de una política basada en candidatos (cuyos casos exitosos apelan a tradiciones ideológicas), la competencia electoral manifiesta una regularidad mayor a la registrada durante el mejor momento de la actividad partidaria peruana, que son los años ochenta. Considero que en cuanto a fortaleza partidaria se ha idealizado la década del retorno a la democracia en comparación con el posfujimorismo, cuando en la práctica la debilidad partidaria en el Perú se ha mantenido.

Las raíces partidarias en la sociedad peruana

Un elemento latente en la institucionalización del sistema de partidos es el arraigo social del partido. Se argumenta que los partidos en sistemas de partidos institucionalizados desarrollan raíces fuertes y estables en la sociedad; que estas raíces dependen de la coherencia ideológica entre las plataformas de los partidos y las preferencias de los votantes (tanto en relación con el posicionamiento programático general como con temas particulares) o de clivajes sociales que estructuran la competición partidaria (Mainwaring y Scully 1995). No obstante, se ha demostrado que los vínculos programáticos —aunque mediadores importantes en la estabilización de la competencia política— no son necesariamente fuertes en dichos sistemas de partidos, y que existen otras clases de conexiones entre las élites y el electorado que también pueden favorecer la estabilidad sistémica (Mainwaring y Torcal 2006). Vínculos políticos alternativos, como los clientelistas o personalistas (Kitschelt 2000), también estructuran la competencia política. Asimismo, el cultivo de identidades partidarias puede generar lazos tradicionales/afectivos efectivos (Mainwaring y Torcal 2006).

En resumen, la gama de conexiones entre los políticos y los ciudadanos es más amplia que una simple alternativa ideológica y más compleja que la conceptualización de conexiones entre partidos organizados y seguidores disciplinados. En la práctica, las conexiones difieren significativamente de lo que esperan las teorías tradicionales, particularmente en sistemas de partidos no institucionalizados. Ello da pie a ciertos cuestionamientos a la teoría, los cuales se revisan a continuación.

Primero, la existencia de vínculos ideológicos asume la premisa de que los partidos políticos institucionalizados son capaces de elaborar plataformas sofisticadas alrededor de asuntos programáticos. Según la literatura especializada, la ideología es un atajo cognitivo que permite a los partidos comunicar argumentos complejos a una ciudadanía con escasos recursos para invertir en información (Aldrich 1995). Solo cuando los políticos ambiciosos resuelven sus problemas de elección social (a través de la creación de un partido político consolidado) son capaces de transmitir mensajes programáticos al electorado. Este supuesto, empero, no es necesariamente certero. Partidos políticos débiles, e incluso organizaciones centradas en candidatos, son capaces de comunicar posiciones ideológicas y emplearlas para atraer a su electorado. Así, es posible rastrear la importancia de los referentes programáticos en la selección de candidatos presidenciales durante y después del colapso del sistema de partidos peruano.

En un contexto de colapso del sistema de partidos es más difícil para los votantes identificar las diferencias o matices programáticos (posicionamiento ideológico de los candidatos presidenciales en el continuo ideológico convencional, donde 1 expresa la extrema izquierda y 10 la extrema derecha). El colapso de los partidos resiente igualmente a sus referentes programáticos y condiciona que las nuevas agrupaciones apelen al electorado en términos no programáticos. Por ejemplo, durante el periodo de mayor crisis partidaria, los partidos políticos fueron incapaces de presentar candidatos que apelaran a posiciones ideológicas que los diferenciasen entre sí ante el electorado. Por ejemplo, en la campaña electoral de 1995, los votantes identificaron a Alberto Fujimori (5,5) muy cercano a su candidato opositor, Javier Pérez de Cuellar

(5,7); no existe una diferencia estadística significativa entre ambos promedios.[6] Esta situación se repite incluso en circunstancias más polarizadas, como las elecciones del año 2000.[7] En términos programáticos convencionales, los candidatos presidenciales peruanos durante la década de 1990 parecían ser intercambiables.

En la última década, sin embargo, se registra cambios significativos en la materia. A pesar de que los candidatos presidenciales carecían de organizaciones partidarias bien estructuradas, fueron capaces de transmitir efectivamente sus posturas ideológicas al electorado y apelar a los ciudadanos en esos términos. Datos de encuestas nacionales reportan diferencias estadísticamente significativas respecto del posicionamiento ideológico (escala convencional) de los candidatos presidenciales durante la primera vuelta electoral de 2011: Ollanta Humala (3,4), Alejandro Toledo (6,1), Luis Castañeda (6,5), Keiko Fujimori (6,7) y Pedro Pablo Kuczynski (7,2) (fuente: IOP-PUCP). El electorado notó incluso la moderación programática de Humala y de Fujimori para el balotaje de ese año: Humala se movió de 3,4 a 4,0 y Keiko Fujimori de 6,7 a 6,3 (diferencias estadísticamente significativas entre candidatos; Instituto de Opinión Pública de la Pontificia Universidad Católica del Perú 2011). Asimismo, información secundaria sobre la campaña electoral de 2016 apunta a un Kuczynski más liberal que Fujimori en asuntos sociales (empleando varios proxies como "unión civil entre personas de un mismo sexo" y "justificaciones sobre la práctica del aborto"), pero ambos candidatos están más "a la derecha" en términos económicos que Mendoza (blog QuipuPolitik, diario *El Comercio*). Así, a pesar de la ausencia de partidos programáticos, las principales candidaturas presidenciales en

6. Véase <http://www.worldvaluessurvey.org/WVSDocumentationWV3.jsp>.

7. Véase <http://www.worldvaluessurvey.org/WVSDocumentationWV4.jsp>.

Perú proyectan al electorado posicionamientos distintivos en *issues* programáticos.

Segundo, pese a los bajos niveles de organización partidista, los electores peruanos tienden a elegir basados en consideraciones programáticas (por lo menos en las elecciones presidenciales de 2011). Cuando los electores han desarrollado preferencias más o menos estables por opciones políticas particulares es porque creen que estas alternativas representan mejor sus intereses programáticos. En los 12 modelos logísticos binomiales realizados (considerando la elección del voto de 2011 como la variable dependiente), el autoposicionamiento ideológico fue un predictor eficiente en comparación con otras variables sociodemográficas (ingreso, sexo, edad, educación). El autoposicionamiento en el espectro izquierda-derecha es estadísticamente significativo y está relacionado con la mayoría de preferencias electorales durante la primera y segunda vuelta electoral en 2011 (véase cuadros 5.7a y 5.7b).

En ambas series, el autoposicionamiento ideológico ("ideología") fue el mejor predictor del voto a favor de Humala, Fujimori y Kuczynski (primera vuelta), al igual que la elección del voto en el balotaje. Todos fueron estadísticamente significativos al 99% del intervalo de confianza estadístico. En contraste, esta medición ideológica no fue un predictor eficiente de las preferencias electorales en favor de Toledo (modelo 4) y Castañeda (modelo 11) (primera vuelta de 2011). Al calcular las probabilidades respectivas, los resultados indican que el movimiento de una unidad hacia la derecha en el continuo de autoidentificación ideológica reducía la posibilidad de votar por Humala del 64% al 12% (cálculo a partir del modelo 1) y del 59% al 19% (cálculo a partir del modelo 7). Segundo, un movimiento hacia la derecha incrementaba la probabilidad de votar por Fujimori del 9% al 32% (cálculo a partir del modelo 2) y del 9% al 40% (cálculo a partir del modelo 8). Tercero, un movimiento hacia la derecha aumentaba la probabilidad de votar por Kuczynski del 11% al 36% (cálculo a partir del modelo 3) y del 9% al 32% (cálculo a partir del modelo 9). Finalmente, para la segunda vuelta de aquellos comicios un movimiento a la derecha acrecentaba la probabilidad de votar por Fujimori del 21% al 75% (cálculo a partir del modelo 6) y del 12% al 69% (cálculo a partir del modelo 12). Todos los modelos fueron controlados por variables sociodemográficas convencionales, y fueron educación y sexo las de mayor relevancia estadística en la formación de preferencias electorales.

Cuadro 5.7a

Autoposicionamiento como predictor del voto.
Resultados binarios logit
(encuesta conducida después de la primera vuelta en 2011)

	Modelo 1	Modelo 2	Modelo 3	Modelo 4	Modelo 5	Modelo 6
	OH1v	KF1v	PPK1v	AT1v	LC1v	Vote2v
Ideología	-0,253***	0,150***	0,144***	-0,052	0,137***	0,237***
	(-0,027)	(-0,028)	(-0,028)	(-0,035)	(-0,036)	(-0,026)
Ingreso	-0,004**	0,0004	0,007***	-0,002	-0,001	0,005***
	(-0,001)	(-0,002)	(-0,001)	(-0,002)	(-0,002)	(-0,001)
Sexo	0,460***	-0,386***	0,019	-0,093	-0,405**	-0,414***
	(-0,132)	(-0,146)	(-0,14)	(-0,178)	(-0,189)	(-0,127)
Edad	0,001	-0,006	-0,007	0,009*	0,002	-0,004
	(-0,004)	(-0,005)	(-0,004)	(-0,005)	(-0,006)	(-0,004)
Educación	-0,181***	-0,174***	0,276***	0,104**	0,036	0,063**
	(-0,032)	(-0,037)	(-0,035)	(-0,042)	(-0,045)	(-0,03)
Constante	1,470***	-0,761**	-3,527***	-2,630***	-3,003***	-1,341***
	(-0,325)	(-0,370)	(-0,370)	(-0,433)	(-0,482)	(-0,314)
R2	0,10	0,05	0,08	0,01	0,02	0,08
N	1207	1207	1207	1207	1207	1122

* $p < 0,1$, ** $p < 0,05$, *** $p < 0,01$

Cuadro 5.7b
AUTOPOSICIONAMIENTO COMO PREDICTOR DEL VOTO.
RESULTADOS BINARIOS LOGIT
(encuesta conducida después de la primera vuelta 2011)

	Modelo 7	Modelo 8	Modelo 9	Modelo 10	Modelo 11	Modelo 12
	OH1v	KF1v	PPK1v	AT1v	LC1v	Vote2v
Ideología	-0,180***	0,188***	0,152***	-0,084**	0,028	0,272***
	(0,028)	(0,307)	(0,033)	(0,038)	(0,041)	(0,030)
Ingreso	0,448***	0,0005	0,006***	0,002	0,001	0,003*
	(0,086)	(0,001)	(0,001)	(0,002)	(0,002)	(0,001)
Sexo	0,367***	-0,588***	0,115	-0,167	-0,265	-0,312**
	(0,134)	(0,149)	(0,153)	(0,187)	(0,207)	(0,137)
Edad	0,211**	0,004	-0,108**	0,012**	0,002	-0,001
	(0,085)	(0,005)	(0,005)	(0,006)	(0,006)	(0,004)
Educación	-0,049	-0,181***	0,335***	0,153***	-0,011	0,087**
	(0,042)	(0,037)	(0,040)	(0,045)	(0,050)	(0,034)
Constante	-1,571***	-1,092***	-4,034***	-2,886***	-2,325***	-2,254***
	(0,607)	(0,375)	(0,421)	(0,460)	(0,515)	(0,364)
R2	0,09	0,07	0,10	0,02	0,004	0,09
N	1105	1105	1105	1105	1105	1005

* $p < 0,1$, ** $p < 0,05$, *** $p < 0,01$

Incluso algunos "asuntos" públicos (*issues*) prueban ser decisivos en elecciones altamente competitivas, como la segunda vuelta entre Humala y Fujimori en 2011. Entre varios tipos de consideraciones electorales, los encuestados seleccionaban cuál candidato presidencial representaba mejor el "cambio", la "mano dura", la participación popular y la defensa de los derechos humanos; el último tema fue la única variable de significancia estadística para predecir —de manera eficiente— las preferencias electorales en la segunda vuelta electoral de 2011. Si un elector cree que los derechos humanos deben ser una prioridad para el siguiente gobierno, la probabilidad de votar por Fujimori cae del 46% al 34%, mientras que la probabilidad de votar por Humala crece del 45% al 55%. Contrario a las expectativas teóricas, las consideraciones programáticas y asuntos sofisticados como la importancia de los derechos humanos pueden ser, en coyunturas determinantes, predictores relevantes del comportamiento electoral, inclusive ante la ausencia de partidos políticos estructurados y la influencia del personalismo en la política.

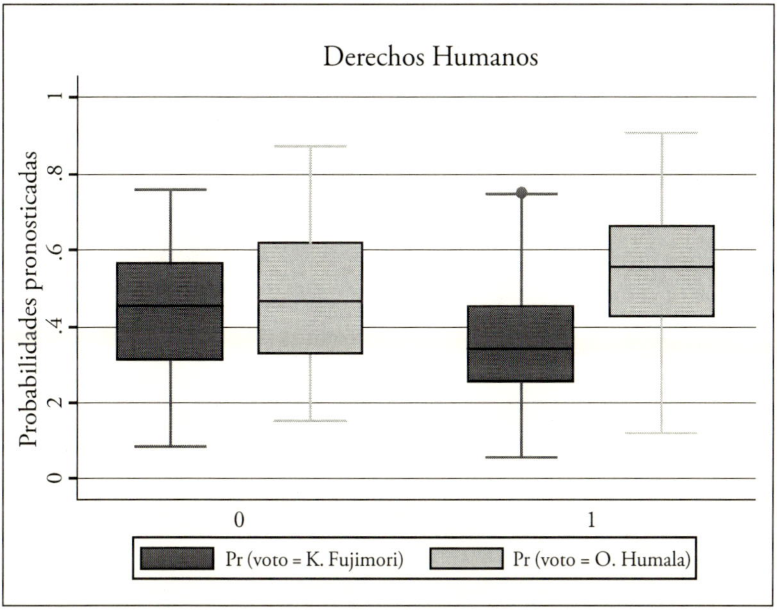

Fuente: Elaboración del autor.

La preeminencia de consideraciones programáticas en la decisión electoral no elimina la importancia relativa de otros tipos de vínculos. Mientras las teorías convencionales sobre vínculos políticos asumen implícitamente que los partidos políticos persiguen un solo tipo de vínculo a la vez (Kitschelt 2000), nueva evidencia sugiere que diferentes tipos de vínculos se pueden combinar o, más específicamente, segmentar (Luna 2014a). Según Luna, estrategias de vinculación segmentadas y armonizadoras pueden persistir en sociedades desiguales en términos económicos y atraer a subpoblaciones del electorado según sus particulares características. Del mismo modo, considero factible que signos programáticos y características personalistas en ciertas candidaturas (por ejemplo, ser "un político nuevo") se combinen como conexiones fundamentales entre la oferta electoral y el electorado.

En escenarios poscolapso del sistema de partidos, las conexiones entre las élites y los electores conjugan tipos de vínculos convencionales y alternativos. Ya he demostrado (capítulo 2) que identidades partidarias emergente y sobreviviente (fujimorismo y aprismo, respectivamente) son ideológicamente flexibles y están significativamente influenciadas por el carisma personal de sus líderes. De igual manera, el surgimiento de Ollanta Humala (entre 2006 y 2011) no se explica exclusivamente por su discurso ideológico —como lo muestran los modelos anteriores—; también se entiende por "ser nuevo en la política", característica símbolo de su campaña. Aunque la elección presidencial en 2011 fue la segunda competencia electoral nacional del exteniente, sus atractivos antiestablishment continuaron siendo creíbles; seguía siendo percibido como un político alternativo y retador del "elenco estable". (Este tipo de característica personalista pudo haber influido también en la emergencia de la candidatura de Julio Guzmán en 2016. Su exclusión de la campaña nos impidió corroborar esta razonable hipótesis.)

Para identificar el poder predictivo de la novedad como atractivo electoral determinante en las preferencias electorales, se empleó un análisis binomial de regresión logística (controlando por variables sociodemográficas regulares). Como referencia se incluyó preguntas de dos encuestas realizadas en 2011, relativas al principal criterio de selección que emplean los individuos para elegir candidatos presidenciales. Entre ellas, "ser nuevo en la política" era una alternativa entre diversas opciones de vínculos políticos (plataforma electoral, clientelista, experiencia personal y partidismo). Ser nuevo en política fue el principal criterio para elegir a un candidato presidencial para el 14,3% y el 15,1% de los entrevistados en la primera y segunda encuesta de 2011, respectivamente (véase cuadro 5.8a).

Ser nuevo en política fue igualmente un predictor eficiente y significativo del voto a favor de Humala (primera y segunda vuelta), además de explicar la oposición a Kuczynski y, en menor grado, a Castañeda. La "novedad" en la arena política incrementó la probabilidad de votar por Humala de 30% a 50% (cálculo a partir del modelo 13) y de 34% a 48% (cálculo a partir del modelo 19) en primera vuelta; y disminuyó la probabilidad de no votar por él (en segunda vuelta) de 42% a 21% (cálculos a partir del modelo 18 y modelo 24). Por el contrario, como muestra el cuadro 5.8b, redujo la probabilidad de votar por actores estables del elenco electoral como Kuczynski de 22% a 15% (cálculo a partir del modelo 15) y de 20% a 8% (cálculo a partir del modelo 21). Esta variable también recortó la probabilidad de votar por Castañeda de 11% a 7% (cálculo a partir del modelo 17) y de 10% a 6% (cálculo a partir del modelo 23), aunque en el último caso la relación es estadísticamente significativa al 90% del intervalo de confianza.

En algunos aspectos no sorprende que "ser nuevo en política" sea un factor explicativo del voto en un escenario poscolapso del

Cuadro 5.8a

La "novedad" como atractivo electoral predictor del voto presidencial. Resultados binarios logit (encuesta primera vuelta de 2011)

	Modelo 13	Modelo 14	Modelo 15	Modelo 16	Modelo 17	Modelo 18
	OH1v	KF1v	PPK1v	AT1v	LC1v	Vote2v
Novedad	0,809***	-0,238	-0,467**	-0,725**	-0,538*	-0,871***
	(0,15)	(0,184)	(0,214)	(0,288)	(0,290)	(0,169)
Ingreso	-0,002*	0,0002	0,007***	-0,001	-0,001	0,002*
	(0,001)	(0,001)	(0,001)	(0,002)	(0,002)	(0,001)
Sexo	0,621***	-0,503***	0,003	-0,16	-0,416***	-0,561***
	(0,108)	(0,119)	(0,976)	(0,148)	(0,159)	(0,105)
Edad	0,001	-0,007*	-0,008*	0,010**	0,005	-0,005*
	-0,003	(0,004)	(0,004)	(0,004)	(0,005)	(0,003)
Educación	-0,151***	-0,210***	0,275***	0,065*	0,045	0,03
	(0,027)	(0,031)	(0,030)	(0,035)	(0,037)	(0,025)
Constante	-0,279	0,532**	-2,619***	-2,509***	-2,261***	0,395*
	(0,237)	-0,268	(0,270)	(0,321)	(0,343)	(0,228)
N	1675	1675	1675	1675	1675	1530

* $p < 0,1$, ** $p < 0,05$, *** $p < 0,01$

Cuadro 5.8b

La "novedad" como atractivo electoral predictor del voto presidencial. Resultados binarios logit (encuesta segunda vuelta de 2011)

	Modelo 19	Modelo 20	Modelo 21	Modelo 22	Modelo 23	Modelo 24
	OH1v	KF1v	PPK1v	AT1v	LC1v	Vote2v
Novedad	0,561***	-0,202	-1,110***	-0,085	-0,528*	-1,004***
	(-0,155)	(0,178)	(0,267)	(0,218)	(0,292)	(0,185)
Ingreso	-0,004***	0,001	0,005***	0,001	0,002	0,003**
	(0,001)	(0,001)	(0,001)	(0,001)	(0,002)	(0,001)
Sexo	0,588***	-0,610***	0,019	-0,168	-0,136	-0,526***
	(0,113)	(0,124)	(0,133)	(0,153)	(0,173)	(0,116)
Edad	0,005	0,002	-0,013***	0,007	0,0001	-0,002
	(-0,003)	(0,004)	(0,004)	(0,005)	(0,005)	(0,003)
Educación	-0,165***	-0,178***	0,305***	0,085**	-0,01	0,045
	(0,028)	(0,031)	(0,033)	(0,036)	(0,042)	(0,028)
Constante	-0,101	0,065	-2,650***	-2,597***	-2,041***	-2,655
	(0,249)	(-0,275)	(0,302)	(0,339)	(0,382)	(0,255)
N	1472	1472	1472	1472	1472	1324

* p < 0,1, ** p < 0,05, *** p < 0,01

sistema de partidos. En las democracias sin partidos, la política basada en candidatos se caracteriza —según la literatura— por la existencia de organizaciones políticas que confluyen alrededor de atractivos personalistas (y como tal temporales). Por tal motivo, la evidencia que se provee en esta sección es coherente con la literatura especializada. Curiosamente, el autoposicionamiento ideológico, un factor esperado en sistemas de partidos institucionalizados, también es un predictor eficiente. De hecho, la mayoría de los candidatos presidenciales en las elecciones peruanas de 2011 y de 2016 desarrollaron algún tipo de conexión ideológica (excepto Toledo en 2011). Otros candidatos fueron atractivos por su novedad en la política (Humala en 2011) o su pertenencia al establishment (Kuczynski y Castañeda en 2011).

Los proyectos políticos relativamente insistentes en el panorama político peruano desarrollan estrategias que —deliberadamente o no— tienden a generar vínculos con sectores de la sociedad a pesar del debilitamiento orgánico de sus estructuras. Basadas en el carisma de sus líderes y en consideraciones programáticas, dichas estrategias buscan cohesionar a sus seguidores más leales alrededor de identidades políticas (aunque sea en contados ciclos electorales). En este sentido podemos arribar preliminarmente a dos conclusiones: 1) no existe una necesidad de partidos políticos institucionalizados para ensayar conexiones programáticas con el electorado y 2) los vínculos programáticos y personalistas se pueden combinar y complementar entre sí, aun cuando los partidos políticos son débiles orgánicamente e incapaces de desarrollar vínculos clientelistas, últimamente desacreditados en Perú. Analizando la serie de comicios presidenciales es posible afirmar que, en relación con el arraigo en la sociedad, los partidos políticos peruanos relativamente exitosos lo son precisamente porque han desarrollado características programáticas de corto y mediano alcance temporal que los diferencian de sistemas no partidarizados (como podrían ser Guatemala y Ecuador) (véase Sánchez 2009).

Legitimidad

Según Mainwaring y Scully (1995: 14), deberíamos esperar que en un sistema de partidos institucionalizado los procesos electorales y los partidos gocen de altos niveles de legitimidad; es decir, "ciudadanos e intereses organizados deben percibir que los partidos y las elecciones son los medios para determinar quién gobierna y que, por lo tanto, el proceso electoral y los partidos gozan de la respectiva legitimidad". La legitimidad —como la solidez de las organizaciones partidarias y el arraigo social de los partidos— es un componente fundamental que facilita la institucionalización del sistema de partidos (Mainwaring, Bizzarro y Petrova 2018).

En el estudio de la legitimidad en el proceso electoral los especialistas han empleado diversas aproximaciones metodológicas. Por mi parte, considero la evolución del voto válido como un proxy (indicador aproximado) tal como ha sido empleado en otros trabajos. Otros autores han empleado datos de participación electoral como indicador de legitimidad (Luna y Altman 2011). Según este antecedente, la legitimidad en un sistema de partidos decae si el voto válido disminuye y los votos blancos y nulos expresan desafección por las opciones políticas ofertadas (por ejemplo, Chile en la actualidad o Venezuela antes del colapso de su sistema de partidos). Este no es el caso del Perú. Por el contrario, la proporción del voto válido en la participación electoral se ha incrementado y existe una notoria reducción del voto en blanco (especialmente en elecciones de segunda vuelta) y el voto nulo (con la excepción de las inequitativas elecciones de 2000, en las que cerca del 30% de la población votó nulo).

Cuadro 5.9
VOTO VÁLIDO, BLANCO Y NULO EN EL PERÚ, 1980-2016

Año (segunda vuelta)	Voto válido	Voto blanco	Voto nulo
1980	77,1	7,9	15
1985	86,2	6,5	7,3
1990	84,7	8,0	7,3
1990-2da	90,4	2,0	7,6
1995	82,1	9,2	8,7
2000	91,9	5,9	2,3
2000-2da	68,9	1,2	29,9
2001	86,4	10,3	3,3
2001-2da	86,2	2,7	11,1
2006	83,9	11,9	4,2
2006-2da	91,5	1,0	7,4
2011	87,7	8,8	3,4
2011-2da	93,7	0,7	5,6
2016	81,8	11,8	6,2
2016-2da	93,5	0,8	5,6

Fuente: Jurado Nacional de Elecciones.

Durante el periodo entre 1980 y 1990 —como se aprecia en el cuadro 5.9—, el porcentaje promedio del voto válido era de 84,6%, mientras que a partir de 2001 este promedio se incrementó al 88,1%. Considerando exclusivamente elecciones de primera vuelta (cuando los votantes no se ven obligados a escoger el mal menor), desde 2001 el promedio del voto válido es de 84,8% en comparación con los balotajes, en los que este indicador crece al 91,2%. La evidencia electoral agregada indica que los procesos electorales han incrementado su legitimidad en Perú y que los peruanos han reducido su rechazo a opciones electorales expresadas generalmente mediante el voto blanco o nulo. (Esto no excluye que existan regiones donde el voto inválido y el ausentismo alcanzan proporciones graves, especialmente en provincias de la Amazonía.) La participación electoral muestra promedios saludables para la institucionalización política.

Con respecto a la legitimidad de los partidos políticos, la información agregada de encuestas expuestas en series temporales (Latinobarómetro) sugiere poco cambio desde 1995. Los partidos se siguen apreciando medianamente, desde entonces, como esenciales para la democracia y como tales depositarios de la confianza ciudadana. Las proporciones de la población que creen que los partidos son esenciales para la democracia fluctúan entre 50,2% (2006) y 62,9% (1997), con un promedio de 54,8%, porcentaje diez puntos menos que el promedio latinoamericano (65% en 2013, Latinobarómetro). La mediana legitimidad de los partidos peruanos se ha mantenido estable desde 1995 en términos generales (véase cuadro 5.10).

En cuanto a la confianza en los partidos políticos, la información agregada de encuestas de opinión (Latinobarómetro) muestra fluctuaciones en la evolución de las proporciones. Quienes desconfían de los partidos políticos oscilan entre el 30,3% (2001) y el 64,8% (2003) de los entrevistados, con un promedio de 45,2% para el periodo 1995-2015. Como sucede con la legitimidad partidaria, la confianza en los partidos políticos en Perú es mediocre, inferior al promedio latinoamericano, aunque estable, pues no ha decaído de manera significativa en el periodo expuesto (véase cuadro 5.11).

Tomando en cuenta la relevancia de los partidos políticos para la democracia y la confianza en ellos, la legitimidad de los partidos en el Perú es deficiente, aunque la tendencia no exhibe un patrón negativo si se compara a lo largo del tiempo, sino una estabilidad

Cuadro 5.10

Legitimidad de los partidos: "esenciales para la democracia", 1995-2013

Democracia y partidos	1995	1997	2000	2001	2002	2005	2006	2008	2009	2010	2011	2013
Los partidos son esenciales para la democracia	52,9	62,9	58,9	50,9	56,9	52,9	52	52,5	50,2	57,3	55,8	49,4
La democracia puede funcionar sin partidos	36,6	27,5	27,3	32,5	28,4	35,7	34,9	33,9	32,9	29,2	31,9	36,2
No contesta	8,5	1,7	12	3,6	2,1	2,1	2,2	1,6	2,9	2,2	3,1	1,2
No sabe	2	7,9	1,7	13	12,6	9,3	10,8	12	14	11,2	9,2	13,2
Total	100	100	100	100	100	100	100	100	100	100	100	100

Fuente: Latinobarómetro.

Cuadro 5.11

Porcentajes de confianza en los partidos políticos, 1995-2015

	1995	1996	1997	1998	2000	2001	2002	2003	2004	2005	2006	2007	2008	2009	2010	2011	2013	2015
Mucha	3,3	2,9	3,4	1,9	1,5	2,3	2	0,4	0,3	1,9	1,2	1,2	0,9	0,4	0,7	0,4	0,6	1,2
Algo	17,1	15,6	17,2	14,7	17,3	21,1	10,8	7,4	10,2	11,7	18,6	12,5	9,9	10,8	12,5	14,3	11,9	14,5
Poca	35,2	36,3	36,7	34,8	35,7	43,2	32,6	26,2	32,8	39,3	38,1	39,3	30,8	38,2	41,8	45,2	35,8	38,2
Nada	41,3	38,2	39,6	46,6	40,6	30,3	49,6	64,8	55,5	44,9	40,8	44,8	55,8	48,8	43,2	37,6	50,1	44,2
N. A.	2,1	2,8	1	0,4	1,1	1,4	1,6	0,8	0,3	0,5	0,1	0,4	0,4	0,3	0,2	0,8	0,2	0,2
N. S.	1	4,2	2,1	1,5	3,8	1,7	3,4	0,5	0,9	1,7	1,2	1,8	2,2	1,6	1,6	1,7	1,3	1,8
Total	100	100	100	100	100	100	100	100	100	100	100	100	100	100	100	100	100	100

Fuente: Latinobarómetro.

mediocre. Mientras las elecciones han mantenido su legitimidad —incluso se ha incrementado levemente la participación electoral respecto a periodos anteriores—, persiste una imagen desprestigiada de los partidos políticos.

Organización partidaria

Mainwaring, Bizzarro y Petrova (2018) señalan al nivel de organización de los partidos políticos como otro soporte para la institucionalización del sistema de partidos. Se espera que un sistema de partidos institucionalizado esté compuesto por élites políticas leales a sus partidos y legisladores disciplinados, cuyas organizaciones deberían ser ajenas a la influencia de personalismos e intereses del líder temporal. En el otro extremo, en sistemas de partidos fluidos, las personalidades individuales impactan más en las campañas electorales que las preferencias programáticas del partido; las coaliciones entre políticos no sobreviven; los *outsiders* y candidatos presidenciales antipartido son más exitosos.

En este campo específico, los partidos políticos peruanos probablemente han expuesto el nivel más bajo de política organizada en su historia, incluso si los comparamos con los de otros Estados latinoamericanos. La mayoría de la literatura describe a los partidos políticos peruanos como "caparazones vacíos", sin vínculos a escala local (Levitsky 2014), como "coaliciones de independientes" que no trascienden una elección (Zavaleta 2014) o como vehículos electorales (Sánchez 2009), entre otros atributos. De hecho, estoy de acuerdo con esta caracterización de las dimensiones orgánicas de los partidos. Los partidos políticos tradicionales (APRA, PPC, AP) o nuevos (PNP, Fuerza Popular, Somos Perú, Perú Posible, APP) carecen de fortalezas organizacionales y han perdido la capacidad de mantener la lealtad de sus legisladores hacia sus organizaciones matrices.

Según lo mencionado por Levitsky, el "transfuguismo" se ha convertido en una práctica rutinaria en la política peruana. Por ejemplo, en el cuadro 5.12a, en el Congreso unicameral, durante el periodo 2006-2011, solo un partido político (el APRA) terminó su mandato legislativo con el mismo número de legisladores electos (36). El fujimorismo perdió 1 en 2010 (terminó con 12 legisladores) y Unidad Nacional perdió 4 (terminó con 13). Unión por el Perú, el vehículo electoral que respaldó la candidatura de Humala en 2006, se dividió en dos grupos antes de la asunción presidencial (aquellos dispuestos a continuar en una posición radical endosaron a la organización propia de Humala, el Partido Nacionalista; el resto permaneció en Unión por el Perú).

Otras organizaciones políticas de menor tamaño se fragmentaron en disímiles grupos independientes y temporales (Alianza Nacional, Grupo Especial Democrático, Bloque Popular, Alianza Parlamentaria), mientras algunos legisladores quedaron sin pertenecer a ninguna bancada. Al final del periodo legislativo, 21 congresistas desertaron de su organización política original, sin incluir la división de Unión por el Perú, que adicionaría 22 deserciones más.

Escenarios similares se produjeron en lo sucesivo. En el Parlamento 2011-2016, nuevamente todos los partidos políticos "perdieron" congresistas, comenzando por el oficialista Partido Nacionalista Peruano, cuyo número de integrantes al momento de la juramentación fue de 47 y terminó en 26. El fujimorismo tampoco pudo prevenir algunas disidencias, y culminó el periodo parlamentario con 3 integrantes menos (34 de 37). Las coaliciones partidarias que funcionaron durante la campaña electoral (Frente de Centro: AP, Somos Perú, CNI) fueron fragmentándose durante el trajín legislativo y a su vez fueron perdiendo integrantes. En cinco años, un total de 54 parlamentarios cambiaron de adscripción de bancada, 10 de los cuales incluso se quedaron sin afiliación partidaria ni legislativa alguna (véase cuadro 5.12b).

El Congreso elegido en 2016 continúa la tendencia hacia la desafiliación sistemática de sus legisladores. A menos de dos años de su resonante victoria electoral parlamentaria, Fuerza Popular ha pasado de 71 parlamentarios a 59 (junio de 2018), el oficialista Peruanos por el Kambio ha pasado de 17 a 15 y la bancada de izquierda, el Frente Amplio, terminó fragmentándose en dos. La norma es que los partidos políticos peruanos enfrentan serias dificultades para mantener la lealtad de sus legisladores, lo cual demuestra que los políticos pueden sobrevivir individualmente, en algunos casos incluso con relativo éxito, pero es mucho más difícil hacerlo como parte de un colectivo.

En la arena subnacional, algunos partidos políticos han desaparecido virtualmente fuera de la capital, Lima, y se han mantenido electoralmente competitivos en limitadas jurisdicciones del país (por ejemplo, el APRA y la APP en la costa norte, el PPC en Lima). Empero, en general, la mayoría de los partidos políticos tienen mala reputación, especialmente en el interior. Varios analistas han establecido que son escasos los incentivos para la adhesión de políticos locales a las organizaciones partidarias (Levitsky 2014, Tanaka 2005). Las "marcas" partidarias suponen altos costos para los políticos que buscan ser competitivos en arenas subnacionales, pues en lugar de endorsar organizaciones nacionales se involucran en proyectos para formar organizaciones locales o adherirse a grupos "independientes", comúnmente sustitutos partidarios como empresas, universidades, estaciones de radio, etc. (Barrenechea 2014, Levitsky 2014, Zavaleta 2014). En consecuencia, los partidos políticos nacionales han abandonado la política municipal paulatinamente, lo que ha debilitado sus estructuras organizacionales en ese ámbito (véase cuadro 5.13). [8]

8. En Perú existen tres niveles de política subnacional: regiones (o departamentos), provincias y distritos. Las autoridades municipales han sido

Cuadro 5.12a

Número de legisladores por organización, 2006-2011

Grupo parlamentario	2006	2007	2008	2009	2010	2011
Unión por el Perú	42	20	8	8	9	7
Partido Nacionalista	0	22	23	22	23	25
APRA	36	36	36	36	36	36
Unidad Nacional	17	15	13	13	13	13
Alianza para el Futuro	13	13	13	13	12	12
Alianza Parlamentaria	9	9	7	7	6	6
Alianza Nacional	0	0	6	7	10	11
Grupo Especial Democrático	0	0	3	3	0	0
Bloque Popular	0	0	3	3	4	4
Sin grupo	3	5	8	8	7	10
Tránsfugas/detractores	3*	5	20	21	21	21

Fuente: Congreso Nacional del Perú.

* No se considera los 22 electos por Unión por el Perú que fundaron el Partido Nacionalista.

Durante el dominio de los partidos políticos tradicionales (1980-1992), la mayoría de los gobiernos provinciales (196 en total) fueron gobernados por representantes partidarios. Los récords electorales oficiales registran que más de la mitad de las administraciones provinciales locales eligieron oficiales pertenecientes a partidos políticos tradicionales (IU, APRA, PPC, AP). En 1996, esta proporción cayó a 7,7%, como evidencia del colapso del sistema de partidos a escala local. A finales de los años noventa, el fujimorismo fue capaz de construir una organización política nacional con desempeños relativamente exitosos en el ámbito local

electas desde los años sesenta — con la excepción del gobierno militar—. Las autoridades regionales lo han sido desde 2002.

Cuadro 5.12b
NÚMERO DE LEGISLADORES POR ORGANIZACIÓN, 2011-2016

Grupo parlamentario	2011-2012	2012-2013	2013-2014	2014-2015	2015-2016
Partido Nacionalista	47	43	43	33	26
Fuerza Popular	37	36	36	35	34
Alianza Parlamentaria (AP + Somos Perú + Perú Posible + otros)	20	0	0	0	0
Alianza por el Gran Cambio	12	9	0	0	0
Solidaridad Nacional	8	9	8	7	7
Concertación Parlamentaria (APRA + otros)	6	6	6	9	9
Perú Posible	0	10	11	11	11
Acción Popular-Frente Amplio	0	10	10	8	8
PPC-APP			7	7	7
Unión Regional		6	8	6	6
Dignidad y Democracia				10	12
Sin grupo		1	1	3	10
Total	130	130	130	129*	130
Tránsfugas/detractores	0	27	36	45	54

Fuente: Congreso Nacional del Perú.
* Al final de la legislatura de ese año el congresista fujimorista Alejandro Yovera había sido desaforado y su accesitaria, Karina Beteta, aún no recibía las respectivas credenciales.

(Vamos Vecino), lo cual explica el incremento de posiciones locales gobernadas por partidos nacionales en 1999 (54,1%).

Después de la caída de Alberto Fujimori y el declive de todas las organizaciones fujimoristas, los partidos tradicionales retornaron a la competitividad en los ámbitos nacional y legislativo

Cuadro 5.13

Número de alcaldías provinciales por partido político, 1980-2014

Partido	1980	1983	1986	1989	1992	1995	1998	2002	2006	2010	2014
APRA	22	79	160	26	26	NP	6	34	16	9	3
Fujimorismo				1	3	NP	72	NP	1	7	4
PPC/UN		2	1	16	6	NP	NP	12	9	2	0
IU	14	30	10	52	28						
Somos Perú						1	21	19	7	8	5
AP	98	35	NP	58	40	14	5	11	9	7	5
UPP/PNP						NP	2	6	10	2	0
Perú Posible						NP	NP	12	3	7	1
APP									8	14	18
Total	134	146	171	153	103	15	106	94	63	56	36
% del total	68,4	74,5	87,2	78,1	52,6	7,7	54,1	48,0	32,0	28,6	18,4

Fuente: Jurado Nacional de Elecciones.
NP: No participó
Espacios en blanco: el partido no existía.

(Kenney 2004), así como a escala municipal. En conjunción con nuevas organizaciones nacionales (Somos Perú, UPP, Perú Posible), los partidos nacionales alcanzaron el 48% de las posiciones locales (2003), aunque con un arraigo social espurio. Desde 2006, la proporción de gobiernos locales dominados por representantes de partidos nacionales ha decaído constantemente, y ha descendido del 32% (2006) al 28,6% (2010) y al 18,4% (2014). Así, incluso considerando la recuperación de la competitividad del fujimorismo a escala regional y el surgimiento de un nuevo partido nacional desde su enclave regional norteño (APP), cuyos capitales políticos se han nutrido de la política local, la recuperación de la arena subnacional tras el colapso sistémico es tremendamente deficiente.

La evidencia a escala distrital exhibe resultados similares. He organizado la información en cuatro grupos (partidos nacionales, organizaciones regionales, organizaciones provinciales y organizaciones locales) para calcular el número y la proporción de gobiernos locales (ámbito distrital) electos (2002, 2006 y 2010) según esta clasificación. La información disponible muestra la decadencia de los partidos nacionales. En las elecciones de 2002, los partidos nacionales ganaron en 61,1% de las municipalidades distritales; proporción que se mantuvo en las elecciones de 2006 (61,5%) para menguar significativamente en las elecciones de 2010 (43,2%). Por otra parte, la evidencia sugiere el dominio de los movimientos regionales en las elecciones locales (12,3% en 2002, 28,7% en 2006 y 52,6% en 2010). Los movimientos provinciales y locales han obtenido proporciones menos importantes en el ámbito distrital. En suma, mientras los partidos políticos han visto reducir su importancia a escala local, las organizaciones regionales han ganado relevancia, si bien sufren del mismo problema de representatividad (Tanaka 2005). El cuadro 5.14 exhibe la debilidad gradual de las organizaciones partidarias a escala local.

Cuadro 5.14
Número y porcentajes de alcaldías locales por tipo de organización

Organización política	2002		2006		2010	
Partidos nacionales	991	61,1%	994	61,5%	693	43,2%
Movimientos regionales	200	12,3%	463	28,7%	845	52,6%
Movimientos provinciales	284	17,5%	108	6,7%	32	2,0%
Movimientos locales	147	9,1%	50	3,1%	35	2,2%
Total	1622	100%	1615	100%	1605	100%

Fuente: Jurado Nacional de Elecciones/ONPE.

Desde 2003, los puestos de elección gubernamental en el ámbito regional han sido electos según la reforma política descentralizadora, cuyo objetivo fue motivar a los partidos políticos nacionales a volverse competitivos en la arena regional. Sin embargo, ocurrió que los partidos políticos nacionales no estaban preparados para aprovechar los espacios creados por la descentralización política. En las elecciones de 2002 solo el APRA ganó 12 de los 25 gobiernos regionales. En las elecciones siguientes, los partidos nacionales tuvieron un desempeño deficiente: dos victorias en 2006, tres en 2010 y cinco en 2014. En la última han fluido las intenciones del fujimorismo de institucionalizarse como partido político a partir de sus (nuevos) bastiones regionales (Ica, Pasco y San Martín). La elecciones subnacionales —a escalas regional y provincial— han demostrado ampliamente que los partidos políticos nacionales tienen organizaciones territoriales extremadamente débiles.

En el Perú, los partidos políticos son efectivamente caparazones vacíos. Como la evidencia expone, no son lo suficientemente competitivos en la arena subnacional porque no son atractivos para políticos ambiciosos locales, quienes no encuentran incentivos

Cuadro 5.15
NÚMERO DE GOBIERNOS REGIONALES POR PARTIDO POLÍTICO DE UN TOTAL DE 25 EN CADA ELECCIÓN

Partido	2002	2006	2010	2014
APRA	12	2	1	0
PPC	0	0	0	0
AP	0	0	0	0
Fujimorismo	NP	NP	0	3
APP	NP	NP	2	2
Total	12	2	3	5

Fuente: Jurado Nacional de Elecciones/ONPE.

para adherirse a partidos desprestigiados. Tampoco son atractivos a escala individual para construir militancias de manera tradicional. Por más que la identidad partidaria ha aumentado —especialmente en el caso del fujimorismo, como se demostró en el capítulo 3—, el involucramiento de los individuos en actividades partidarias es excepcional. Según datos agregados de Lapop (véase el cuadro 5.16), muy pocas personas participan esporádicamente en actividades partidarias (las proporciones han caído del 3,1% en 2006 al 1% en 2014). De hecho, la gran mayoría de peruanos declara que nunca han participado en reuniones partidarias. Esta proporción crece progresivamente desde 2006 (83,1%) y alcanza el 93,6% en 2014. Cualquier partido es disfuncional si no puede lograr un mínimo de vida organizacional. Este es el caso de los partidos peruanos: la gente puede simpatizar e incluso identificarse con partidos políticos sin participar (activamente) en la política partidaria regular (como asistir a sus reuniones).

No cabe duda de que la organización de los partidos es muy deficiente en la política peruana y que el individualismo impacta

Cuadro 5.16
Frecuencia de asistencia a reuniones organizadas por partidos o movimientos políticos

Frecuencia	2006	2008	2010	2012	2014
Una vez a la semana	3,1	0,4	1,4	0,5	1,0
Una o dos veces al mes	6,9	3,5	3,6	1,3	1,6
Una o dos veces al año	7,0	7,4	6,8	5,7	3,8
Nunca	83,1	88,8	88,2	92,5	93,6
Total	100,0	100,0	100,0	100,0	100,0

Fuente: Lapop.

en todos los niveles de acción de las organizaciones políticas. Los *outsiders* son electoralmente exitosos —desde Alberto Fujimori hasta Ollanta Humala—, aunque el sistema político ha utilizado sus mecanismos para incluirlos. Hoy en día, los partidos políticos peruanos, en tanto organizaciones, han instituido de modo informal sustitutos de partidos como estrategia de supervivencia (Levitsky 2014). Sin embargo, el hecho de que los partidos políticos tengan un mal desempeño organizacionalmente no debe descartar la identificación con algunos de ellos a escala individual y la funcionalidad de sus vínculos programáticos-personalistas, especialmente si suman en relación con la estabilidad de la competencia política.

Conclusiones

La política peruana presenta un caso pertinente para reflexionar sobre la institucionalización del sistema de partidos en un escenario poscolapso del sistema de partidos. Las interrupciones al régimen político obstaculizaron una dinámica fluida de competencia interpartidaria. Luego de la normalización de la política electoral competitiva (2001), el sistema de partidos empezó a mostrar algunos signos de recuperación. Aunque los partidos políticos (según la definición mínima de Sartori) tienen pobres desempeños orgánicos y su legitimidad es mediocre (pero estable), el elemento fundamental de la institucionalización de sistema de partidos —la volatilidad electoral— se encuentra en el mismo nivel que en la década de 1980, en teoría el mejor momento de la actividad partidaria en Perú. La volatilidad electoral —aunque alta— se ve neutralizada por patrones de estabilidad territorial de las principales ofertas políticas. Además, el arraigo social de los partidos —un subelemento de la institucionalización de sistema de partidos— muestra una conexión inédita entre élites y votantes: la autoidentificación ideológica es un predictor eficiente del voto —y no lo era en los años noventa—.

El caso peruano respalda, hasta el 2016, el argumento de que los patrones de competencia electoral tienden hacia el ordenamiento y la estabilidad, si bien mantiene organizaciones políticas débiles y bajos niveles de legitimidad política. Mi lectura es más compleja que la simple enumeración de dimensiones fallidas de la actividad partidaria. El sistema de partidos peruano se basa en una combinación de partidos políticos semiinstitucionalizados (APRA, fujimorismo), en formación (Frente Amplio) y organizaciones personalistas (Peruanos por el Kambio) con baja legitimidad; pero al mismo tiempo es capaz de mantener la competencia electoral interpartidaria y desarrollar conexiones entre partidos y ciudadanos en términos ideológicos (mejorando su arraigo social en el ámbito nacional).

Todo ello es certidumbre suficiente para caracterizar, al menos hasta el 2016, al sistema de partidos peruano como embrionario (no como un "no-sistema de partidos", como sugiere Sánchez 2009), en el que los partidos que desaparecen (Partido Nacionalista Peruano) ceden la posta de su trazado ideológico (Frente Amplio). Aunque la política partidaria se ha deteriorado significativamente a causa del colapso sistémico —especialmente en cuanto a legitimidad y robustez de las organizaciones partidarias—, el sistema de partidos —en tanto dinámica interactiva— ha solucionado parcialmente la dimensión de selección social —a través de un voto programático— y problemas de acción colectiva a través del fortalecimiento de algunas identidades partidarias, tanto positivas como negativas.

Mientras la literatura especializada ha enfatizado la emergencia de sustitutos partidarios parciales a escala subnacional —perspectiva abstraída en el análisis de las estructuras orgánicas—, desconsidera sustitutos partidarios más generales que conectan a las élites partidarias con el electorado —por ejemplo, respecto de funciones de selección social— que permiten evolucionar en el sistema partidario en su conjunto. Al respecto, primero, la regularización de la competencia electoral favorece que los miembros del elenco permanente de candidatos presidenciales fomenten cuadros leales y activen redes de operadores políticos que logren trascender marcas partidarias y campañas específicas. Estos políticos de nivel intermedio no son "independientes aliados en coaliciones temporales" —lo cual supone cierta horizontalidad—, sino más bien miembros de "facciones" (Huntington 1968) o protopartidos articulados en torno al capital político de ciertas personalidades —se impone un criterio aglutinador vertical—, como en los casos de Ollanta Humala, Pedro Pablo Kuczynski, Alan García y Keiko Fujimori. En los últimos dos casos, dichas redes pueden convertirse en un proyecto político más institucionalizado, basado en estructuras partidarias anteriores (APRA) o la agencia política del líder (fujimorismo). La política centrada en candidatos trasciende las organizaciones arcaicas de algunos partidos (APRA, PPC) y permite el desarrollo de estructuras más amplias y fluidas. Esta dinámica ha ayudado a resolver desafíos de acción colectiva que han impactado positivamente en la regularización de la competencia electoral entre partidos, incluso ante la irrupción de nuevas fuerzas políticas (Frente Amplio y Alianza para el Progreso).

En segundo lugar, la coexistencia de vínculos políticos (para el caso: programáticos-personalistas) facilita el arraigo social de ciertos proyectos políticos. En algunos casos, los partidos pueden desarrollar identidades partidarias (capítulos del aprismo y del fujimorismo), aunque el trabajo no esté aún completo. Los atractivos personalistas también son capaces de transmitir pautas ideológicas al electorado y apelar a sus seguidores en términos programáticos; incluso pueden sustituir marcas políticas asociadas a ciertas ideologías. A falta de una organización territorial, los mensajes ideológico-personalistas pueden alimentar simpatías e identificaciones y tornarse en una estrategia de bajo costo para "conquistar los corazones y las mentes" de los votantes desafectos —máxime cuando el clientelismo requiere más que un mínimo de organización política—. De todas formas, esta situación no es definitiva. Algunos proyectos políticos poseen recursos —seguidores, mínima estructura organizacional— para mantenerse en la arena política (APRA, fujimorismo a pesar incluso de la crisis de sus liderazgos); otros no han desarrollado estas características (las agrupaciones dirigidas por Humala y Kuczynski, el Frente Amplio). A pesar de esta variación y de sus bajos niveles de institucionalización, el sistema de partidos peruano, hasya el 2016, había incrementado sus niveles de estabilidad después del colapso partidario y ha cumplido parcialmente sus funciones en un contexto hostil.

El caso peruano se asemeja a la experiencia brasileña hasta antes del colapso del PT descrita por Zucco (2010), en la cual los sistemas de partidos —provenientes de contextos de baja institucionalización— pueden iniciar un camino hacia la estabilidad: los *exoutsiders* son incluidos exitosamente en el sistema, se estabilizan y acuerdan las políticas macro, mientras la rama ejecutiva rinde cuentas —incluso si los partidos no se encuentran organizados territorial ni legítimamente para la mayoría del electorado—. Esto sugiere que los gobiernos poscolapso del sistema de partidos son capaces de funcionar sin partidos y mantener las reglas de juego democráticas e incluso buenos indicadores de desempeño económico a pesar de los conflictos sociales internos y de álgidas pugnas entre poderes. Con estos antecedentes, en el siguiente capítulo abordaré las conclusiones del análisis del caso peruano y extenderé algunos de estos argumentos a otros países que han atravesado procesos similares de colapso partidario.

VI

El argumento en perspectiva comparada: los países andinos

"This isn't a democracy anymore".
Rick Grimes, *The Walking Dead*

Las arenas políticas que han experimentado el colapso de sus sistemas partidarios enfrentan significativos obstáculos para reconstruir sus prácticas partidarias. Las élites políticas tradicionales carecen de recursos organizacionales e ideacionales para reconstruir sus partidos. El síncope de las organizaciones políticas y de las alguna vez activas y vibrantes redes sociales, hoy despolitizadas, impide la construcción exitosa de coaliciones entre políticos ambiciosos. La política exhibe niveles de descrédito altísimos y las marcas partidarias llevan a cuestas una carga peyorativa, o, en el mejor de los casos, son insignificantes para la mayoría del electorado. Esta realidad debilita las capacidades de los políticos en su afán de comunicar mensajes programáticos. En general, los ciudadanos tienden a abandonar a los partidos políticos, lo cual afecta negativamente a los militantes partidarios e incrementa la volatilidad electoral de los sistemas en competencia. La identidad partidaria —en su sentido convencional— se convierte en una rara afiliación. En tales circunstancias de poscolapso partidario sistémico, las mentes y los corazones de los ciudadanos están políticamente huérfanos; los partidos no funcionan como los principales vehículos para movilizar al electorado.

¿Cómo funciona la política después del colapso de su sistema partidario? Este libro ha buscado responder esta pregunta mediante el examen minucioso de los vínculos entre políticos y electores en la política peruana posterior a la debacle de su sistema de partidos (embrionario). Los hallazgos pueden resumirse en tres puntos: la imbricación de vínculos programático-personalistas, el fortalecimiento de una división pro/antiestablishment político y la prevalencia de identidades partidarias parciales o incompletas, incluyendo las de carácter negativo.

Primero, basados en la disponibilidad de recursos políticos ideacionales y en las carencias de recursos políticos administrativos, los partidos políticos exitosos tienden a forjar vínculos programático-personalistas. Esta combinación les permite atraer votantes consistentemente, a pesar de carecer de organizaciones políticas solidas o caudillos carismáticos. Las ascendencias personalistas de los líderes partidarios pueden entrelazarse con las posiciones programáticas —al menos— en temas relevantes para la opinión pública; lo que sugiere que en una democracia sin partidos como la peruana las campañas electorales y la política cotidiana puedan entenderse aún alrededor de ciertos términos programáticos.

Las nuevas organizaciones políticas competitivas, como el movimiento fujimorista Fuerza Popular y partidos sobrevivientes al colapso como el APRA, calzan con esta caracterización. Sus líderes —Keiko Fujimori y Alan García, respectivamente— articulan a sus seguidores basándose en esta combinación de atractivos, la primera con mayor éxito. Así, estas organizaciones políticas han forjado estrategias para conseguir cumplir con la función de selección social (mas no con la de acción colectiva) que regularmente consiguen los partidos políticos. El caso peruano ilustra el declive sistémico de la política partidaria, colmada de organizaciones y partidos gravemente debilitados que probablemente no retornarán a su estado original (o ideal). Sin embargo, aquellas organizaciones que aprovechan las personalidades de sus líderes para transmitir sus posiciones ideológicas a través de vínculos políticos renovados logran construirse en alternativas electorales válidas y a veces exitosas.

En segundo lugar, un escenario de poscolapso sistémico partidario implica la caída de un *statu quo* partidario desacreditado. En consecuencia, la competencia política alrededor de ejes programáticos tradicionales no organiza adecuadamente las preferencias electorales. El nuevo escenario, hostil a la política partidaria, incorpora un doble eje de competencia política: una división pro/antiestablishment materializa como consideración complementaria al continuo ideológico izquierda/derecha para favorecer la identificación de preferencias programáticas por parte de los ciudadanos. La existencia de este doble eje de competencia política (ideológica y pro/antiestablishment) es coherente con la construcción de vínculos políticos programático-personalistas. En estas condiciones, tareas de construcción partidaria (sin partidos institucionalizados) son factibles.

Luego del colapso del sistema de partidos políticos en el Perú, los atajos ideológicos han recuperado gradualmente su relevancia para organizar la arena electoral, sobre todo tras la regularización de la competencia democrática luego de la caída de Alberto Fujimori en 2000. El eje ideológico convencional, empero, no es eficiente en sí mismo. La emergencia frecuente de *outsiders* exitosos evidencia la legitimación de un campo antiestablishment. De hecho, las identidades partidarias duraderas y activas (aprismo y fujimorismo) se originaron en la lucha por ser aceptadas como actores formales de un establishment que se empeñaba en excluirlas.

Los personalismos atractivos en política no lo son solamente por despertar reminiscencias ideológicas, sino también por ubicarse en esta división política y atraer a quienes defienden el orden establecido o a quienes simpatizan con uno nuevo y alternativo.

En tercer lugar, escenarios poscolapso del sistema de partidos no impiden la formación de identidades partidarias, contrario a lo que sostiene la literatura predominante (por ejemplo, Seawright 2012). Aunque los recursos políticos —particularmente los administrativos— son escasos en este contexto, los proyectos políticos son capaces de forjar seguidores leales a través de conexiones programático-personalistas con el electorado. Los débiles e inmaduros partidos poscolapso conquistan así "las mentes y los corazones" de individuos, si bien el tiempo es el principal ingrediente para construir una identidad partidaria consolidada. Los seguidores, en cambio, no son los típicos militantes partidarios. El sostenido desprestigio de las organizaciones políticas obstruye que seguidores y ciudadanos se identifiquen como afiliados. Es probable que este tipo de identidad partidaria no evolucione hacia una identidad partidaria completa y convencional. Por eso se denomina "identidad partidaria transicional" (Hale 2006), parcial o "incompleta", como la he llamado en el texto. Aun así, es suficiente para movilizar al electorado.

En este libro he dado cuenta de tres tipos de identidades partidarias parciales en Perú: sobrevivientes, emergentes y negativas. La primera refiere la identidad de partidos políticos originados antes del colapso partidario que han sido capaces de sobrevivir al síncope sistémico apoyándose en sus recursos organizacionales. Pocos partidos tradicionales logran trascender este gran *shock*. En ese sentido, los interpreto como exitosos. Cuando lo hacen, sus atractivos para relacionarse con el electorado atraviesan agudos giros ideológicos, lo que afecta notoriamente la lealtad de sus simpatizantes. No obstante, cuando sus líderes partidarios emplean atractivos personalistas para sobrellevar la adversidad y atenuar el impacto de la transformación ideológica, los partidos están en capacidad de mantener ciertas identidades políticas. El aprismo es el mejor ejemplo de identidad partidaria sobreviviente. El Partido Popular Cristiano y Acción Popular sobreviven como organizaciones apelando a recursos políticos distintos de la creación de una identidad (Cyr 2017), pero no alcanzan la magnitud de los éxitos electorales relativos cosechados por el APRA en el nuevo escenario poscolapso. La ultima derrota electoral de García en 2016 no nos debe hacer perder de vista la supervivencia exitosa del partido que mantiene representación parlamentaria.

Aunque en condiciones hostiles, los partidos políticos que emergen del colapso pueden dar forma a su apoyo social. En etapas iniciales de su formación y antes de su institucionalización, las identidades partidarias de estas organizaciones son incompletas. Las identidades partidarias emergentes no están cohesionadas ideológicamente como aquellas basadas en ejes programáticos; son dependientes de los atractivos personalistas de sus principales líderes. Es el caso del fujimorismo. Empero, no todos los vehículos personalistas son capaces de labrar seguidores leales. Con frecuencia, la sucesión del liderazgo organizacional los debilita. Mas cuando el liderazgo inicial se ha transferido exitosamente y algunas dimensiones programáticas han mostrado ser relevantes para la continuidad del discurso oficial, la identidad emergente logra interpelar con éxito al electorado.

Dado que solo unos pocos partidos políticos pueden crear identidades partidarias leales, los ciudadanos que no se identifican (positivamente) con partidos políticos específicos pueden hacerlo como oponentes acérrimos. Las identidades partidarias negativas (o antis) han sido descuidadas por la literatura dominante como un tipo de identificación importante para la organización de la competencia política, especialmente donde los partidos son efímeros y la volatilidad electoral alta. El Perú posterior al colapso partidario sistémico contiene —al menos— dos identidades negativas enraizadas: el antiaprismo y el antifujimorismo.

Finalmente, si bien las identidades partidarias parciales (sobreviviente, emergente y negativa) no necesariamente están ideológicamente cohesionadas, tienen capacidad explicativa sobre las preferencias electorales y la aprobación presidencial, y posiblemente también sobre otras conductas políticas.

Aunque estos hallazgos están basados en un estudio de caso de uno de los escenarios donde colapsó el sistema de partidos (Perú), en este capítulo pongo a prueba el argumento desde una perspectiva comparada. El propósito de esta sección final es delinear las fortalezas de mi argumento a través de la comparación con otros casos de colapsos partidarios (Venezuela, Ecuador y Bolivia) y un caso de crisis aguda de la representación política (Colombia). Esto me permite controlar por variables estructurales regionales (empleando fuentes secundarias) respecto de la disponibilidad de recursos políticos, la presencia del doble eje de competencia, el desarrollo de vínculos programático-personalistas y la emergencia de identidades partidarias transicionales. Antes de dicha evaluación, presentaré un marco general para entender las características de los colapsos partidarios en los países andinos.

Colapso del sistema de partidos en los países andinos

Los colapsos de sistemas de partidos son fenómenos raros en el mundo aunque frecuentes en los países andinos. Además de Italia (1994), las más severas crisis de representación política partidista han acaecido en la región andina. La literatura especializada estima que son cuatro los casos en los que la crisis alcanzó situaciones dramáticas que califican de "colapso de sistema de partido":[1] Perú (1995), Venezuela (1998), Bolivia (2005) y Ecuador (2006). Colombia (2002) califica en algunas definiciones (Morgan 2011), aunque no existe consenso sobre si es un caso extremo de crisis partidaria. Para Pizarro (2006), la crisis colombiana puede considerarse como un declive del bipartidismo, lo cual es insuficiente para calificarla de colapso sistémico debido a que los agentes políticos tradicionales se mantienen como legítimos mediadores. En todo caso, el propósito de extender mi argumento proyecta la comparación con todos los países andinos, incluyendo a Colombia.

La política en los países andinos ha estado sujeta a una profunda crisis de representación política (Mainwaring, Bejarano y Pizarro 2006). Es una región única debido a un declive extremo de la política partidaria. Los académicos que han estudiado dichos casos en profundidad sostienen que la inestabilidad política crónica puede explicarse por factores estructurales: debilidad del Estado, diversidad étnica y desigualdad. Se entiende que el legado colonial español ha sido una de las causas del extremo centralismo y la exclusión social en las repúblicas de Perú (Cotler 2005), Ecuador (Hurtado 1997) y Bolivia (Mayorga 2006). Los legados institucionales también han debilitado la política institucional en Colombia y Venezuela (Bejarano 2011).

En general, los países andinos no han desarrollado instituciones políticas fuertes y eficientes (Cameron y Luna 2010). Por ejemplo, la exclusión institucionalizada de minorías étnicas durante la Tercera Ola democrática ha repercutido severamente sobre

---

1. Adopto la definición de Zocco (2006) de colapso de sistema de partidos como la situación en la cual nuevos partidos ganan más del 45% de los votos en las dos siguientes elecciones en el Legislativo.

la representación política (Madrid 2012). De hecho, la exclusión económica y política se han conjugado en un contexto de reformas de mercado (Yashar 2005), lo que evidencia las complejidades más estructurales de esas sociedades. Las minorías étnicas con mayores capacidades de movilización, los amplios sectores de la economía informal, los habitantes que toman zonas marginales de las ciudades y las clases rurales bajas empoderadas, entre otros actores, retan a los partidos políticos tradicionales, frecuentemente en contubernio con las estructuras oligárquicas.

A pesar de la fallida representación política y la debilidad estatal, los países andinos se las han arreglado para establecer democracias electorales como las únicas reglas de juego legítimas. A pesar de la inestabilidad política (Pérez-Liñán 2007), los retrocesos autoritarios (Hagopian y Mainwaring 2005) y la recurrencia de líderes populistas (De la Torre 2010), la democracia se ha legitimado gracias a un apoyo social estable (Zechmeister 2014). Las reglas e instituciones democráticas —en algunos casos socavadas por líderes autoritarios, como en Venezuela— son viables a pesar de la crisis endémica de los partidos políticos en la región andina. ¿Cómo sobreviven estas democracias si los partidos políticos ya no son canales legítimos de representación y participación? Los partidos políticos pueden no ser percibidos como condición necesaria para regímenes democráticos en todos los casos (Zechmeister 2014), pero los ciudadanos valoran a las elecciones como el principal vehículo de representación genuina.

Desequilibrado acceso a los recursos políticos

Los partidos necesitan recursos políticos para resolver sus desafíos de selección social y acción colectiva. Como sostuve en el primer capítulo, los recursos políticos son activos destinados a la generación de éxito político, que pueden ser administrativos (relacionados con la infraestructura de las organizaciones políticas) o ideacionales (principios o ideas que cultivan reputaciones) (Hale 2006). Líderes pueden desarrollar asimismo atractivos carismáticos (Luna 2014a) que pueden ser empleados con propósitos electorales. No obstante, son ineficientes para resolver convencionalmente retos de acción colectiva y selección social, al menos de forma sostenida. Como indiqué anteriormente, los escenarios de poscolapso partidario sistémico se caracterizan por un desequilibrio en el dominio de los recursos políticos: los partidos tradicionales han perdido abruptamente su control, mientras que las organizaciones políticas emergentes acceden repentina y temporalmente a alguna porción de estos (en la mayoría de los casos a través de recursos estatales).

Después del colapso, los militantes desertaron en masa de los partidos, las ideologías partidarias y los discursos programáticos se volvieron inefectivos como movilizadores políticos y la mayoría de las estrategias para conectar con el electorado se desprestigió. Consecuentemente, las estructuras orgánicas de los partidos tradicionales languidecieron. Este escenario favoreció el surgimiento de *outsiders*. En la región andina, la mayoría de mandatarios electos tras el colapso dependía de vehículos personalistas: Cambio 90 de Alberto Fujimori (Perú), Movimiento V República de Hugo Chávez (Venezuela), Primero Colombia de Álvaro Uribe (Colombia) y Alianza País de Rafael Correa (Ecuador). Todas fueron, en sus inicios, organizaciones extremadamente personalistas —fundadas por dichos líderes—, con posiciones programáticas débilmente definidas y colaboradores oportunistas. (La excepción ha sido el MAS boliviano, dirigido por Evo Morales, una colección de movimientos sociales con bases enraizadas e ideología nítida.) La mayoría de los partidos citados carecía de recursos administrativos y políticos, pero se articularon alrededor de atractivos antiestablishment estimulados por sus dirigentes. Solo cuando estos proyectos políticos lograron acceder a los recursos del Estado pudieron aliviar —temporalmente— su déficit de capitales políticos para movilizar y construir imágenes públicas atractivas.

Una vez en el poder, los *outsiders* exitosos ensayaron diferentes métodos para tomar ventaja de su acceso a los recursos estatales y aliviar con ello su debilidad en activos políticos administrativos e ideacionales. Fujimori optó por una relación directa entre el Ejecutivo y su electorado, establecida en programas sociales estatales sustentables que consolidaron una relación clientelar. Esta estrategia repelió la posibilidad de construcción partidaria al restringirse simplemente al beneficio político derivado del empleo arbitrario de recursos estatales (Cotler y Grompone 2000). En contraste, Chávez y Correa aprovecharon el acceso al Estado —con énfasis en los recursos materiales— para integrar a sus seguidores espontáneos a nuevas organizaciones políticas. El clientelismo y el patronaje fueron estrategias claves para fortalecer a sus debutantes organizaciones políticas.

Durante sus primeras campañas electorales y sus años iniciales en el poder, Chávez y Correa hicieron alianzas con partidos políticos radicales o marginales de izquierda con la finalidad de lidiar con su falta de recursos políticos. Chávez hizo alianza con Patria para Todos (PPT), el Partido Comunista de Venezuela (PCV) y Podemos, organizaciones que acompañaron el proyecto político bolivariano hasta que en 2007 se fusionaron en un solo partido, el Partido Socialista Unido de Venezuela o PSUV (Hawkins 2010). De manera similar, para su primera campaña electoral, Correa hizo alianzas electorales con el Movimiento Popular Democrático (MPD), el Partido Socialista (PS), el partido indigenista Pachakútik (PK), algunos cuadros de Izquierda Democrática (ID) y el naciente movimiento social de clase media denominado Ruptura de los 25 (Pachano 2006). Su exitoso acceso al poder le permitió posteriormente descartar estas coaliciones y concentrar los recursos estatales en beneficio del fortalecimiento de Alianza País (AP). Así, PSUV y AP se convirtieron, en su momento, en los partidos políticos más fuertes en sus respectivos países (en cuanto a movilización electoral y discurso ideológico distintivo) debido a su desarrollo organizacional vertical —de arriba hacia abajo.

Álvaro Uribe empleó una estrategia diferente, en un contexto en el que los partidos políticos tradicionales colombianos —Partido Liberal y Partido Conservador— no experimentaron el mismo tipo de declive en sus recursos políticos como otros de la región andina (Pizarro 2006). A través de las maquinarias políticas subnacionales, los cuadros liberales y conservadores mantuvieron recursos administrativos que les permitieron competir a escala local (de hecho, Uribe fue un líder regional en Antioquia). Por su parte, Uribe construyó alianzas con caudillos locales prescindiendo de la mediación de los liderazgos formales nacionales de ambos partidos (Wills-Otero 2014) y utilizó el acceso a los recursos estatales para cooptar políticos de despliegue subnacional (y sus respectivas maquinarias), desconociendo los emblemas partidarios. Primero Colombia y Partido de la U terminaron siendo plataformas electorales atrayentes para políticos tradicionales de los partidos históricos con lealtades flexibles y niveles de autonomía de las estructuras nacionales de sus respectivos partidos.

En Bolivia, la construcción del MAS precedió al colapso del sistema de partidos boliviano. Mientras los partidos tradicionales altiplánicos perdieron vínculos con los recursos administrativos e ideacionales (Mayorga 2006), el MAS enraizó su organización basado en vínculos políticos con organizaciones indígenas y movimientos sociales (Vergara 2011). A diferencia del caso anterior, el MAS era ya una organización sólida cuando la crisis de representación política gatilló el declive de los partidos tradicionales. Como tal, el MAS no dependió de otros partidos políticos para cumular su capital político inicial. Una vez en el poder, Morales

Cuadro 6.1

PARTIDOS ELECTORALMENTE EXITOSOS EN ESCENARIOS POSCOLAPSO DEL SISTEMA DE PARTIDOS

Características	Perú	Venezuela	Colombia	Ecuador	Bolivia
Partido político	Cambio 90	Movimiento V República (MVR) / Partido Socialista Unido de Venezuela (PSUV)	Primero Colombia/ Partido de la U	Alianza País	Movimiento al Socialismo (MAS)
Fundación	1990 (disuelto años después)	1997 (disuelto en 2007 e incorporado al PSUV)	2002 (disuelto después de elecciones 2006/2005; (no es más partido uribista)	2006	1995
Alianzas con partidos políticos en sus inicios	No	PPT, PCV, Podemos	Cuadros políticos de Partido Liberal y Partido Conservador	MPD, PK, PS, Ruptura de los 25	No
Estrategia de construcción partidaria	Ninguna formación partidaria	Formación de arriba a abajo	Coalición con maquinarias electorales subnacionales	Formación de arriba a abajo	Formación de abajo a arriba

consolidó la acumulación de recursos políticos monopolizando las redes sociales y políticas en varios departamentos. En la actualidad es una organización con rasgos ideológicos bien definidos, que ha reemplazado al viejo establishment (Anría 2013).

Recapitulemos: cuando estos sistemas de partidos colapsaron o entraron en severas crisis, los partidos tradicionales perdieron el monopolio de los recursos políticos. Por su parte, las organizaciones políticas emergentes —asentadas en capitales simbólicos de *outsiders*— carecieron en sus inicios de recursos administrativos e ideacionales —con excepción del MAS boliviano—. En este sentido, dos estrategias son claves para convertirlas en organizaciones viables: alianzas con partidos políticos previamente excluidos pero con manejo (aún) de recursos políticos (coaliciones formales como los casos de Chávez y Correa, múltiples alianzas con maquinarias subnacionales como el caso de Uribe) o el empleo de recursos estatales a través del clientelismo y la cooptación (Fujimori, Chávez, Correa). Por su parte, los partidos políticos en la oposición —especialmente los partidos tradicionales que sobrevivieron al colapso— tienen dificultades compitiendo en lo que generalmente es un mercado desequilibrado de recursos políticos: las nuevas organizaciones emergentes con acceso al Estado consolidan y efectivamente monopolizan recursos políticos a expensas de los partidos opositores (muchos de estos sobrevivientes). Ello hace que el establecimiento de un sistema pluralista multipartidario sea difícil y, ulteriormente, termine por afectarse el régimen democrático.

Vínculos programático-personalistas

De acuerdo con el marco teórico presentado en el libro, las conexiones ideológicas requieren recursos ideacionales (para forjar cohesión programática) y recursos administrativos (para imponer los compromisos establecidos por los cuadros). En conjunto, ambos resuelven problemas de elección social y acción colectiva. No obstante, en escenarios posteriores a los colapsos partidarios, la mayoría de partidos políticos carecen de acceso a recursos políticos, incluyendo los ideacionales más comunes. Como expliqué en la sección anterior, es difícil recolectar y organizar recursos administrativos e ideacionales inclusive para candidatos presidenciales exitosos. Las coaliciones con partidos menores o el acceso a recursos estatales pueden garantizar que los partidos sean capaces de manejar temporalmente recursos organizacionales. Sin embargo, la pregunta de fondo permanece: ¿cómo estos partidos producen o recolectan los recursos ideacionales que les permitan crear imágenes públicas distintivas y ampliamente reconocidas por el electorado?

Antes que los sistemas de partidos colapsaran en los países andinos, los partidos se encontraban alineados ideológicamente o al menos intentaban representar posiciones ideológicas plurales (Coppedge 1998). Por ejemplo, el sistema de partidos embrionario peruano (1980-1992), aunque débil, expresó diversidad programática: desde la extrema derecha (PPC), centro-derecha (AP), centro-izquierda (APRA) e izquierda (IU) (Tanaka 1998). De manera similar, el embrionario sistema de partidos ecuatoriano (1979-1998) mantuvo representación programática plural: desde la extrema derecha (el Partido Social Cristiano, PSC), centro-derecha (Democracia Popular, DP), centro pragmático (Partido Roldosista Ecuatoriano, PRE), socialista (Izquierda Democrática, ID) e incluso extrema izquierda (Partido Socialista, PS; Movimiento Popular Democrático, MPD). Más recientemente (1998-2006), la inclusión de un partido indigenista de izquierda (Pachakútik) permitió renovar —aunque fugazmente— la oferta partidaria para hacerla más representativa (Pachano 2006). En el caso de Bolivia (1984-2005), este patrón se repitió esencialmente con la derechista Acción Democrático Nacionalista (ADN), el socialdemócrata Movimiento Nacionalista Revolucionario (MNR, que giró a la derecha en los años noventa), la izquierdista Movimiento de Izquierda Revolucionaria (MIR) y partidos políticos menores, incluyendo movimientos indígenas radicales (Movimiento Indígena Pachakútik, MIP) (Mayorga 2006).

Los sistemas bipartidistas tradicionales de Colombia y Venezuela fueron forjados en acuerdos elitistas. Liberales y conservadores colombianos se alternaron el poder durante décadas (1957-2002), parapetados en un pacto político (Frente Nacional, desde 1957). En Venezuela, Acción Democrática (AD) y Copei se relevaron el uno al otro por decenios (1958-1998), amparados en el Pacto Fijo (desde 1958). Dichos acuerdos impidieron la inclusión de terceras fuerzas en la competencia electoral. Asimismo, la proximidad programática los hizo indistintos ante grandes sectores del electorado (Bejarano 2011, Coppedge 1994) si contaban con posiciones ideológicas singulares (liberales más a la izquierda que conservadores; socialdemócratas adecos en comparación con demócratas cristianos copeianos). Cuando en estos países los sistemas de partidos entraron en crisis, el eje programático se debilitó, y se difuminaron los principales recursos ideacionales (Cyr 2012, Morgan 2011). Así, en la mayoría de países andinos el colapso del sistema de partidos también implicó el declive de las referencias programáticas y exigió un reenmarcado del debate ideológico (en torno a políticas de seguridad en Colombia o temas étnicos en Bolivia, por ejemplo).

El carisma personal y los atractivos antiestablishment pueden ser empleados como recursos iniciales cuando, precisamente, los recursos ideológicos escasean (Luna 2014a). La mayoría de los líderes andinos que emergieron del colapso del sistema de partidos se opuso claramente al establishment político; esta característica descollaba por sobre el peso de sus plataformas programáticas, más bien difusas originalmente. Fujimori, Chávez, Uribe y Correa florecieron por sus discursos antiestablishment: sus principales atractivos electorales fueron sus capacidades personales para representar la desafección política y para presentarse a sí mismos como alternativas ante los tradicionales grupos de poder políticos. Solo en algunos casos, cuñas ideológicas comunicaban sus preferencias programáticas, como Morales en Bolivia. Como expliqué en el capítulo 2, ser un *outsider* con un discurso antipartido es una combinación creíble para el éxito electoral cuando los partidos entran en descrédito continuado.

En Perú, la candidatura presidencial de Fujimori prometió una plataforma económica alternativa a las reformas de ajuste. Ya en el poder, adoptó las políticas económicas ortodoxas de su rival. Justificado en la severa crisis económica que atravesaba el país (Weyland 2004), este giro programático no fue relevante para su electorado, más preocupado por el discurso antagonista del fujimorismo con los partidos políticos tradicionales (Degregori 2001). Mientras Fujimori siguiese en su rol antipartido, la opinión pública lo favorecería; tanto, que la medida antisistémica radical que disolviera al Congreso, al Poder Judicial y estableciera un gobierno ejecutivo *de facto* contó con la aprobación del 75% de la población limeña y fue interpretada como un golpe de gracia contra la élite política tradicional (Carrión 2006).

Participar en un golpe de Estado se convirtió en un signo creíble de convicciones antiestablishment. Chávez falló en su intento de derrocamiento en 1992, pero se posicionó como un líder antiestablishment para los comicios de 1998 (López-Maya, Levitsky y Roberts 2011). Su discurso bolivariano apeló a valores patrióticos que no necesariamente pertenecían a los campos ideológicos de izquierda o de derecha. Aunque terminó adoptando una posición de izquierda radical, con un marcado discurso antiimperialista, sus principales atractivos fueron sus convicciones y su comportamiento desafiante al *statu quo* venezolano (Corrales y Penfold 2010).

En la misma línea, Morales fue una creíble alternativa antiestablishment en Bolivia. Su participación en la dirección de una sostenida ola de protestas sociales catalizó la renuncia del entonces presidente Gonzalo Sánchez de Losada en 2006. Junto a su partido, Morales se ha caracterizado notoriamente por su plataforma ideológica de izquierda, en contra de la "administración neoliberal" y la exclusión de la población indígena de la "democracia pactada" (Eaton 2007). Estos atractivos étnicos fueron determinantes en la emergencia de Morales como presidente de Bolivia (Madrid 2012).

Correa también representó una alternativa antiestablishment en Ecuador (2006). Aunque era públicamente reconocido como un economista heterodoxo —por sus tres meses como ministro de Finanzas durante una administración transicional—, convenció a la mayoría de ecuatorianos de sus principios opuestos al orden partidario vigente. Se lanzó a la presidencia del país sin una lista de candidatos al Parlamento y ofreció, como primera decisión de gobierno, convocar a una Asamblea Constituyente (De la Torre 2010). Lo que para algunos expertos fue una decisión suicida resultó una alternativa a las fallas del establishment previo (Pachano 2006).

Finalmente, Uribe proyectaba un discurso de mano dura en un contexto de guerra civil, con una relativa credibilidad como un líder antiestablishment. Si bien pactó con maquinarias partidarias tradicionales, lo hizo a escala local y rompió de algún modo las lealtades de estas con las dirigencias nacionales. De hecho, forjó redes políticas leales, fundadas en acuerdos directos con líderes subnacionales. Su estrategia eliminó los pactos con las élites; por ello su administración ha sido interpretada como la emergencia de la clase política regional en el Gobierno central (Wills-Otero 2014).

Así, políticos electoralmente exitosos emplean las consideraciones antiestablishment para reemplazar temporalmente la conexión ideológica con el electorado; en la mayoría de los casos, combinando atractivos personalistas y posiciones programáticas reenmarcadas, como Fujimori y Uribe. Las políticas económicas de Fujimori y su impronta autoritaria —acreditadas en la lucha contra Sendero Luminoso según los fujimoristas— contribuyeron a consolidar su imagen pública de líder de derecha (Carrión 2006). Por su parte, el estilo mano dura de Uribe y su adhesión a la radicalización de las políticas del Plan Colombia —alentado por Estados Unidos— contribuyeron a delinear su imagen conservadora (Barrero y Meléndez 2011). En otros casos, los personalismos fueron reemplazados por conexiones ideológicas renovadas (chavismo) o los atractivos personalistas y antiestablishment fueron subsumidos por consideraciones programáticas y concepciones participacionistas de la democracia (MAS en Bolivia). Chávez, Morales y Correa adoptaron un discurso más ideologizado (Levitsky y Roberts 2011), y su continuo acceso a los recursos estatales —a diferencia de los casos del fujimorismo y el uribismo— les permitió desarrollar recursos políticos organizacionales que reforzaron su coherencia programática.

Tenemos alguna evidencia de que las identidades políticas fujimoristas y uribistas no pueden ser explicadas completamente en términos ideológicos, en contraste con el chavismo, el MAS y el correísmo. Con datos de Lapop 2014, ejecuté modelos logísticos binarios para analizar el efecto del autoposicionamiento ideológico (medidos convencionalmente en un continuo del 1 al 10, donde 1 es izquierda y 10 es derecha) en las identidades políticas (medidas como respuestas de simpatías por determinados partidos políticos) respecto del fujimorismo, PSUV, uribismo, MAS y Alianza País (controlando por los potenciales efectos de ingreso, educación, sexo y edad). Se esperaba que la autopercepción ideológica tuviese

Cuadro 6.2
Modelos logísticos binarios para explicar identidades partidarias por autoubicación ideológica, países andinos

	Modelo 1 Fujimorista	Modelo 2 Chavista	Modelo 3 Uribista	Modelo 4 MAS	Modelo 5 Correísta
Ideología	0,057	-0,523***	0,036	-0,305***	-0,104***
	(0,069)	(0,048)	(0,049)	(0,054)	(0,037)
Sexo	0,797**	0,497*	-0,257	-0,131	-0,02
	(0,319)	(0,270)	(0,268)	(0,249)	(0,021)
Edad	-0,030***	-0,001	-0,028***	-0,007	0,0003
	(0,010)	(0,010)	(0,009)	(0,008)	(0,007)
Ingreso	0,0371	-0,086***	0,063*	-0,063*	0,061**
	(0,036)	(0,033)	(0,032)	(0,036)	(0,027)
Educación	-0,143	-0,337***	-0,018	-0,205***	-0,285***
	(0,094)	(0,077)	(0,068)	(0,065)	(0,071)
Constante	-0,574	4,014***	-0,332	4,181***	1,309**
	(0,790)	(0,755)	(0,703)	(0,698)	(0,578)
R2	0,06	0,39	0,04	0,12	0,05
N	184	437	315	477	434

* $p < 0,10$ ** $p < 0,05$ *** $p < 0,01$

mayor capacidad explicativa para el chavismo, el MAS y Alianza País en comparación con el fujimorismo y uribismo.

Satisfaciendo dicha expectativa, la autoubicación ideológica está asociada significativamente a los casos del chavismo, el MAS y el correísmo (nivel de significancia estadista del 99% en todos los casos) en la dirección negativa esperada (fuerzas políticas generalmente adheridas a discursos de izquierda) (modelos 2, 4 y 5) (véase cuadro 6.2). En estos casos, los vínculos programáticos son efectivos cohesionadores de chavistas (especialmente tras la muerte de Chávez), masistas (fuertes atractivos programáticos antes del acceso del partido al poder) y correístas (particularmente por la activa participación e inclusión de Alianza País en el Foro de São Paulo y otras redes internacionales de la izquierda latinoamericana). En los casos de los seguidores del fujimorismo y el uribismo, la medición de ideología no está significativamente asociada a estas identidades (modelos 1 y 3). La ideología, por sí sola, es insuficiente como variable explicativa. Como se ha demostrado en el libro, una combinación de atractivos programáticos y personalistas explica la cohesión de seguidores fujimoristas. Asimismo, el personalismo ayuda a explicar el respaldo social del expresidente Uribe, como se aprecia en el cuadro.

Identidades partidarias parciales o incompletas

En sistemas de partidos institucionalizados, los individuos tienden a identificarse con los partidos políticos (Mainwaring y Torcal 2006). Cuando los sistemas de partidos colapsan es mucho más difícil para los viejos partidos mantener a sus seguidores y para los nuevos partidos ganar adeptos. Solo los partidos tradicionales con suficientes recursos organizacionales sobreviven a este tipo de colapso sistémico (aunque no siempre quedan como actores políticos poderosos). APRA en Perú, Acción Democrática en Venezuela, Partido Liberal y Partido Conservador en Colombia han sabido mantener a cuadros políticos en la arena pública (en algunos casos competitivos en la arena electoral, como el caso del APRA) y a militantes leales (Cyr 2017). Aunque algunos especialistas confiaron más en su desaparición, los partidos tradicionales han logrado cuidar mínimos niveles de membresía, suficientes para sobrevivir en los campos legislativo y subnacional. Según Lapop, los simpatizantes de estos partidos, en promedio, no exceden el 4%.

Los nuevos partidos políticos han logrado dar forma a sus seguidores en relativamente poco tiempo. Según las últimas encuestas de Lapop, los seguidores del fujimorismo y del uribismo representan cerca del 7% en sus respectivos países; el MAS y el chavismo gozan de una simpatía de alrededor del 21% (en ambos casos), mientras que el 31,8% de los ecuatorianos simpatiza con Alianza País. Respecto del ejemplo ecuatoriano, el acceso del correísmo al Estado puede contribuir a la percepción del tamaño de su respaldo. En todos los casos, clientelismo, patronaje y cooptación de organizaciones sociales han sido las tácticas empleadas para asentar el apoyo social. En este sentido, los seguidores del fujimorismo y del uribismo son particularmente interesantes. A pesar del tiempo transcurrido alejados del poder (18 años en el caso del fujimorismo, 8 años en el caso del uribismo), ambas fuerzas han logrado mantener conquistados mentes y corazones de importantes sectores en sus respectivos electorados.

En los capítulos anteriores demostré que los fujimoristas se articulan en torno a una combinación de atractivos programáticos y antiestablishment; una de las razones que explican la dispersión ideológica de sus integrantes en comparación con militancias de partidos institucionalizados. He llamado a este tipo de afecto "identidad partidaria emergente" porque su formación como partido político precede los esfuerzos y voluntades de sus élites. También el uribismo puede clasificar como "identidad partidaria emergente". Centro Democrático —nombre oficial del partido uribista— es un esfuerzo consciente por institucionalizar el respaldo público a favor de Álvaro Uribe y su legado (Wills-Otero 2014). Fujimorismo y uribismo podrían no desarrollarse hasta el estadio completo de identidades partidarias convencionales. Son identidades partidarias intermedias o transicionales, pero no por ello dejan de tener influencia notable en sus respectivos juegos políticos. Por otro lado, chavismo, masismo y correísmo, precisamente por estar cohesionados en torno a premisas programáticas, han desarrollado identidades partidarias más parecidas a las convencionales a pesar de su reciente creación. Los discursos ideológicos radicales, la activa movilización política y la institucionalización de partidos políticos han contribuido a este proceso (Levitsky y Roberts 2011).

Algunos pocos partidos políticos tradicionales han logrado sobrevivir al colapso sistémico partidario: APRA, AP y PPC en Perú, AD en Venezuela, PL y PC en Colombia. En este estudio me he centrado en el análisis del APRA como un caso relativamente exitoso después del colapso (gobierno aprista de 2006 a 2011). Aunque en 2016 no logró su tercera elección, dicho partido ha mantenido representación congresal. En este devenir, la identidad aprista ha cambiado. El giro ideológico de sus dirigentes ha afectado la coherencia programática entre sus partidarios, mientras los atractivos personalistas de García se volvieron un elemento cohesionador de esta identidad política —y también determinante de su éxito electoral—. Por estas razones he caracterizado a la identificación aprista como otro tipo de identidad partidaria incompleta: una identidad sobreviviente. Tal identidad ha perdido ciertos elementos cohesionadores —en este caso el programático—, pero los ha reemplazado por beneficios derivados del liderazgo personalista para mantenerse en competencia.

APRA (en Perú), Partido Liberal y Partido Conservador (en Colombia) y Acción Democrática (en Venezuela) han logrado mantener cierta magnitud de seguidores (en promedio, el 4% de sus respectivas poblaciones según Lapop 2014). Excepto los seguidores de AD, estas identidades partidarias no están asentadas en términos ideológicos (véase cuadro 6.3). El análisis estadístico sugiere que la autopercepción ideológica (escala convencional) no explica satisfactoriamente las identidades partidarias en los casos del APRA, PL y PC (modelos 6, 8 y 9); solo la de la tradicional

Cuadro 6.3
Modelos logísticos binarios para explicar identidades partidarias por ideología en países andinos, controlando por sociodemográficos regulares

	Modelo 6 APRA	Modelo 7 AD	Modelo 8 PL	Modelo 9 PC
Ideología	-0,125	0,230**	0,087	0,046
	(0,101)	(0,115)	(0,064)	(0,077)
Sexo	0,287	0,004	0,750**	-0,431
	(0,449)	(0,653)	(0,344)	(0,447)
Edad	0,040***	0,042*	0,022**	0,023*
	(0,014)	(0,023)	(0,011)	(0,013)
Ingreso	0,032	0,0006	0,018	-0,065
	(0,053)	(0,088)	(0,041)	(0,048)
Educación	0,180	-0,064	-0,026	-0,005
	(0,122)	(0,174)	(0,096)	(0,120)
Constante	-4,078***	-7,045***	-4,525***	-2,407**
	(1,216)	(0,1,962)	(0,991)	(1,123)
R2	0,07	0,08	0,04	0,04
N	184	437	315	315

* $p < 0,10$ ** $p < 0,05$ *** $p < 0,01$

social democracia venezolana (modelo 7). Aparentemente, los recursos políticos de estos partidos les permiten sobrevivir en la arena política, aunque la pérdida de activos ideológicos distintivos en el pasado les dificulta su discriminación de entre otros partidos tradicionales. Por tal motivo, es razonable considerar la hipótesis de que la adición de recursos personalistas (temporales) ha ayudado a incrementar la competitividad de estos partidos. Así se explica el desempeño del APRA en las elecciones de 2011 (capítulo 3), del PC en alianzas electorales del uribismo y del PL en coaliciones lideradas por Juan Manuel Santos (Barrero y Meléndez 2011). En el caso de Acción Democrática, los cuadros partidarios han sido capitalizados por el antichavismo (Cyr y Meléndez 2015).

Las identidades partidarias negativas son un tercer tipo de identidad partidaria transicional o incompleta. Consisten en una permanente oposición a identidades partidarias fuertes que, en algunos casos, logran dominar sistemas de partidos de baja institucionalización. Los antis se expanden a lo largo de varios partidos opositores, no se concentran en uno solo. Son parciales en tanto no exista ninguna identidad positiva que capture la negativa. Así, los ciudadanos pueden oponerse fuertemente a un partido político sin mostrar apoyo coherente por otro. Además, este tipo de identidad partidaria incompleta puede estar articulada en términos ideológicos o atractivos personalistas (como son los atractivos antiestablishment). Como demostré para el caso peruano, antiapristas y antifujimoristas están unidos entre sí por consideraciones ideológicas y preferencias proestablishment.

Con algunas excepciones, las características de las identidades negativas no han sido exploradas en profundidad en América Latina (quizás la excepción es el antiperonismo, estudiado por Ostiguy 2009). Considero que los colapsos de sistemas de partidos pueden ayudarnos a comprender la magnitud de las identidades partidarias negativas, especialmente en contextos polarizados. La oposición al chavismo, al uribismo, al correísmo y al MAS pueden haber modelado una identificación política sólida, especialmente cuando está en juego el régimen político. Como demostré en capítulos previos, el antifujimorismo está articulado por fuerzas democráticas opositoras al legado autoritario de Alberto Fujimori, no representadas orgánicamente por ningún partido. A más de 17 años de su salida del poder, los orígenes democráticos del antifujimorismo siguen siendo relevantes; en todo caso, así son empleados en momentos de enfrentamiento álgido en contra de sus rivales políticos.

Una polarización política similar es la raíz de la división chavismo/antichavismo en Venezuela, como indican los resultados que replican la alternativa de medición de identidades partidarias negativas presentada en este libro (Cyr y Meléndez 2015). El antichavismo existe independientemente de las evaluaciones partidarias positivas. Los venezolanos que simpatizan con tres diferentes partidos opositores —Acción Democrática, Primero Justicia, Un Nuevo Tiempo— comparten los mayores niveles de esta identidad negativa. Como se demostró en el caso peruano, algunos grupos pueden articularse fuertemente en contra de movimientos particulares sin necesidad de exhibir afinidades coherentes por otro partido político. Además, el antichavismo puede tener un efecto independiente en comportamientos políticos. Mientras los chavistas tienden a movilizar a sus seguidores a través de reuniones políticas para persuadir el voto, los antichavistas tienden a promover protestas callejeras (Cyr y Meléndez 2015).

La réplica en Venezuela de la propuesta de medición de identidades negativas —con resultados esperados— es beneficiosa para expandir el argumento a otros sistemas poscolapso partidario (véase cuadro 6.4). Las identidades partidarias transicionales, incluyendo a las negativas, pueden emerger en escenarios sin partidos políticos enraizados socialmente por su capacidad de organizar la competencia electoral e influir en comportamientos políticos. Es razonable entonces la emergencia de identidades negativas en Colombia (antiuribismo), Ecuador (anticorreismo) y Bolivia (anti MAS). De hecho, las últimas dos campañas electorales en Colombia se definieron en relación con el pro y antiuribismo (los candidatos uribistas Óscar Zuluaga e Iván Duque, ambos políticos de perfil bajo antes de sus incursiones electorales, compitieron en las segundas vueltas de 2014 y de 2018, respectivamente), así como

Cuadro 6.4

Identidades partidarias e identidades partidarias transicionales en escenarios poscolapso del sistema de partidos

Mediciones de identidades partidarias	Perú	Venezuela	Colombia	Bolivia	Ecuador
Identidad partidaria (Lapop 2014)	--	PSUV (21,7%)	--	MAS (20,8%)	Alianza País (31,8%)
Identidad partidaria naciente (Lapop 2014)	Fujimorismo (7,4%)	--	Uribismo (7,8%)	--	--
Identidad partidaria sobreviviente (Lapop 2014)	APRA (3,1%)	AD (2,5%)	Partido Liberal (3,6%) Partido Conservador (2,5%)	--	--
Identidad negativa (Cyr y Meléndez 2017)	Antifujimorismo (34,6%) Antiaprismo (52,8%)	Antichavismo (48,3%)	Antiuribismo (31,7%)	No evidencia sistemática	No evidencia sistemática

Fuente: Elaboración propia.

con el referéndum sobre el proceso de paz de 2016. En los casos de Ecuador y Bolivia, las oposiciones no han sido capitalizados por partidos políticos. Tampoco los partidos de oposición en estos países han desarrollado sus propias identidades partidarias positivas, por lo que la disputa política se organiza en función de ser pro y antiestablishment "progresista". No obstante, no contamos con evidencia sistemática a escala individual en estos dos casos para poner a prueba la expansión de esta hipótesis en tales escenarios.

Escenarios posteriores al colapso del sistema de partidos

El término "colapso" hace referencia a una situación catastrófica. Alude a una realidad en la cual todas las estructuras relevantes han sido destruidas y los actores centrales han desaparecido. Aparentemente, luego del colapso del sistema partidario los pilares políticos se desvanecen y, en consecuencia, los prospectos de recuperación de los partidos son mínimos. Esta investigación revela que la política continúa en estos escenarios, contrariando el argumento común que insiste en su deceso. Al estudiar el caso de la política peruana contemporánea —comparándolo indirectamente con otros casos de crisis sistémicas partidarias en países andinos—, espero haber contribuido en el avance del conocimiento de un tipo de política relativamente ignorada, como es la crisis extrema de la representación política.

El declive de los sistemas de partidos también impacta en la desestructuración de los vínculos programáticos tradicionales, especialmente aquellos propios de sistemas institucionalizados. Sin embargo, las ideologías no han sido reemplazadas por atractivos personalistas. De hecho, se han combinado. El personalismo no es solo un asunto de atributos carismáticos que conectan temporalmente con los electores; el personalismo también logra transmitir claves ideológicas que conectan con el electorado. Frecuentemente entendida como categoría residual, la visión del personalismo en este estudio brinda luces para comprender sus complejidades y motivar a mayor exploración.

La caída del sistema de partidos, en sí misma, crea una división política (más fuerte en Bolivia, Venezuela y Ecuador; menos fuerte en Perú y Colombia): los actores políticos se alinean a favor del decadente y desacreditado establishment o del emergente e incierto nuevo orden. Esta división produce un nuevo y complementario eje de competencia política (pro/antiestablishment), ortogonal al continuo convencional ideológico. Este doble eje de competencia no es exclusivo de escenarios poscolapso sistémico (véase por ejemplo la división pro/antiperonismo en Argentina), pero todas las arenas donde hubo colapsos partidarios se han organizado en estos términos.

Políticos exitosos que han hecho carrera en tan áridas arenas políticas son capaces de transmitir señales creíbles de pertenencia al campo antiestablishment. No es casual que en su mayoría califiquen de "populistas", quizás a excepción de Uribe. En sus esfuerzos por distinguirse del decadente establishment (todos ellos han firmado nuevas constituciones o reformas políticas radicales), han empujado al límite sus existentes regímenes políticos y se han erigido autoritarismos como estrategia de oposición al *statu quo* democrático, tomando ventaja del vacío dejado por los débiles partidos tradicionales. Como consecuencia, los nuevos sistemas nacen con pecados originales: un limitado pluralismo y una competencia desigual.

En estas circunstancias, la emergencia de nuevas identidades partidarias es factible. La ruptura con el establishment político tradicional previo (y en algunos casos la adopción de posiciones ideológicas) es suficiente para conquistar mentes y corazones de ciudadanos. Estos no son escenarios estériles, vacíos de vida partidaria; aunque adversos, contienen las condiciones para la forja de identidades políticas sólidas que se favorecen u oponen al nuevo establishment. Las identidades partidarias negativas, como las nuevas identidades partidarias positivas, pueden explicar en buena medida el comportamiento electoral y político en estas arenas. Las nuevas identidades partidarias (positivas y negativas) han emergido con independencia del desarrollo orgánico de sus respectivos partidos. El cuadro 6.5 resume las características de estos escenarios.

Los puntos previos merecen ser estudiados más sistemáticamente. Es posible imaginarse el futuro de la política con partidos socialmente desarraigados. De hecho, lo más probable es que los escenarios poscolapso partidario sean manifestaciones típicas de ciudadanos políticamente desafectos, sin filiación partidaria o participación activa en organizaciones políticas bien estructuradas, como las del pasado siglo. Tal vez, más que una simple crisis, se trata de una temprana versión del futuro.

Cuadro 6.5

CARACTERÍSTICAS DE LOS ESCENARIOS POSCOLAPSO DEL SISTEMA DE PARTIDOS

País (año del colapso)	Perú (1995)	Venezuela (1998)	Colombia (2002)	Bolivia (2005)	Ecuador (2006)
Proyectos políticos dominantes	Fujimorismo	Chavismo	Uribismo	MAS	Correísmo
Antiestablishment	"Neopulismo" (Weyland 1996)	"Populismo" (Hawkins 2010)	---	"Etn populismo" (Madrid 2012)	"Populismo" (De la Torre 2010)
Nuevas constituciones / Reformas políticas	Constitución de 1993	Constitución de 1999	Reelección presidencial 2006	Constitución 2009	Constitución 2008
Último candidato presidencial	Keiko Fujimori (2016)	Nicolás Maduro (2013)	Iván Duque (2018)	Evo Morales (2014) Segunda reelección consecutiva	Lenín Moreno (2017)
Actual partido político	Fuerza Popular	PSUV	Centro Democrático	MAS	Alianza País

Fuente: Elaboración del autor.

Apéndice A: Entrevistas

Barreda, Javier, (†) exviceministro de Trabajo (2006-2011) y miembro del Directorio Nacional del Partido Aprista Peruano (APRA).

Chacón, Cecilia, congresista por Fuerza Popular (FP).

Flores Nano, Lourdes, candidata presidencial en 2001 por el Partido Popular Cristiano (PPC).

Fujimori Higuchi, Keiko, primera dama 1998-2000, congresista 2006-2011, candidata presidencial 2011 y 2016, y presidenta de Fuerza Popular (FP).

García Pérez, Alan, (†) presidente del Perú 1985-1990, 2006-2011 y del Partido Aprista Peruano (APRA).

Grados Bertorini, Alfonso (†), exministro de Trabajo (1983-1984) y miembro de Acción Popular (AP).

Luna Victoria, César, exministro de Pesquería (1999-2000) y miembro del Directorio Nacional de Fuerza Popular (FP).

Mantilla, Agustín (†), exministro del Interior (1985-1990) y exsecretario de Organización del Partido Aprista Peruano (APRA).

MORELLI, Jorge, asesor de bancada de Fuerza Popular (2006-2014), miembro del Directorio Nacional de Fuerza Popular (FP).

OTERO, Hugo, estratega principal de campañas electorales de Alan García (1985, 2001, 2006 y 2016).

RAFFO, Carlos, estratega principal de la campaña de Alberto Fujimori (2000) y Keiko Fujimori (2011).

Referencias

Abramowitz, Alan y Steven Webster

2016 "The rise of negative partisanship and the nationalization of US in the 21st century". *Electoral Studies*, vol. 41: 12-22.

Aldrich, John H.

1995 *Why Parties?: The Origin and Transformation of Political Parties in America* (1.ª ed.). Chicago: University of Chicago Press.

Anria, Santiago

2013 "Social Movements, Party Organization, and Populism: Insights Form the Bolivian MAS". *Latin American Politics & Society*, vol. 55, n.º 3: 19-46.

Aragón, Jorge y José Luis Incio

2015 "Measuring Electoral Volatility in Poorly Institutionalized Party Systems: Analysis of the Peruvian Case".

Barr, Robert

2009 "Populist, Outsiders, and Anti-Establishment Politics". *Party Politics*, vol. 15, n.º 1: 29-48.

Barrero, Fredy y Carlos Meléndez

2011 "Consideraciones sobre la gobernabilidad como determinante del comportamiento electoral en Colombia:

elecciones presidenciales de 2010". *Colombia Internacional*, n.º 74: 59-87.

BARRENECHEA, Rodrigo
2014 *Becas, bases y votos. Alianza para el Progreso y la política subnacional en Perú.* Lima: Instituto de Estudios Peruanos.

BARTOLINI, Stefano y Peter MAIR
1990 *Identity, Competition, and Electoral Availability: The Stabilisation of European Electorates 1885-1985.* Palo Alto: Stanford University Press.

BAUMEISTER, Roy et ál.
"Bad Is Stronger than Good". *Review of General Psychology*, n.º 5: 323-370.

BEJARANO, Ana María
2011 *Precarious Democracies: Understanding Regime Stability and Change in Colombia and Venezuela.* Notre Dame: Notre Dame University Press.

BLONDET, Cecilia
2002 *El encanto del dictador: mujeres y política en la década de Fujimori.* Lima: Instituto de Estudios Peruanos.

BRADER, Ted y Joshua TUCKER
2001 "The Emergence of Mass Partisanship in Russia, 1993-1996". *American Journal of Political Science*, vol. 5, n.º 1: 69-83.

CAMERON, Maxwell
1994 *Democracy and Authoritarianism in Peru. Political coalitions and social change*. Palgrave Macmillan.

CAMERON, Maxwell y Juan Pablo LUNA
2010 "El estado de la democracia en la región andina". En Maxwell Cameron y Juan Pablo Luna (eds.), *Democracia en la región andina.* Lima: Instituto de Estudios Peruanos.

2011 "Peru. The Left Turn That Wasn't". En Steven Levitsky y Kenneth Roberts (eds.), *The Resurgence of the Latin American Left*. Baltimore: The Johns Hopkins University Press.

Campbell, Angus et ál.

1960 *The American Voter*. Nueva York: John Wiley.

Carrera, Miguel

2012 "The Rise of Outsiders in Latin America, 1980-2010: An Institutionalist Perspective". *Comparative Political Studies*, vol. 45, n.º 12: 1451-1482.

Carrión, Julio F.

1996 "La opinión pública bajo el primer gobierno de Fujimori: ¿de identidades a intereses?". En Fernando Tuesta (ed), *Los enigmas del poder: Fujimori 1990-1996.* Lima: Fundación Friedrich Ebert.

2006 *The Fujimori Legacy: The Rise of Electoral Authoritarianism in Peru*. Editado por Julio F. Carrión. Pensilvania: Pennsylvania State University Press.

Converse, Philip

1969 "Of Time and Partisan Stability". *Comparative Political Studies*, vol. 2, n.º 2: 139-171.

Coppedge, Michael

1994 *Strong Parties and Lame Ducks. Presidential Patriarchy and Factionalism in Venezuela.* Palo Alto: Stanford University Press.

1998 "The Dynamic of Latin American Party Systems". *Party Politics*, vol. 4, n.º 4: 547-568.

Corrales, Javier y Michael Penfold

2010 *Dragon in the Tropics: Hugo Chavez and the Political Economy of Revolution in Venezuela*. Washington, D. C.: Brookings Institution Press.

COTLER, Julio
1995 "Political Parties and the Problems of Democratic Consolidation in Peru". En Scott Mainwaring y Timothy Scully (eds.), *Building Democratic Institutions: Party Systems in Latin America*. Palo Alto: Stanford University Press.

COTLER, Julio y Romeo GROMPONE
2000 *El fujimorismo: ascenso y caída de un regimen autoritario.* Lima: Instituto de Estudios Peruanos.

CRABTREE, John
1999 "Neopopulismo y el fenómeno Fujimori". En John Crabtree (ed.), *El Perú de Fujimori: 1990-1998.* Lima: Universidad del Pacífico, Instituto de Estudios Peruanos.

CYR, Jennifer
2012 "From Collapse to Comeback? Explaining the Fates of Political Parties in Latin America". Tesis doctoral. Northwestern University, Evanston, Illinois.

2017 *The Fates of Political Parties: Institutional Crisis, Continuity, and Change in Latin America*. Cambridge: Cambridge University Press

CYR, Jennifer y Carlos MELÉNDEZ
2015 "Understanding (Anti-) Chavismo and (Anti-) Fujimorismo: A Demand-Side Perspective". Artículo presentado en el Congress of the Latin American Studies Association.

2016 "Una exploración de la identidad (y la anti-identidad) política a nivel subnacional: El fujimorismo y el chavismo en perspectiva comparada". En Fernando Tuesta Soldevilla (ed.), *Representación política en América Latina: Partidos políticos, elecciones y reglas*. Lima: Jurado Nacional de Elecciones.

DAHL, Robert
1971 *Polyarchy: Participation and Opposition.* New Haven: Yale University Press.

Dalton, Russell y Martin P. Wattenberg
2001 *Parties without Partisans: Political Change in Advanced Industrial Democracies.* Oxford: Oxford University Press.

Dalton, Russell y Steven Weldon
2007 "Partisanship and Party System Institutionalization". *Party Politics*, vol. 13, n.º 2: 179-196.

De la Torre, Carlos
2010 *Populist Seduction in Latin America* (2.ª ed.). Ohio: Ohio University Press.

Degregori, Carlos Iván
2001 *La década de la antipolítica.* Lima: Instituto de Estudios Peruanos.

Degergori, Carlos Iván y Carlos Meléndez
2007 *El nacimiento de los otorongos. El congreso de la república durante el gobierno de Alberto Fujimori (1990-2000).* Lima: Instituto de Estudios Peruanos.

Dietz, Henry A. y William E. Dugan
1996 "Clases sociales urbanas y comportamiento electoral en Lima: un análisis de datos agregados". En Fernando Tuesta (ed.), *Los enigmas del poder: Fujimori 1990-1996.* Lima: Fundación Friedrich Ebert.

Dix, Robert
1989 "Cleavage Structures and Party Systems in Latin America". *Comparative Politics*, octubre.

Downs, Anthony
1957 *An Economic Theory of Democracy.* Nueva York: Wiley.

Eaton, Kent
2007 "Indigenous Mobilization Backlash in Bolivia: Regional Autonomy as a Reaction against". *Politics and Society*, n.º 35: 71-102.

ECKSTEIN, Harry
1975 "Case Study and Theory in Political Science". En Fred I. Greenstein y Nelson S. Polsby (eds.), *Handbook of Political Science.* Reading: Addison-Wesley.

FIORINA, Morris P.
1981 *Retrospective Voting in American National Elections.* New Haven: Yale University Press.

GARCÍA, Alan
1985 *El futuro diferente.* Lima.

GARRY, John
2007 "Making 'Party Identification' More Versatile: Operationalising the Concept for Multiparty Setting". *Electoral Studies*, n.º 26: 346-358.

GIBSON, J L
1977 "Race as a determinant of criminal sentences: A methodological critique and a case study". *Law and Society Review*, n.º 12: 455.

GORRITI, Gustavo
2009 *Petroaudios. Políticos, espías y periodistas detrás del escándalo.* Lima: Planeta.

GREEN, Donald, Bradley PALMQUIST y Eric SCHICKLER
2004 *Partisan Hearts and Minds.* New Haven: Yale University Press.

GREENE, Kenneth
2011 "Campaign Persuassion and Nascent Partisanship in Mexico's New Democracy". *American Journal of Political Science*, vol. 55, n.º 2: 398-416.

GROMPONE, Romeo
1991 *El velero en el viento: politica y sociedad en Lima.* Lima: Instituto de Estudios Peruanos.

HAGOPIAN, Frances y Scott MAINWARING (eds.)
2005 *The Third Wave of Democratization in Latin America: Advances and Setbacks.* Cambridge: Cambridge University Press.

HALE, Henry E.
2006 *Why Not Parties in Russia? Democracy, Federalism, and The State*. Cambridge: Cambridge University Press.

HAWKINS, Kirk A.
2010 *Venezuela's Chavismo and Populism in Comparative Perspective* (1.ª ed.). Cambridge: Cambridge University Press.

HAYA DE LA TORRE, Víctor Raúl
1936 *El anti-imperialismo y el APRA*. Lima: Varias ediciones.

HEILMAN, Patricia
2010 "Family ties: the Political Genealogy of Shining Path's Comrade Norah". *Bulletin of Latin American Research*, vol. 29, n.° 2: 155-169.

HUNTINGTON, Samuel
1968 *Political Order in Changes Societies*. Yale University Press.

HURTADO, Osvaldo
1997 *El poder político en el Ecuador.* Quito: Planeta-Letraviva.

KENNEY, Charles
1998 "Outsider and Anti-Party Politicians in Power. New Conceptual Strategies and Empirical Evidence from Peru". *Party Politics*, vol. 4, n.º 1: 57-75.

2003 "The Death and Rebirth of a Party System, Peru, 1978-2001". *Comparative Political Studies*, vol. 36, n.º 10: 1210-1239.

2004 *Fujimori's Coup and the Breakdown of Democracy in Latin America.* Notre Dame: University of Notre Dame Press.

KEY, Valdimer O.
1964 *Politics, Parties and Pressure Groups.* Nueva York: Crowell.

KITSCHELT, Herbert
2000 "Linkages between Citizens and Politicians in Democratic Polities". *Comparative Political Studies*, vol. 33, n.º 6-7: 845-879.

KITSCHELT, Herbert y Steven WILKINSON (eds.)
2007 *Patrons, Clients and Policies: Patterns of Democratic Accountability and Political Competition.* Cambridge: Cambridge University Press.

KITSCHELT, Herbert et ál.
2010 "Patterns of Programmatic Party Competition in Latin America". En Herbert Kitschelt et ál. (eds.), *Latin American Party Systems*. Cambridge: Cambridge University Press.

KLAIBER, Jeffrey
2005 "El miedo al APRA". En Claudia Rosas Lauro (ed.), *El miedo en el Perú. Siglos XVI al XX*. Lima: Fondo Editorial de la Pontificia Universidad Católica del Perú.

LEVITSKY, Steven
2014 "Peru: The Institutionalization of Politics Without Parties". Mimeo.

2018 "Peru: The Institutionalization of Politics without Parties". En Scott Mainwaring (ed.), *Party Systems in Latin America: Institutionalization, Decay, and Collapse*. Cambridge: Cambridge University Press.

LEVITSKY, Steven y Maxwell A. CAMERON
2003 "Democracy Without Parties? Political Parties and Regime Change in Fujimori's Peru". *Latin American Politics and Society*, vol. 45, n.º 3: 1-33.

LEVITSKY, Steven, James LOXTON y Brandon VAN DICK
2016 "Introduction". En Steven Levitsky, James Loxton, Brandon Van Dyck y Jorge Dominguez (eds.), *Challenges of Party-Building in Latin America*. Cambridge: Cambridge University Press

LEVITSKY, Steven y Kenneth M. ROBERTS (eds.)
2011 *The Resurgence of the Latin American Left* (1.ª ed.). Baltimore: Johns Hopkins University Press.

LEVITSKY, Steven y Lucas WAY
2009 *Competitive Authoritarianism. Hybrid Regimes After the Cold War*. Cambridge: Cambridge University Press.

LEVITSKY, Steven y Mauricio ZAVALETA
2016 "Why No Party-Building in Peru?". En Steven Levitsky, James Loxton, Brandon Van Dyck y Jorge Dominguez (eds.), *Challenges of Party-Building in Latin America*. Cambridge: Cambridge University Press.

LIPSET, Seymour y Stein ROKKAN (eds.)
1967 *Party Systems and Voter Alignments: Cross-National Perspectives*. Nueva York: Free Press.

LÓPEZ-MAYA, Margarita, Steven LEVITSKY y Kenneth ROBERTS
2011 "Venezuela. Hugo Chávez and the Populist Left". En *The Resurgence of the Latin American Left*. Baltimore: The Johns Hopkins University Press.

LÓPEZ, Sinesio
1997 *Ciudadanos reales e imaginarios: concepciones, desarrollo y mapas de la ciudadanía en el Perú*. Lima: Instituto de Diálogo y Propuestas.

LUNA, Juan Pablo
2014a "Party System Institutionalization: Do We Need a New Concept?". *Studies in Comparative International Development*, vol. 49, n.º 4: 403-425.

2014b *Segmented Representation. Political Party Strategies in Unequal Democracies*. Oxford: Oxford University Press.

LUNA, Juan Pablo y David ALTMAN
2011 "Uprooted but Stable: Chilean Parties and the Concept of Party System Institutionalization". *Latin American Politics and Society*, vol. 53, n.º 2: 1-28.

LUPU, Noam

2012 "Party Brands and Partisanship: Theory with Evidence from a Survey Experiment in Argentina". *American Journal of Political Science*, vol. 47, n.º 1: 49-64.

2014 P*arty Brands in Crisis. Partisanship, Brand Dilution, and the Breakdown of Political Parties in Latin America*. Cambridge: Cambridge University Press.

LYNCH, Nicolás

1998 *Una tragedia sin héroes: la derrota de los partidos y el origen de los independientes. Perú, 1980-1992.* Lima: Fondo Editorial de la Universidad Nacional Mayor de San Marcos.

MADRID, Raúl L.

2012 *The Rise of Ethnic Politics in Latin America.* Cambridge: Cambridge University Press.

MAGALONI, Beatriz

2008 *Voting for Autocracy: Hegemonic Party Survival and Its Demise in Mexico.* Cambridge: Cambridge University Press.

MAINWARING, Scott

1999 *Rethinking party systems in the third wave of democratization: the case of Brazil.* Palo Alto: Stanford University Press.

2006 "State Deficiencies, Party Competition, and Confidence in Democratic Representation in the Andes". En Scott Mainwaring, Ana María Bejarano y Eduardo Pizarro (eds.), *The Crisis of Democratic Representatión in the Andes.* Palo Alto: Stanford University Press.

MAINWARING, Scott, Ana María BEJARANO y Eduardo PIZARRO

2006 "The Crisis of Democratic Representation in the Andes: An Overview". En Scott Mainwaring, Ana María Bejarano y Eduardo Pizarro (eds.), *The Crisis of Democratic Representatión in the Andes*. Palo Alto: Stanford University Press.

Mainwaring, Scott, Fernando Bizzarro y Ana Petrova

2018 "Party System Institutionalization, Decay, and Collapse". En Scott Mainwaring (ed.), *Party Systems in Latin America: Institutionalization, Decay, and Collapse*. Cambridge: Cambridge University Press.

Mainwaring, Scott y Aníbal Pérez-Liñán

2014 *Democracies and Dictatorships in Latin America: Emergence, Survival, and Fall.* Cambridge: Cambridge University Press.

Mainwaring, Scott y Timothy R. Scully

1995 "Party Systems in Latin America". En Scott Mainwaring y Timothy R. Scully (eds.), *Building Democratic Institutions: Party Systems in Latin America*. Palo Alto: Stanford University Press.

Mainwaring, Scott y Mariano Torcal

2006 "Party System Institutionalization and Party System Theory after the Third Wave of Democratization". En Richard Katz y William Crotty (eds.), *Handbook of party politics* Londres: Sage Publications.

Mainwaring, Scott y Edurne Zoco

2007 "Political Sequences and the Stabilization of Interparty Competition Electoral Volatility in Old and New Democracies". *Party Politics*, vol. 13, n.º 2: 155-178.

Manrique, Nelson

2009 *"!Usted fue aprista!". Bases para una historia crítica del APRA.* Lima: Fondo Editorial de la Pontificia Universidad Católica del Perú.

Marcus-Delgado, Jane y Martín Tanaka

2001 *Lecciones del final del fujimorismo.* Lima: Instituto de Estudios Peruanos.

MAYORGA, René
2006 "Outsiders and Neopopulism: The Road to Plebicitary Democracy". En Scott Mainwaring, Ana María Bejarano y Eduardo Pizarro (eds.), *Crisis of Democratic Representation in the Andes*. Palo Alto: Stanford University Press.

MCCLINTOCK, Cynthia
1996 "La voluntad política presidencial y la ruptura constitucional de 1992 en el Perú". En Fernando Tuesta (ed.), *Los enigmas del poder: Fujimori 1990-1996*. Lima: Fundación Friedrich Ebert.

MEDEIROS, Mike y Alain NOEL
2013 "The Forgotten Side of Partisanship: Negative Party Identification in Four Anglo-American Democracies". *Comparative Political Studies*, vol. 47, n.º 7: 1022-1046.

MORGAN, Jana
2007 *Bankrupt Representation and Party System Collapse*. Penn State University Press.

2011 *Bankrupt Representation and Party System Collapse*. University Park: The Pennsylvania State University Press.

MUÑOZ, Paula
2014 "An informational theory of campaign clientelism: the case of Peru". *Comparative Politics*, vol. 47, n.º 1: 79-98.

MURAKAMI, Yusuke
2007 *Perú en la era del Chino. La política no institucionalizada y el pueblo en busca de un salvador*. Lima: Instituto de Estudios Peruanos.

NEIRA, Hugo
1997 *Hacia la tercera mitad. Perú XVI-XX. Ensayos de relectura herética*. Lima: Sidea.

Ostiguy, Pierre

2009 *The High and the Low in Politics: A Two Dimensionl Political Space for Comparative Analysis and Electoral Studies.* Notre Dame: Kellogg Institute.

Pachano, Simón

2006 *La trama de Penélope. Procesos políticos e instituciones en Ecuador.* Quito: Flacso-Ecuador.

Panfichi, Aldo y Cynthia Sanborn

1996 "Fujimori y las raíces del neopopulismo". En Fernando Tuesta (ed.), *Los enigmas del poder: Fujimori 1990-1996.* Lima: Fundación Friedrich Ebert.

Pérez-Liñán, Aníbal

2007 *Presidential Impeachment and the New Political Instability in Latin America.* Nueva York: Cambridge University Press.

Pizarro, Eduardo

2006 "Giants with Feet of Clay: Political Parties in Colombia". En Scott Mainwaring, Ana María Bejarano y Eduardo Pizarro (eds.), *The Crisis of Democratic Representation in the Andes.* Palo Alto: Stanford University Press.

Pzreworski, Adam y John Sprague

1988 *Paper Stones: A History of Electoral Socialism.* Chicago: University of Chicago Press.

Reyna, Carlos

2000 [1992] *La anunciación de Fujimori. Alan García 1985-1990.* Lima: Desco.

Roberts, Kenneth M.

2015 *Changing Course in Latin America: Party Systems in the Neoliberal Era.* Cambridge: Cambridge University Press.

ROBERTS, Kenneth y Erik WIBBELS
1999 "Party Systems and Electoral Volatility in Latin America: A Test of Economic, Institutional, and Structural Explanations". *American Political Science Review*, vol. 93, n.º 3: 575-590.

ROSE, Richard y William MISHLER
1998 "Negative and Positive Party Identification in Post-Communist Countries". *Electoral Studies*, vol. 17, n.º 2: 217-234.

ROVIRA KALTWASSER, Cristóbal
2014 "From Right Populism in the 1990s to Left Populism in the 2000s —and Back Again?". En Juan Pablo Luna y Cristóbal Rovira Kaltwasser (eds.), *The Resilience of the Latin American Right*. Baltimore: The Johns Hopkins University Press.

SAMUELS, David y Cesar ZUCCO
2014 "The Power of Partisanship in Brazil: Evidence from Survey Experiments". *American Journal of Political Science*, vol. 58, n.º 1: 212-225.

SÁNCHEZ, Omar
2009 "Party Non-Systems". *Party Politics*, vol. 15, n.º 4: 487-520.

SARTORI, Giovanni
2005 *Parties and Party Systems: A Framework for Analysis*. Colchester: European Consortium for Political Research Press.

SCHATTSCHNEIDER, Elmer
1942 *Party Government: American Government in Action*. Nueva York: Rinehart.

SCHEDLER, Andreas
1996 "Anti-Political-Establishment Parties". *Party Politics*, vol. 2, n.º 3: 291-312.

Schmidt, Gregory

1996 "Comportamiento electoral estratégico: la fuerza oculta en el tsunami". En Fernando Tuesta (ed.), *Los enigmas del poder: Fujimori 1990-1996.* Lima: Fundación Friedrich Ebert.

Schmitter, Philippe

2001 "Parties are not what they once were". En Philippe Schmitter. *Political parties and democracy.* Baltimore: Johns Hopkins University Press.

Schumpeter, Joseph

1942 *Capitalism, Socialism and Democracy.* Nueva York: Harper and Row.

Seawright, Jason

2012 *Party-System Collapse: The Roots of Crisis in Peru and Venezuela.* Palo Alto: Stanford University Press.

Stein, Steve

1989 "De la clase a la política: Víctor Raúl Haya de la torre y la institucionalización de la protesta social en los años veinte". En Héctor Bonilla y Paul W. Drake (eds.), *El APRA: de la ideología a la praxis.* Lima: Centro Latinoamericano de Historia Económica y Social.

Tanaka, Martín

1998 *Los espejismos de la democracia.* Lima: Instituto de Estudios Peruanos.

2005 *Democracia sin partidos. Peru 2000-2005: los problemas de representacion y las propuestas de reforma política.* Lima: Instituto de Estudios Peruanos.

Tanaka, Martín y Carlos Meléndez

2014 "The Future of Peru's Brokered Democracy". En Diego Abente y Larry Diamond (eds.), *Clientelism, Social Policy, and the Quality of Democracy.* Baltimore: Johns Hopkins University Press.

TORCAL, Mariano y Scott MAINWARING
2003 "The Political Recrafting of Social Bases of Party Competition: Chile, 1973-95". *British Journal of Political Science*, vol. 33, n.º 1: 55-84.

TUESTA, Fernando (ed.)
1999 *El juego político. Fujimori, la oposición y las reglas*. Lima: Fundación Friedrich Ebert.

URRUTIA, Adriana
2011 "Que la Fuerza (2011) esté con Keiko. El fujimorismo, su organización y su estrategia de campaña". En Carlos Meléndez (ed.), *Post-candidatos. Guía analítica de sobrevivencia hasta las próximas elecciones*. Lima: Mítin Editores.

VEGA-CENTENO, Imelda
1989 "Aprismo popular: cultura, religión y política". En Héctor Bonilla y Paul W. Drake (eds.), *El APRA: de la ideología a la praxis*. Lima: Centro Latinoamericano de Historia Económica y Social.

VERGARA, Alberto
2011 "United by Discord, Divided by Consensus: National and Sub-National Articulation in Bolivia and Peru, 2000-2010". *Journal of Politics in Latin America*, vol. 3, n.º 3: 65-93.

WEYLAND, Kurt
1996 "Neopopulism and neoliberalism in Latin America: Unexpected affinities". *Studies in Contemporary International Development*, vol. 31, n.º 3: 3-31.

2001 "Clarifying a contested concept: Populism in the study of Latin American politics". *Comparative politics*, 1-22.

2004 "Neoliberalism and Democracy in Latin America: A Mixed Record". *Latin American Politics and Society*, vol. 46, n.º 1: 135-157.

Wils-Otero, Laura

2014 "Colombia: Analyzing the Strategies for Political Action of Alvaro Uribe's Government, 2002-10". En Cristóbal Rovira Kaltwasser y Juan Pablo Luna (eds.), *The Resilience of the Latin American Right*. Baltimore: The Johns Hopkins University Press.

Yashar, Deborah

2005 *Contesting Citizenship in Latin America: The Rise of Indigenous Movements and the Postliberal Challange*. Cambridge: Cambridge University Press.

Zavaleta, Mauricio

2014 *Coaliciones de independientes. Las reglas no escritas de la política electoral*. Lima: Instituto de Estudios Peruanos.

Zechmeister, Elizabeth J. (ed.)

2014 *The Political Culture of Democracy in the Americas, 2014: Democratic Governance across 10 Years of the Americas Barometer*. Nashville: Vanderbilt University.

Zhong, C.-B. et ál.

2008 "Negational Categorization and Intergroup Behavior". *Personality and Social Psychology Bulletin*, n.º 34: 793-806.

Zoco, Edurne

2008 "The Collapse of Party Systems in Italy, Peru, and Venezuela". Tesis de posgrado, University of Notre Dame.

Zucco, Cesar

2010 "Stability Without Roots: Party System Institutionalization in Brazil". Mimeo.

Made in United States
North Haven, CT
10 November 2026

22091531R00173